Ulric Neisser

Kognition und Wirklichkeit

Prinzipien und Implikationen der kognitiven Psychologie

Mit einer Einführung von Hans Aebli

Klett-Cotta

Die Originalausgabe erschien unter dem Titel
Cognition and Reality. Principles and Implications of Cognitive Psychology

Die Übersetzung besorgte Regine Born, Bern

CIP- Kurztitelaufnahme der Deutschen Bibliothek

Neisser, Ulric:
Kognition und Wirklichkeit: Prinzipien u. Implikationen d. kognitiven Psychologie / Ulric Neisser. Mit e. Einf. von Hans Aebli. [Die Übers. besorgte Regine Born]. – 1. Aufl. – Stuttgart: Klett-Cotta, 1979.
Einheitssacht.: Cognition and reality ‹dt.›
ISBN 3-12-926011-0

1. Auflage 1979
Verlagsgemeinschaft Ernst Klett –
J. G. Cotta'sche Buchhandlung Nachfolger GmbH, Stuttgart

Printed in Germany
Einbandgestaltung: Heinz Edelmann, Den Haag
Satz und Druck: Ludwig Auer, Donauwörth

Inhalt

Zur Einführung

Was hat uns Ulric NEISSER nach seinem klassischen Forschungsbericht über die Wahrnehmungs- und Kognitionsforschung von 1967 (deutsch 1974 bei Klett-Cotta) in diesem schmalen Band noch zu sagen? Nachträge? Korrekturen? Wenig oder nichts von alledem! Der Untertitel des neuen Buches sagt es treffend: NEISSER hat über die Prinzipien und Implikationen des Wahrnehmungs- und Erkenntnisgeschehens nachgedacht. „Kognition und Wirklichkeit" ist ein philosophisches Buch. Aber es bewegt sich nicht in der dünnen Luft der Abstraktionen, fliegt nicht rasch vom Boden der Wirklichkeit in verbale Höhen auf, sondern bewegt sich nahe an den Phänomenen – und an den Experimenten. So hatte es Francis BACON im Novum Organum gewünscht!

Es geht auch in diesem Buch vor allem um die Wahrnehmung. Aber es ist nicht die Wahrnehmung jener hoch sophistizierten und doch naiven Experimentalpsychologie, die in der Versuchsperson vor dem Tachistoskop nur ein optisches System, eine Netzhaut und ein Sehzentrum sieht: eine *camera obscura* plus Registratur sozusagen. NEISSER wird nicht müde, die Enge, die Unnatürlichkeit, die mangelnde ökologische Validität und daher die Falschheit dieses Paradigmas zu betonen. Wahrnehmung ist eine Tätigkeit. Der Mensch bemächtigt sich der Gegebenheiten der Wahrnehmung. Die Informationsverarbeitung ist der Wahrnehmung nicht nachgeordnet. Wahrnehmung *ist* Informationsverarbeitung. Sie hat ihre Werkzeuge. NEISSER nennt sie mit BARTLETT und PIAGET Schemata. Ohne sie sieht der Mensch nichts. Aber sie sind dem Menschen, mit Ausnahme von einigen einfachen Analysatoren und elementaren Strukturen, nicht angeboren. Er baut sie in lebenslangen Lernprozessen auf. Darum sind die Begriffe des Wahrnehmungslernens, der Wahrnehmungserfahrung und – als ihr Ergebnis – derjenige des *tüchtigen* (skilled) Wahrnehmers zentrale Begriffe in diesem Buch.

Der tüchtige Wahrnehmer geht nicht mit leeren Händen an das Geschäft des Erkundens der Welt. Er weiß, was in einer Situation zu *erwarten* ist. Er *antizipiert* das kommende Geschehen und die Merkmale, die er noch nicht sieht. Er gleicht einem Handelnden, der einen Plan hat und sich aufgrund einer kognitiven Landkarte bewegt. Was er sieht, hat einen „*Rahmen*" (frame), der mehr enthält als das unmittelbar Gegebene. Das bedeutet nicht, daß er alles schon weiß. NEISSER vertritt keine Theorie der angeborenen Ideen. Das Schema ist nicht die Sache. Was schematisch ist, bedarf der Spezifikation, der Rahmen muß gefüllt werden. Erwartungen, Antizipationen können auch enttäuscht werden. Die Wahrnehmungsschemata verändern sich zudem im Zuge des Wahrnehmens. Daher spricht NEISSER von *Wahrnehmungszyklen*, von einem „zyklischen Fluß zwischen Schema und Informationsaufnahme". In diesem Geschehen spielen die *Bewegungen* des Wahrnehmers eine zentrale Rolle. Darum ist es so unnatürlich, ihn vor einem Tachistoskop zu fixieren. Wenn er eine Statue oder ein Motorenmodell betrachtet, geht er um den Gegenstand herum. Ein neues Schmuckstück dreht und wendet er in seinen Händen. Er tut dies, weil er im Zusammenspiel der Sinne Information gewinnt, die das statische Netzhautbild nie liefern würde.

Darum sind Wahrnehmung und Handlung auch so eng verwandt: Beide haben ihre Pläne, wie NEISSER mit MILLER, GALANTER & PRIBRAM gerne sagt. Beide vollziehen sich in der Zeit. Im tastenden Erkunden eines Gegenstandes fließen Wahrnehmung und Handlung zusammen. Seine Analyse sollte uns lehren, auch die visuelle Wahrnehmung neu und aktiv zu sehen.

Von daher gelangt NEISSER auf natürliche Weise zum Problem der Aufmerksamkeit. Ihre Selektivität ist offensichtlich. Wie kommt sie zustande? Durch irgendwelche Filtermechanismen? NEISSER kann den Filtertheorien nichts abgewinnen. Ihre Annahme führt zu allen möglichen Komplikationen. Es ist viel einfacher: Wenn man die Gegebenheiten der Wahrnehmung (auf-) nehmen muß, so wird man auch einiges liegen lassen. Es gibt nichts herauszufiltern. Man nimmt es einfach nicht. Die Frage der Aufmerksamkeitsspanne, der Kapazität der Wahrnehmung, ist ähnlich zu sehen: Wenn wir sie in einen natürlichen Kontext stellen, so erweist sie sich als eine Frage des Wahrnehmungslernens und der Wahrnehmungserfahrung. Was ein Schachmeister auf einem Schachbrett in einigen Sekunden sieht und was er davon behält, ist ein Mehrfaches von dem, was ein Anfänger sieht und behält. Ist sein Geist anders geartet? Nein, aber er kennt eine Vielzahl von Konstellationen, die er auf einen Blick, als Ganze, erfaßt. Man kann daher seine Aufmerksamkeits- und Gedächtniskapazität erweitern, indem man die Sache studiert, auf die sie sich bezieht. Das ist keine psychologische Alchemie, und der Erfolg ist bereichsspezifisch, aber es ist ein hoffnungsvoller Ausblick. In diesem Bereich hat NEISSER auch interessante experimentelle Befunde aufzuweisen. Sie betreffen die doppelte Aufmerksamkeit und nehmen die frühen Untersuchungen zur „écriture automatique", die William JAMES in Harvard und FLOURNOY in Genf betrieben hatten, unter modernen Gesichtspunkten wieder auf.

Wir haben NEISSERs Werk ein philosophisches genannt. Das wird im Schlußkapitel des Buches besonders deutlich. Hier stellt NEISSER vor allem die Frage von Determinismus und Freiheit im menschlichen Verhalten. Konkret geht es um die Frage der Manipulierbarkeit des Menschen. NEISSER ist hier optimistisch. Wenn der Mensch nicht der formbare Lehmklumpen ist, mit dem ihn der Empirismus immer wieder, bewußt oder unbewußt, verglichen hat, wenn Wahrnehmung nicht ein Prozeß der Abbildung der Erfahrung in einem passiven menschlichen Geist ist, so wird es nicht so leicht sein, den Menschen zu beeinflussen und zu manipulieren. Er wird ansehen, was ihm gefällt und was ihm sinnvoll erscheint. Wer ihn beeindrucken will, muß mindestens soviel von der Sache verstehen wie er. Noch einmal: Einen Schachmeister beeindruckt man nicht mit psychologischen Techniken, sondern mit gutem Schachspiel. Wahrnehmung und Denken wirken über die Inhalte, SELZ hätte gesagt: über die *Sachverhältnisse*, die in ihnen auftreten. Unser Repertoire an Schemata des Sehens und Handelns macht uns frei und autonom. Mit ihrer Hilfe meistern wir auch die Probleme, die uns die Umwelt aufgibt. Man erkennt die Botschaft KANTs und diejenige einer tief verstandenen Aufklärung, die den Menschen nicht durch Kunstgriffe, sondern durch den Aufbau eines Repertoires an Mitteln der Erkenntnis und des Handelns autonom zu machen sucht.

NEISSER ist mit seiner Botschaft in den USA zum Teil schlecht verstanden worden, was eigentlich erstaunlich ist, wenn man an die Macht der aufklärerischen Tradition in diesem Lande denkt. Wir möchten hoffen, daß das alte Europa, das die Chance hat, das Schauspiel der Psychologie auf einem historischen und geistesgeschichtlichen Hintergrund zu sehen, NEISSER besser versteht und seine Botschaft so aufnimmt, wie es ihre Tiefe und ihr begründeter Optimismus verdient.

Bern, im März 1979 *Hans Aebli*

Vorwort

Dieses Buch ist ein Versuch, verschiedene Fragen zu behandeln, die zunehmend wichtiger geworden sind, seit mein erster Überblick über kognitive Psychologie 1967 erschienen ist. Die erste betrifft das Menschenbild, das implizit in der Idee von Kognition enthalten ist oder enthalten sein sollte. Es schien von Anfang an klar, daß dieses Bild anders ist, als das anderer psychologischer Ansätze. Aber die Bedeutung solcher Unterschiede hat niemand ausgesprochen. Vielleicht als Folge davon blieb die kognitive Psychologie in den letzten paar Jahren enttäuschend eng, konzentrierte sich eher auf die Analyse spezifischer experimenteller Situationen, statt sich der Welt außerhalb der Laboratorien zuzuwenden. Die zweite Frage ist spezifischer auf diese Entwicklung bezogen: was geschieht in der heutigen kognitiven Psychologie, und was sollen wir davon halten? Es besteht kein Zweifel an der Findigkeit und dem Scharfsinn vieler laufender Forschungen, doch gibt es zumindest einigen Grund, sich zu fragen, ob ihre allgemeine Richtung wirklich die richtige sei.

Die dritte Frage tauchte unabhängig von den ersten beiden auf, verwob sich aber mit ihnen, als ich mich mit ihr befaßte. In den letzten Jahren stellte James J. GIBSON die Annahmen, auf denen die heutige kognitive Psychologie beruht, grundlegend in Frage. GIBSON ist ein guter Freund von mir und ein geschätzter Kollege: ich konnte es nicht vermeiden, seine Herausforderung ernst zu nehmen. Seine Argumente ließen mich einsehen, daß der Begriff *Informationsverarbeitung* eine genauere Prüfung erfordert. Insbesondere hängen die Annahmen über das Ausmaß und die Art der Verarbeitung, denen der Reiz unterliegt, notwendigerweise von weiteren Annahmen über die Natur dieses Reizes ab, das heißt davon, wie ihn der Theoretiker zu beschreiben wählt. (Ich bin James FARBER besonders dankbar für fruchtbare Diskussionen über diesen Punkt.) Und doch, obschon ich James und Eleanor GIBSON so verpflichtet bin, daß ich ihnen dieses Buch gewidmet habe, sind meine Argumente mit „GIBSONschen" Prinzipien nicht recht vereinbar. Sie mögen es enttäuschend finden, daß ich annehme, der Wahrnehmende habe gewisse kognitive Strukturen, *Schemata* genannt, die dazu da sind, die Informationen aufzunehmen, welche die Umwelt anbietet. Dies ist eine zentrale Annahme in meinem Versuch, die Begriffe der Informationsverarbeitung und der Informationsaufnahme miteinander zu vereinbaren, die beide zuviel Wahrheit enthalten, als daß man sie ignorieren könnte. Zudem schafft sie eine Verbindung zwischen Wahrnehmung und den höheren geistigen Prozessen.

Die letzte der Fragen, die zu diesem Buch führten, betrifft die Begriffe Aufmerksamkeit, Kapazität und Bewußtheit. Als ich vor einem Jahrzehnt die *Kognitive Psychologie* schrieb, vermied ich es vorsichtig, über Bewußtheit zu theoretisieren. Es schien mir, die Psychologie sei nicht reif, diese Frage anzugehen, und jeder Versuch, es doch zu tun, führe bloß zu philosophisch naiven und ungeschickten Spekulationen. Unglücklicherweise sind diese Befürchtungen Wirklichkeit geworden; viele heutige Kognitionsmodelle behandeln Bewußtheit, als ob diese einfach ein spezielles Durchgangsstadium in einem mechanischen Informationsfluß sei. Weil ich sicher bin, daß diese Modelle falsch sind, schien es mir wichtig, eine andere Interpretation der Daten zu entwickeln, auf denen sie beruhen. Der Leser soll gewarnt sein: Das Kapitel 5, in dem diese Frage diskutiert wird, ist eine persönliche und unorthodoxe Darstellung von Aufmerksamkeitsphänomenen und nicht eine allgemein geteilte Ansicht.

So viele Leute haben Bruchstücke und Entwürfe dieser Kapitel gelesen, daß es unmöglich ist, ihnen allen einzeln für ihre Hilfe zu danken. Ich möchte die speziell wichtigen Kritiken erwähnen von J. J. GIBSON, Herbert PICK, Jack CATLIN, Elizabeth SPELKE und vor allem Arden NEISSER. Ich gewann auch viel aus dem ständigen Ideenfluß und den Experimenten einer sehr talentierten Gruppe von Studenten, die mit mir in den vergangenen zwei Jahren über Aufmerksamkeit und verwandte Probleme gearbeitet haben: Elizabeth SPELKE, William HIRST, Robert BECKLEN, David LITTMAN, Richard EVANS und Maurice HALTOM.

Die ersten Entwürfe einiger dieser Kapitel schrieb ich 1973 und 1974 als Fellow am Center for Advanced Study in the Behavioral Sciences, und ich bin für die dortige Unterstützung dankbar. Mein Herausgeber, W. Hayward ROGERS von der W. H. Freeman and Company, war mehr als verständnisvoll während den eineinhalb Jahren weiterer Anstrengungen und Verzögerungen nach meiner Rückkehr nach Cornell, und meine Kollegen von der psychologischen Abteilung waren wohlwollend und hilfsbereit. Roberta WALLENBECK schrieb unzählige Entwürfe mit erfreulicher Sorgfalt, und Carol KOKEN bereitete das endgültige Manuskript mit bemerkenswerter Geschwindigkeit und Geschicklichkeit vor.

Kapitel 1
Einleitung

Kognition ist die Aktivität des Wissens: der Erwerb, die Organisation und der Gebrauch von Wissen; etwas, was Organismen tun, und insbesondere etwas, was Menschen tun. Deshalb ist das Studium der Kognition ein Teil der Psychologie und sind Kognitionstheorien psychologische Theorien.

Früher war diese Bezeichnung so selbstverständlich, daß sie keiner Erwähnung bedurfte. Als sich die Psychologie vor hundert Jahren zu einer eigenständigen Disziplin entwickelte, befaßte sie sich ausführlich mit Dingen wie Empfindung, Wahrnehmung, Assoziation, Vorstellung und Aufmerksamkeit. Das Hauptziel der psychologischen Wissenschaft war die Analyse „geistiger Prozesse", was üblicherweise hieß: kognitiver Prozesse. Unglücklicherweise war die wichtigste Methode für diese Analysen eine spezielle Form der Introspektion, in der sehr geübte Beobachter die Aktivitäten ihrer eigenen bewußten Erfahrung mitteilten. Auf lange Sicht zeigte sich, daß diese Methode nicht befriedigen konnte. Um 1930 herum war sie in Mißkredit gefallen; man ließ die Introspektion sein (zumindest in Amerika), und Motivation, Emotion und Verhalten wurden die neuen Brennpunkte der psychologischen Arbeit.

Bücher der Psychologiegeschichte schreiben den Untergang dieses frühen Versuchs jeweils dem unpassenden Vorgehen zu. Introspektion ist ein wackeliges Vehikel und führt zu Ergebnissen, die durch den Vorgang des Beobachters selbst verzerrt sein können. Verschiedene Beobachter mögen verschiedene introspektive Berichte des „selben" Prozesses geben, und es gibt keinen Weg, die Verschiedenheit zu einer Eindeutigkeit zu bringen. Das ist gewiß wahr, aber ein anderer Grund verdient ebenfalls Beachtung. Weil Psychologie von Menschen handelt, kann sie sich nicht davor drücken, grundsätzliche Fragen über das menschliche Wesen zu behandeln. Meist haben die Leser schon gewisse Ansichten über diese Fragen. Jedes Zeitalter hat seine eigenen Anschauungen – der Mensch ist frei oder determiniert, rational oder irrational; er kann Wahrheit erkennen oder ist zum Irrtum verurteilt. Über kurz oder lang muß die Psychologie diese Punkte behandeln oder es zumindest versuchen. Eine fruchtbare psychologische Theorie kann die Ansichten einer ganzen Gesellschaft verändern, wie das beispielsweise die Psychoanalyse bestimmt getan hat. Das kann aber nur dann geschehen, wenn die Theorie etwas darüber zu sagen hat, was Menschen in wirklichen, kulturell bedeutsamen Situationen tun. Was sie sagt, darf nicht trivial sein, und es muß für die selbst an dieser Situation Beteiligten einen gewissen Sinn geben. Wenn einer Theorie diese Qualitäten fehlen – wenn sie nicht hat, was heute „ökologische Validität" genannt wird – wird sie früher oder später aufgegeben werden.

Die Anschauungen, die die klassischen introspektiven Psychologen über das menschliche Wesen hatten, waren genau in dieser Art unangemessen. Eng, übermäßig rational, nur für Laboratoriumssituationen brauchbar, fehlte ihnen jeder klare Bezug dazu, wie Menschen der Welt gegenüberstehen. Menschliche Wesen werden das, was sie sind, durch das Aufwachsen in einer bestimmten Kultur und einer bestimmten Umwelt, aber die Introspektionisten hatten keine Theorie der kognitiven Entwicklung. Menschen werden getrieben durch Motive, die sie nicht verstehen, und geformt durch Erfahrungen, an die sie sich nicht erinnern können, aber es gab keine Theorie über unbewußte Prozesse. Menschen handeln aufgrund dessen, was sie wissen, und werden durch die Folgen ihres Handelns beeinflußt, doch es gab keine ernstzunehmende Theorie des Verhaltens. Sogar Wahrnehmung und Gedächtnis wurden auf eine Weise behandelt, die wenig mit der alltäglichen Erfahrung zu tun hatte. Kurz, die introspektive Psychologie ließ beinahe alles aus, was gewöhnliche Leute für wichtig hielten. Es ist daher nicht verwunderlich, daß sie zugunsten mehr versprechender Ideen aufgegeben wurde.

Zwei der Ansätze, die darauf folgten, sind noch immer sehr verbreitet: die Psychoanalyse und der Behaviorismus. Sie hatten dort Erfolg, wo die introspektive Psychologie versagte. Dies nicht nur, weil sie gültige Einsichten in das menschliche Wesen angeboten haben – obschon beide ohne ein Korn Wahrheit nicht überlebt hätten –, sondern weil sie auf das alltägliche Leben anwendbar sind oder es zu sein beanspruchen. Theorie und Anwendung bereichern sich gegenseitig. Ein klinischer oder experimenteller Befund wirft neues Licht auf eine Klasse von Ereignissen der Alltagswelt, und Beobachtungen in dieser Welt regen zu neuen Hypothesen an. Tatsächlich charakterisierte ausdrückliches Streben nach „Relevanz" diese beiden Ansätze von Anfang an. Die Gründer der Schulen, FREUD und WATSON, wußten genau, daß ihre Werke über das Beratungszimmer und das Laboratorium hinaus Bedeutung haben würden. Beide machten sich wohlüberlegt daran, die allgemein geltende Ansicht über das menschliche Wesen zu verändern. FREUD versuchte, die Welt davon zu überzeugen, daß die Libido die Quelle der menschlichen Motive sei, und daß bewußte Aktivität nur den kleinsten und am wenigsten mächtigen Teil des Geistes ausmache. Das gelang ihm in beträchtlichem Ausmaß, wie fast jede kulturelle Institution von der Kunstgalerie bis zum Gericht zeigen kann. WATSON und sein Nachfolger SKINNER behaupteten, der Mensch sei nahezu unendlich formbar und die Konsequenzen menschlichen Verhaltens seien von entscheidender Wichtigkeit, nicht aber die geistige Aktivität, die das Verhalten begleite. Auch diese Behauptungen wurden weitherum akzeptiert, wie man aus der zunehmenden Verwendung der Verhaltensänderung und der Verhaltenstherapie und der zunehmenden Furcht, die Verhaltenswissenschaft werde bald dazu gebraucht, Menschen zu manipulieren, schließen kann.

Ein Purist mag einwenden, die Reaktion des breiten Publikums sei völlig irrelevant für die wissenschaftliche Psychologie. Ich glaube, er hätte unrecht. Publikumsinteresse ist kein Hinweis auf die Validität einer Theorie, aber es deutet darauf hin, daß die Theorie etwas Wichtiges zu sagen haben könnte. Eine Psychologie, die alltägliche Erfahrung nicht deuten kann, ignoriert nahezu die ganze Breite ihres eigentlichen Gegenstandes. Sie kann hoffen, eines Tages mit einer Reihe neuer, wichtiger Ideen aus dem Laboratorium aufzutauchen, aber dieses Ereignis ist unwahrscheinlich, solange sie nicht bereits mit Prinzipien arbeitet, deren Anwendbarkeit auf natürliche Situationen vorhergesehen werden kann.

Vom Ersten Weltkrieg bis in die sechziger Jahre dominierten so Psychoanalyse und Behaviorismus (oder ihre Nachkommen) die amerikanische Psychologie, und kognitive Prozesse wurden kaum beachtet. Nur wenige Psychologen waren an der Frage interessiert, wie Wissen erworben wird. Wahrnehmung, der fundamentale kognitive Akt, wurde vor allem von einer kleinen Gruppe studiert, die der „Gestalt“-Tradition folgte, und einigen andern Psychologen, die über das Messen und die Physiologie sensorischer Prozesse arbeiteten. PIAGET und seine Mitarbeiter studierten die kognitive Entwicklung, doch ihre Beiträge erhielten wenig Anerkennung. Über Aufmerksamkeit gab es keine Arbeiten. Die Gedächtnisforschung wurde nie ganz aufgegeben, aber sie befaßte sich in erster Linie mit dem Lernen „sinnloser Silben“ in eng definierten Laboratoriumsverfahren, ohne große Möglichkeit zur Verallgemeinerung. Das allgemeine Bild von Psychologie, das sich daraus ergab, war, daß sie sich vor allem mit Sexualität, Anpassung und Verhaltenskontrolle beschäftige.

Diese Situation hat sich in den letzten Jahren radikal geändert. Geistige Prozesse wurden wieder ein starker Brennpunkt des Interesses. Ein neues Gebiet entstand, *kognitive Psychologie* genannt. Darin werden Wahrnehmung, Gedächtnis, Aufmerksamkeit, Mustererkennung, Problemlösen, Psychologie der Sprache, kognitive Entwicklung studiert und eine Reihe anderer Probleme, die ein halbes Jahrhundert lang im Schlaf gelegen hatten. Fachzeitschriften, einst übervoll mit Artikeln über Verhalten von Tieren, sind nun mit Berichten von kognitiven Experimenten gefüllt, und neue Zeitschriften schießen wie Pilze aus dem Boden: *Cognitive Psychology, Memory and Cognition, Perception and Psychophysics*. Stipendien für kognitive Forschung sind leicht zu bekommen, und bald jede größere Universität hat ein kognitives Laboratorium. PIAGETs Werk ist wiederentdeckt und bejubelt worden.

Für diese Wende gab es verschiedene Gründe, doch der wichtigste war wohl das Aufkommen des Computers. Nicht einfach, weil Computer es einem erlauben, Experimente leichter durchzuführen oder Daten gründlicher zu analysieren (obschon sie das auch tun). Eher deshalb, weil das Vorgehen im Computer selbst den kognitiven Prozessen ähnlich schien. Computer nehmen Information auf, manipulieren Symbole, speichern Items im „memory" und rufen sie wieder ab, klassifizieren Inputs, erkennen Muster wieder und so weiter. Ob sie all dies gerade so wie Menschen tun, war weniger wichtig, als daß sie es überhaupt tun. Das Aufkommen des Computers gab die sehr benötigte Bestätigung, daß kognitive Prozesse real sind, daß sie studiert und vielleicht verstanden werden könnten. Es lieferte auch eine neue Terminologie und eine Gruppe neuer Begriffe, um von Kognition zu sprechen; Wörter wie *Information*, *Input*, *Verarbeitung (processing)*, *kodieren* und *Subroutine* wurden bald Allgemeinplätze. Einige Theoretiker fanden sogar, alle psychologischen Theorien müßten ausdrücklich in der Form von Computerprogrammen geschrieben werden[1]. Andere waren anderer Meinung und sind es noch[2], doch keiner bezweifelt die Wichtigkeit der Metapher Computer für die heutige Psychologie.

Als sich das Konzept der Informationsverarbeitung entwickelte, wurde der Versuch, den Informationsfluß durch das „System" (d. h. durch den Geist) nachzuzeichnen, eines der obersten Ziele in diesem neuen Gebiet. (Ich selbst nannte dieses Ziel ausdrücklich, in einem Buch, das *Kognitive Psychologie* heißt[3].) Die rasche Entwicklung verschiedener experimenteller Techniken, erfunden von BROADBENT, SPERLING, STERNBERG und anderen, schuf einen erfreulichen Fortschrittsglauben. Die Techniken waren nur der Anfang; es gab eine wahre Sintflut neuer Vorgehensweisen, von denen die meisten auf genauem Timing von Reiz und Reaktion beruhen und die Notwendigkeit von Introspektion ganz vermeiden. Das Wuchern dieser klugen und wissenschaftlich respektablen Methoden schien zunächst – und scheint noch vielen – ein Zeichen dafür zu sein, daß es der neuen kognitiven Psychologie gelingen würde, jede Fallgrube zu umgehen, in die die alte gefallen war.

Dieser Optimismus war vielleicht voreilig. Das Studium der Informationsverarbeitung hat Schwung und Ansehen, aber es hat sich noch keinem

Menschenbild verpflichtet, das jenseits der Grenzen des Laboratoriums gültig wäre. Und im Laboratorium gehen seine Grundannahmen wenig weiter als das Computermodell, dem es seine Existenz verdankt. Es gibt noch immer keinen Bezug darauf, wie Menschen der Alltagswelt gegenüberstehen oder in ihr handeln. In der Tat sind die Annahmen, die den meisten heutigen Arbeiten der Informationsverarbeitung zugrunde liegen, erstaunlicherweise die der introspektiven Psychologie des neunzehnten Jahrhunderts, allerdings ohne Introspektion.

Wenn sich die kognitive Psychologie vollständig an dieses Modell bindet, wird sie in Schwierigkeiten geraten. Arm an ökologischer Validität, gleichgültig der Kultur gegenüber, sogar ohne einige der wichtigen Grundzüge von Wahrnehmung und Gedächtnis, die dem Alltagsleben entsprechen würden: eine solche Psychologie kann zum engen und uninteressanten, weil allzu spezialisierten Feld werden. Es gibt schon Anzeichen dafür, daß dies geschieht. Das Wuchern neuer Techniken ist nicht mehr ermutigend, es ist bedrückend. In einem neueren Artikel listet Allan NEWELL nicht weniger als 59 experimentelle Paradigmen von allgemeinem Interesse auf[4]. Er fragt sich ausdrücklich, ob uns eine weitere Generation solcher Arbeiten und die Entwicklung immer neuer Techniken gescheiter machen können. 57 der Paradigmen auf NEWELLs Liste stützen sich auf künstliche Laborsituationen; die einzigen mit einer Spur ökologischer Validität sind das Schachspielen und das Mondgucken.

Diese Entwicklung kann nur gewendet werden, so denke ich, wenn das Studium der Kognition „realistischer" wird, und dies in verschiedenen Bedeutungen dieses Wortes. Erstens müssen kognitive Psychologen größere Anstrengungen unternehmen, um Kognition, wie sie in der alltäglichen Umgebung und im Kontext natürlicher Handlungen geschieht, zu verstehen. Das bedeutet kein Ende der Laboratoriumsexperimente, aber eine Verpflichtung auf Variablen, die ökologisch wichtig sind, statt auf solche, die leicht zu untersuchen sind. Zweitens wird es nötig sein, mehr Aufmerksamkeit auf die Einzelheiten der realen Welt, in der Wahrnehmer und Denker leben, und auf die feine Struktur der Information, die ihnen diese Welt verfügbar macht, zu richten. Wir haben wohl zuviel Anstrengung an hypothetische Modelle des menschlichen Geistes vergeudet und nicht genug eingesetzt, um die Umwelt zu analysieren, auf die hin sich der Geist entwickelt hat. Drittens muß sich die Psychologie irgendwie am Scharfsinn und der Vielfalt der kognitiven Fähigkeiten, die Menschen wirklich erwerben können, und an der Tatsache, daß sich diese Fähigkeiten systematisch entwikkeln, zu messen versuchen. Eine befriedigende Theorie menschlicher Kognition kann kaum mit Experimenten begründet werden, die unerfahrenen Versuchspersonen kurze Gelegenheit geben, neue und sinnlose Aufgaben zu lösen. Und schließlich müssen kognitive Psychologen die Bedeutung ihrer Arbeit für fundamentale Fragen prüfen: das Menschenbild ist zu wichtig, als daß man es den Behavioristen und den Psychoanalytikern überlassen dürfte.

Das Anliegen dieses Buches ist es, zu zeigen, daß dieses Unternehmen möglich ist. In der Tat ist es ja schon begonnen: es gibt viele blühende Forschungslinien, auf die es abgestützt werden kann. Die Entwicklungsstudien von PIAGET und BOWER, das Werk über Wahrnehmung von James J. und Eleanor J. GIBSON, das wiedererwachte Interesse an natürlichen kognitiven Landkarten (cognitive maps), die Wende zu semantischen Sprachtheorien und zu natürlicher Beobachtung des Spracherwerbs – diese und manche anderen Entwicklungen können als Beiträge zu einer bedeutenden kognitiven Psychologie gesehen werden. Ich werde mich im folgenden stark auf sie abstützen. Dort wo noch keine solche Untermauerung vorhanden ist, war es nötig, die Lücken mit Spekulationen und Hypothesen zu füllen. Auch wenn sich einige meiner Hypothesen als falsch erweisen werden, mögen sie doch andere ermutigen, selbst adäquatere Hypothesen anzubieten.

Obschon es meine Absicht ist, alle Aspekte der Kognition in einem realistischen Rahmen abzuhandeln, befaßt sich ein großer Teil der Gedanken auf den folgenden Seiten spezifisch mit Wahrnehmung. Zum Teil kommt dies davon, daß Wahrnehmen die grundlegende kognitive Aktivität ist, aus der alle andern entstehen müssen; die späteren Kapitel (vor allem Kapitel 7 und 8) zeigen, wie das bei Vorstellung und Sprache geschehen mag. Noch wichtiger ist allerdings, daß Wahrnehmung der Ort ist, an dem sich Kognition und Wirklichkeit treffen. Ich glaube, daß die meisten Psychologen das Wesen dieser Begegnung nicht recht verstehen. Die vorherrschende Ansicht tendiert dazu, den Wahrnehmenden zu glorifizieren, der da verarbeite, transformiere, umkodiere, assimiliere oder allgemein dem Form gebe, was sonst bedeutungsloses Chaos wäre. Das kann nicht richtig sein; Wahrnehmen ist, wie Evolution, bestimmt ein Entdecken, wie die Umwelt wirklich ist, und ein Adaptieren an sie.

In scharfer Reaktion gegen die Sichtweise der Informationsverarbeitung hat James J. GIBSON[5] eine Theorie der Wahrnehmung entwickelt, in der innere Vorgänge überhaupt keine Rolle spielen; der Wahrnehmende nimmt die Information, die ihm die Welt anbietet, direkt auf. Der begriffliche Rahmen, den GIBSON um seine Theorie entwickelt hat, ist wertvoll, und ich werde ihn hier oft verwenden. Trotzdem scheint mir auch die GIBSONsche Ansicht von Wahrnehmung inadäquat zu sein, wenn auch nur deshalb, weil sie so wenig über den Beitrag des Wahrnehmenden zum Akt des Wahrnehmens sagt. Es muß in jedem wahrnehmenden Organismus bestimmte Arten von Strukturen geben, die ihn dazu befähigen, bestimmte Aspekte seiner Umwelt eher zu bemerken als andere, ja überhaupt irgendetwas zu bemerken.

Der erste Teil des Buches befaßt sich mit der Lösung dieses Paradoxes. Es kann gelöst werden, indem man Wahrnehmen als eine Aktivität in der Zeit behandelt – Zeit, während der die antizipierenden Schemata des Wahrnehmenden das Informationsangebot aus seiner Umwelt bewältigen. Kapitel 2 behandelt spezifisch zeitgenössische Wahrnehmungstheorien und ihr Verhältnis zu der hier vorgeschlagenen Hypothese. Kapitel 3 prüft das Wesen der visuellen Wahrnehmung im Alltagsleben und betont dabei den Unterschied zwischen dem alltäglichen Sehen einerseits und den eingeschränkten Bedingungen der meisten Wahrnehmungsexperimente andererseits. Diese Überlegungen gipfeln in Kapitel 4, das spezifische Definitionen von *Schema*, *Informationsaufnahme* und andern zentralen Begriffen anbietet. Dasselbe Kapitel zeigt, wie dieser Begriff des Schemas gebraucht werden kann, um die Entwicklung der Wahrnehmung in der Kindheit zu interpretieren, und wie er unsere Wahrnehmung an die bedeutungsvollen oder auch an die nur geographischen Aspekte der Objekte und Ereignisse akkomodieren kann.

Kapitel 5 ist im wesentlichen eine lange Abhandlung über die Konzepte Aufmerksamkeit, Kapazität und Bewußtheit. Wenn der Leser dort angelangt ist, wird er entdeckt haben, daß meine Argumentation eine negative wie auch eine positive Seite hat: wenn ich eine Art kognitiver Psychologie vertrete, kann ich es nicht vermeiden, die Annahmen einer andern zu kritisieren. Die Bösen in diesem Stück sind die mechanistischen Informationsverarbeitungsmodelle, die den menschlichen Geist behandeln als Apparat fixer Kapazität zum Umwandeln diskreter und sinnloser Eingaben in bewußt Wahrgenommenes. Weil neuere experimentelle Studien über Aufmerksamkeit diese Modelle zu stützen scheinen, fand ich es nötig, eine andere Interpretation ihrer Ergebnisse vorzuschlagen. Die Diskussion über Aufmerksamkeit betont auch, wie wichtig es ist, eher eine geschickte Leistung als eine erstmalige Ausführung in kognitiven Aufgaben zu studieren, und wie gefährlich es ist, gelegentliche Introspektionen als Basis für mechanistische Hypothesen zu verwenden.

In Kapitel 6 wird der Wahrnehmende, der sich in der ersten Hälfte des Buches mehr oder weniger still gehalten hat, frei gelassen zur Bewegung in seiner Umwelt. Das verschafft ihm unverzüglich bedeutsame, andersartige Information und extensivere kognitive Strukturen, um sie in Betracht zu ziehen. Das Verhältnis zwischen dieser *kognitiven Landkarte (cognitive map)* und den in ihr eingebetteten Schemata wird als Modell für die Organisation komplexer Prozesse im allgemeinen genommen. Wie sich zeigen wird, können kognitive Landkarten in mehr als einer Hinsicht verwendet werden: obschon ihre wesentliche Funktion die ist, uns in unseren Bewegungen zu führen, weiß man seit alten Zeiten, daß sie auch als effiziente Gedächtnismethoden dienen können. In dieser Eigenschaft sind kognitive Landkarten selbstverständlich eine Art Vorstellungsbilder. Kapitel 7 nimmt die Frage der Vorstellung direkt auf. Dort wird die Meinung vertreten, Vorstellungsbilder seien im wesentlichen Wahrnehmungsantizipationen, Vorbereitungen, um bestimmte Arten von Information aufzunehmen. Diese Hypothese wird durch eine Übersicht über moderne Experimente zur Vorstellung gestützt.

Kapitel 8, vielleicht das spekulativste im ganzen Buch, behandelt Sprechen und Sprache. Es befaßt sich im speziellen mit dem *introspektiven* Gebrauch von Sprache, das heißt mit dem, was geschieht, wenn eine Person die im vorangehenden Kapitel behandelten Vorstellungsbilder beschreibt. Da diese Frage nicht gelöst werden kann, bevor gewisse grundlegende Probleme des Sprechens und des Spracherwerbs geklärt sind, wird ein Versuch gemacht, dies zu tun.

Das Schlußkapitel schneidet allgemeinere Fragen an. Wahrnehmung und Kognition sind normalerweise nicht einfach Operationen des Kopfs, sondern Transaktionen in der Welt. Diese Handlungen *in*formieren den Wahrnehmenden nicht nur, sondern *trans*formieren ihn auch. Jeder von uns wird durch die kognitiven Akte, in die er sich einläßt, geschaffen. Diese Tatsache, die die vorangehenden Teile des Buches zu belegen und zu klären versuchen, hat bedeutende Implikationen für die oft vermutete Möglichkeit, daß Psychologen ihr spezialisiertes Wissen dazu gebrauchen könnten, menschliches Verhalten in seinem sozialen Kontext vorherzusagen und zu steuern. Das Wesen der Kognition scheint solche Vorhersagbarkeit prinzipiell wie praktisch unerreichbar zu machen. Wenn das so ist, sollten wohl andere Zweige der Psychologie nach realistischeren Zielen streben.

Anmerkungen

[1] Newell, Shaw und Simon (1958); Newell und Simon (1972); Anderson und Bower (1973); Winston (1975).

[2] Die meisten Widerstände gegen Computermodelle sind passiv: Psychologen fahren einfach fort, Theorien anderer Art zu machen. Ein paar Theoretiker waren mutig genug, explizite Grenzen dessen, was programmiert werden kann, vorzuschlagen (Dreyfus, 1972; Gunderson, 1971). Ich habe meine eigene Ansicht der Grenzen der heutigen „artifical intelligence“ vor einiger Zeit dargelegt (Neisser 1963) und sie kürzlich auf neuen Stand gebracht (Neisser 1976).

[3] Neisser (1967).

[4] Neisser(1973).

[5] Gibson (1966, 1976).

Kapitel 2
Theorien der Wahrnehmung

Es scheint offensichtlich, daß wir Wissen erwerben müssen, bevor wir es gebrauchen können. Bücher über kognitive Psychologie behandeln wohl aus diesem Grund die Wahrnehmung, bevor sie sich mit Erinnern und anderen „höheren" Prozessen befassen. Aber die Sache ist nicht so einfach. Die Wahrnehmung selbst hängt von der Geschicklichkeit und der Erfahrung des Wahrnehmenden ab – davon, was er im voraus weiß. Der Leser dieses Buches wird daraus beispielsweise nicht viel Information aufnehmen, wenn er nicht schon die Sprache kennt, in der es geschrieben ist. Subtiler: was er in meinen Darlegungen sieht, wird nicht bloß von dem abhängen, was ich sage, sondern auch von dem, was er weiß (und meint), bevor er beginnt. Dasselbe Prinzip läßt sich auf kurzfristigere Erfahrungen anwenden: Was er aus der zweiten Hälfte ebendieses Satzes lernt, hängt von dem ab, was er schon aus der ersten aufgenommen hat.

Diese Beziehung zwischen dem Gegenwärtigen und dem Vergangenen soll nicht bedeuten, daß man die erste Hälfte eines Satzes erinnern muß, wenn man daran geht, die zweite Hälfte wahrzunehmen, als ob zwei deutlich verschiedene geistige Prozesse miteinander kombiniert würden. Tatsache ist einfach, daß Lesen Zeit braucht. Es geschieht nicht in einem Moment. Die Information auf der Druckseite wird für den Leser nur in der Zeit verfügbar, und auch Lesen muß in der Zeit organisiert werden. In diesem Buch werde ich zeigen, daß jede gewöhnliche Wahrnehmung genau diese Eigenschaften hat.

Nicht nur Lesen, sondern auch Hören, Fühlen und Sehen sind Fertigkeiten, die in der Zeit ablaufen. Sie alle hängen von vorher existierenden Strukturen ab, die wir hier *Schemata* nennen. Sie leiten die Wahrnehmungsaktivität und verändern sich durch sie. Wahrnehmen verlangt nicht Erinnerung im üblichen Sinn, ist aber eine Aktivität, bei der sowohl die unmittelbare als auch die weiter zurückliegende Vergangenheit die Gegenwart beeinflussen. Eigentliches Erinnern (Wiedergeben früherer Erfahrung) ist natürlich auch so eine Aktivität, ebenso Vorstellen, Sprechen, Denken und jede andere Form von Kognition. Ich hoffe, zeigen zu können, daß sie alle am besten verstanden werden als Anwendung derselben grundlegenden kognitiven Strukturen.

Daß Wahrnehmung kumulativ, von innen geleitet ist, ist von Psychologen nicht oft erörtert worden. Das mag daher kommen, daß nahezu alle Behandlungen dieses Themas auf der visuellen Wahrnehmung basieren. Erst später kommen sie, wenn überhaupt, zu Sinnen wie dem Gehör- und Tastsinn, bei welchen die Rolle der zeitlichen Struktur deutlicher ist[1]. Von einem evolutionären Standpunkt aus ist diese Reihenfolge seltsam. Phylogenetisch ist das Tasten älter als das Schauen oder das Hören. Auch sehr primitive Tiere fühlen Objekte und erkunden Oberflächen mit Teilen ihres Körpers und nehmen dadurch Information in der Zeit auf; nur die später entwickelten Arten können sehen und hören. Trotzdem ist aktive Berührung sehr selten untersucht worden, wogegen visuelle Wahrnehmung und Hören wissenschaftlich gut untersucht sind. Einige Gründe für diese Lage sollen unten berücksichtigt werden.

Aus welchen Gründen auch immer: die meisten Wahrnehmungstheorien wurden im Hinblick auf die visuelle Wahrnehmung konstruiert. Zudem war ihr Modell nicht das aktive Schauen im alltäglichen Leben, sondern eher der eingeschränkte Blick einer Versuchsperson, die ihren Kopf und ihre Augen so ruhig wie möglich hält, oder der ein Beleuchtungsblitz dargeboten wird, so kurz, daß sie nicht dazu kommt, sich zu bewegen. Diese Vorsichtsmaßnahmen sind experimentelle Routine und sollen sicherstellen, daß die Versuchspersonen nur zu einem statischen und unkomplizierten *Netzhautbild* kommen. Theorien darüber, wie so ein Bild interpretiert oder verarbeitet werden könnte, dienten als Paradigmen für Wahrnehmungstheorien im allgemeinen. Wir wollen kurz eine Übersicht über das „modale Modell" geben, das dieser Ansatz hervorgebracht hat, und dann andere Möglichkeiten in Betracht ziehen.

Visuelle Wahrnehmung als Informationsverarbeitung

DESCARTES war wohl der erste Mensch, der wirklich ein Netzhautbild gesehen hat. Er operierte das Auge eines Stiers heraus, richtete es auf einen Gegenstand und untersuchte das umgekehrte Bild dieses Gegenstandes, das auf die Rückwand des herausgelösten Auges projiziert wurde.[2] Man hat oft unterstellt, daß gewöhnliches Wahrnehmen im wesentlichen derselbe Prozeß sei: daß Menschen irgendwie ihre eigenen Netzhautbilder sähen und so indirekt über die Welt, die sie vor sich haben, informiert würden. Das kann aber nicht wahr sein, und der Versuch, so zu theoretisieren, als ob es wahr wäre, führte zu viel Verwirrungen. Wenn da ein „innerer Mensch" wäre, der von innen auf das Netzhautbild blicken würde, so brauchten seine Wahrnehmungsprozesse genauso eine Erklärung wie die des ganzen Menschen. Tatsächlich hätte so ein Homunkulus recht viele zusätzliche Probleme. Das Bild, das er ansehen würde, wäre verkehrt, verkürzt und verzerrt; es existierte in zwei leicht verschiedenen Versionen und änderte sich mit der Bewegung der Augen dauernd. Viele scharfsinnige Theorien wurden vorgebracht, um zu erklären, wie er diese Probleme lösen könnte. Aber wirkliche Wahrnehmende haben sie gar nicht. Wir sehen nicht unsere Netzhautbilder, wir sehen die reale Umwelt von Objekten und von Ereignissen (und von uns selbst). Natürlich sehen wir sie, indem wir die Information aufnehmen, die dem Licht zu entnehmen ist[3], doch das ist eine Aktivität, die sich in der Zeit erstreckt. Sie muß überhaupt nicht in der Form von momentanen retinalen „Schnappschüssen" organisiert werden, und die Gleichheit oder Ungleichheit zwischen wahrgenommenen Objekten und ihren projizierten Bildern ist dabei irrelevant.

Die philosophischen Probleme, die durch die Annahme geschaffen worden sind, man sähe das Netzhautbild, sind längst bekannt, und kein moderner Psychologe vertritt diese Ansicht. Obschon viele moderne Theoretiker noch heute ihre Darstellung visueller Wahrnehmung mit diesem Bild beginnen, haben sie eine andere Hypothese darüber, wie es verwendet wird. Entsprechend der neuen Doktrin wird das Bild nicht angeschaut, sondern *verarbeitet*. Man nimmt an, daß gewisse spezifische Mechanismen im visuellen System, *Detektoren* genannt, als Antwort auf gewisse ebenso spezifische Züge des Bildes neurale Meldungen auslösen. Die Information über diese Züge wird dann zu höheren Stufen des Geistes weitergegeben. Auf diesen höheren Stufen wird sie mit bereits gespeicherter Information verglichen und kombiniert, in einer Serie von Prozessen, die vielleicht zur Wahrnehmungserfahrung führen. Theorien dieser Art – Theorien innerer Informationsverarbeitung – werden oft mit Flußdiagrammen illustriert. Ein solches Diagramm zeigt die Abbildung 1.

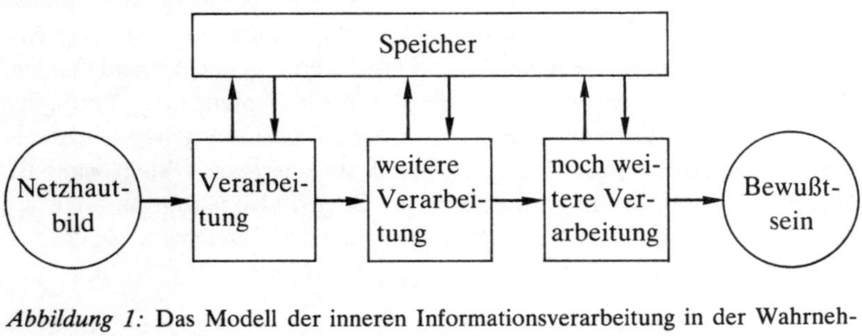

Abbildung 1: Das Modell der inneren Informationsverarbeitung in der Wahrnehmung

Viele psychologische und physiologische Forschungen unterstützen diesen allgemeinen Ansatz. Neurale Systeme, die auf Lagen im Raum, Kurven, Farben und Bewegungen selektiv reagieren, wurden mit elektrophysikalischen Methoden identifiziert. Außerdem können bestimmte Wahrnehmungstäuschungen, Adaptationseffekte und Reaktionszeit-Muster leicht in Begriffen einer Aktivität dieser Detektoren interpretiert werden.[4] Die Information, die sie in höhere Zentren weitergeben, ist daher bestimmt bedeutsam. Nur scheint es, daß ein solches Modell andere Aspekte der Wahrnehmung weniger gut erklärt. Probleme entstehen insbesondere im Zusammenhang mit der Einheitenbildung (unit formation), Bedeutung, Kohärenz, Richtigkeit (veridicality) und mit der Entwicklung der Wahrnehmung. Wie kann es geschehen, daß verschiedene Menschen verschiedene Aspekte derselben realen Situation bemerken? Warum werden einige Teile des Netzhaut-Inputs als zum selben Objekt gehörig betrachtet, andere als unabhängig voneinander? Warum scheinen wir oft eher die Bedeutung eines Ereignisses wahrzunehmen, als seine an der Oberfläche erkennbaren Züge? Wie werden sukzessive Blicke auf dieselbe Erscheinung „integriert"? Warum ist die Wahrnehmung fast immer genau, wo doch das Netzhautbild in der oben genannten Art inadäquat ist? Wie kommt es, daß Babys *Objekte* von allem Anfang an wahrnehmen – was sie offensichtlich tun (siehe Kapitel 4)? Was geschieht beim Wahrnehmungslernen?

Einigen von diesen Einwänden kann man durch Änderungen im Modell der inneren Informationsverarbeitung begegnen. In einem früheren Buch[5] habe ich vorgeschlagen, daß der innere Fluß der Wahrnehmung zwei aufeinanderfolgende Phasen umfasse. In der ersten, der *präattentiven* Phase, werden Merkmale entdeckt und analysiert. Diesem automatischen Prozeß folgt normalerweise ein Konstruktionsakt, in dem der Wahrnehmende eher das eine Wahrnehmungsobjekt „herstellt" als das andere. Da ich die Vorteile dieser Absicht schon früher beschrieben habe, will ich hier eine ihrer Schwierigkeiten betonen. Sie kann die Richtigkeit der Wahrnehmung nicht erklären. Wenn Wahrgenommenes konstruiert ist, wieso ist es normalerweise genau? Wahrnehmen ist bestimmt nicht einfach eine geglückte Art, Vorstellungsbilder zu erzeugen![6] Die Antwort muß in der Art und Qualität der optischen Information liegen, die der Wahrnehmende zur Verfügung hat. Die Information muß in den meisten Fällen spezifisch genug sein, damit die konstruierte Wahrnehmung in bezug auf das reale Objekt wahr ist. Wenn man aber das einräumt, scheint der Begriff „Konstruktion" ziemlich überflüssig zu sein. Man ist versucht, ganz auf ihn zu verzichten, wie das J. J. Gibson getan hat.[7]

Die Information im Licht

GIBSONS Wahrnehmungstheorie beginnt nicht mit dem Netzhautbild. Sie beginnt mit dem Muster des Lichts, das von Objekten reflektiert wird, und das an irgendeinem Punkt des Raums aufgenommen werden kann. Die komplexen strukturellen Eigenschaften dieser *optischen Anordnung (optic array)* werden durch das wirkliche Wesen und die Lage der Objekte bestimmt. Diese Struktur *spezifiziert* jene Objekte; die Information über sie ist im Licht enthalten. Wenn der Beobachter oder wenn ein Objekt sich bewegt, bleiben gewisse übergeordnete Eigenschaften der optischen Anordnung unverändert, während andere sich verändern, und die über die Zeit unveränderten spezifizieren die Anordnung der Umwelt noch genauer. Der Beobachter nimmt wahr, indem er diese Invarianzen einfach „aufnimmt". Er mag vielleicht nach Information suchen, aber er braucht sie nicht zu verarbeiten, weil alles im Licht schon enthalten ist.

GIBSONS Ansicht hat gewisse schlagende Vorteile gegenüber den traditionellen. Der Organismus wird hier nicht von Reizen herumgepufft, er ist vielmehr auf Eigenschaften seiner Umwelt abgestimmt. Diese sind objektiv vorhanden, genau spezifiziert und werden richtig wahrgenommen. Die Betonung der Informationsaufnahme in der Zeit macht die Theorie ebenso anwendbar auf haptische (berührungs-relevante) und akustische Information wie auf das Licht, zumindest im Prinzip. Der wichtigste Anstoß dieser Theorie ist der Vorschlag, daß die Erforscher der Wahrnehmung neue und reichere Beschreibungen der Stimulusinformation statt immer spitzfindigere Hypothesen über geistige Mechanismen entwickeln sollten. GIBSONS „ökologische Optik" ist ein Versuch zu einer solchen Beschreibung. (Ich glaube, daß neuere Beschreibungen der optischen Anordnung als Sammlung räumlicher Häufigkeiten[8] andere vielversprechende Versuche sind, obschon GIBSON daran zweifelt.)

Trotz diesen Stärken bleibt die Theorie in gewissen Teilen unbefriedigend. Ganz offensichtlich sagt sie nichts darüber, was im Kopf des Wahrnehmenden vorgeht. Welche Art kognitiver Strukturen verlangt Wahrnehmung? Wie unterscheiden sich Wahrnehmende untereinander? Was geschieht, wenn wir entscheiden, was wir sehen wollen, oder wie lernen wir, besser zu sehen? Wie sind Täuschungen und Fehler möglich, wenn Wahrnehmung nur die Aufnahme von Information ist, die schon verfügbar und spezifisch ist? Wie können wir andere kognitive Prozesse fassen – Vorstellung, Gedächtnis, Denken – wenn die Verbindung zwischen Organismus und Umwelt schwach oder nicht existent ist?

Einige dieser Fragen, speziell über kognitive Entwicklung und Wahrnehmungslernen, werden im ergänzenden Werk von Eleanor J. GIBSON[9] behandelt. Wie sie gezeigt hat, ist der Unterschied zwischen einem geübten und einem ungeübten Wahrnehmenden nicht, daß der erste irgendetwas zum Reiz hinzufügen würde, sondern daß er fähig ist, mehr Information aus ihm herauszuholen: er entdeckt Eigenschaften und Strukturen höherer Ordnung, für die der naiv Schauende nicht sensibilisiert ist. Ein neugeborenes Kind ignoriert die Information, die ältere Kinder und Erwachsene ohne Anstrengung aufnehmen. Für beide GIBSONs ist es die Aufgabe der Psychologie, diese Information zu beschreiben. Das scheint aber nicht genug zu sein; eine andere Aufgabe ist es, die kognitiven Strukturen im Innern des Wahrnehmenden und die Art, wie sie sich verändern, zu verstehen.

Der Wahrnehmungszyklus

Meines Erachtens sind die für das Sehen entscheidenden kognitiven Strukturen die antizipierenden Schemata, die den Wahrnehmenden darauf vorbereiten, bestimmte Arten von Information eher anzunehmen als andere, und die so das Sehen steuern. Weil wir nur sehen können, wonach wir zu suchen vermögen, bestimmen diese Schemata (zusammen mit der wirklich verfügbaren Information), was wahrgenommen wird. Wahrnehmung ist tatsächlich ein konstruktiver Prozeß, aber was konstruiert wird, ist nicht ein Vorstellungsbild, im Bewußtsein erscheinend und dort vom inneren Menschen bewundert. In jedem Augenblick konstruiert der Wahrnehmende Antizipationen bestimmter Arten von Information, die ihn dazu befähigen, sie aufzunehmen, wenn sie verfügbar werden. Oft muß er den optischen Bereich aktiv erkunden, um sie verfügbar zu machen, indem er seine Augen, seinen Kopf oder seinen Körper bewegt. Diese Erkundungen sind durch die antizipierenden Schemata geleitet, die Pläne für die Wahrnehmungstätigkeit und Bereitschaften für gewisse Arten optischer Struktur sind. Das Ergebnis der Erkundungen – die aufgenommene Information – verändert das ursprüngliche Schema. So verändert, leitet es weitere Erkundung und wird für weitere Information bereit. Dieser Zyklus ist in Abbildung 2 dargestellt.

Die aufgenommene Information ist notwendig optisch, bestehend aus Lichtmustern in Zeit und Raum. Aber optische Information kann Objekte und Ereignisse auf verschiedenen Abstraktions- und Bedeutungsebenen spezifizieren, und ein Schema, das auf einer Ebene organisiert ist, braucht auf den anderen nicht empfänglich zu sein. Wenn wir zum Beispiel jemanden lächeln sehen, kann darin Information sein, die verschiedenes spezifiziert: (a) die Form seiner Zähne; (b) die wechselnde Stellung seiner Lippen; (c) die Tatsache, daß er einen kulturell bedeutsamen Akt ausführt,

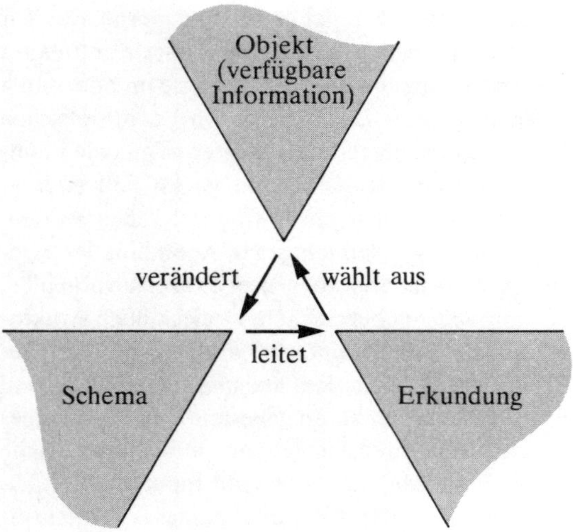

Abbildung 2: Der Wahrnehmungszyklus

nämlich lächelt; (d) etwas über seine Laune, die heiter oder hämisch oder lediglich höflich ist, je nach der Situation, in der das Lächeln auftritt. Wenn wir seine Laune feststellen, befinden wir uns nicht im selben Wahrnehmungszyklus, wie wenn wir auf seine Lippenbewegungen achten. Wir entwickeln eine andere (wenn auch vielleicht überlappende) Reihe von Antizipationen; wir nehmen Information auf, die sich über eine andere Zeitspanne erstreckt; wir verwenden die Information nicht zum selben Zweck und werden uns daher anders an das Ereignis erinnern. Auf diese Weise erklärt der Begriff des Wahrnehmungszyklus, wie man Bedeutung ebenso wie räumliche Position und Form erkennen kann.

Das Schema sichert die Kontinuität der Wahrnehmung in der Zeit auf zweierlei Art. Weil Schemata Antizipationen sind, sind sie das Mittel, in dem die Vergangenheit die Zukunft beeinflußt; bereits erworbene Information bestimmt, was als nächstes aufgenommen werden soll. (Dies ist der dem *Gedächtnis* zugrundeliegende Mechanismus, obschon dieser Begriff am besten auf Fälle beschränkt bleibt, in denen zwischen der Ausbildung des Schemas und seiner Verwendung Zeit vergeht und sich die Situation verändert.) Zusätzlich aber sind einige Schemata in ihrer Art selbst zeitlich. Wenn sich beispielsweise ein Objekt bewegt, bewirkt das in den optischen Anordnungen andauernde und komplexe Veränderungen. Wenn es sich genau auf den Wahrnehmenden zu bewegt, bewegt sich die optische Projektion jedes Stückchens seiner Oberflächenstruktur gegen außen; das Muster auf der Netzhaut des Wahrnehmenden dehnt sich andauernd aus. Wir brauchen nicht zu unterstellen, daß diese Ausdehnung als Serie getrennter und je antizipierter Gebilde aufgenommen wird, obschon sie im Film durch solch eine Serie simuliert werden kann. Das Schema wird dem optischen Ereignis als ganzem angepaßt. Man kann zeitliche Muster so gut wie räumliche antizipieren. Diese Eigenschaft der Schemata ist im Fall anderer Sinnesmodalitäten sogar noch offensichtlicher, wie wir gleich sehen werden.

Wenn ich das Modell in Abbildung 2 demjenigen in Abbildung 1 vorziehe, will ich damit nicht die Existenz innerer kognitiver Prozesse verneinen. Es sollte klar sein, daß das mit *Schema* bezeichnete Dreieck hoch strukturiert ist. Aber diese Struktur sollte nicht als einfacher Fluß von der Peripherie zum Geist hin gesehen werden; sie dient dem andauernden interaktiven Prozeß. Ich vermute, daß ihre Teile besser als eingebettete Schemata aufgefaßt werden sollten, die selbst mit ihrer Umgebung interagieren (siehe Abbildung 4, Kapitel 6), denn als getrennte Stadien mit Input und Output. Ferner ist das Schema, obschon es in jedem Wahrnehmungsakt eine kritische Rolle spielt, nicht ein „Wahrgenommenes" (a „percept"), noch produziert es ein solches irgendwo im Kopf des Wahrnehmenden. Der Akt des Wahrnehmens mündet überhaupt nicht in ein „Wahrgenommenes".[10] Das Schema ist bloß eine Phase einer andauernden Aktivität, die den Wahrnehmenden zu seiner Umgebung in Beziehung bringt. Das Wort *Wahrnehmung* bezieht sich eigentlich auf den ganzen Zyklus und nicht auf einen herausgelösten Teil in ihm. Freilich können die Schemata aus den Zyklen, in die sie ursprünglich eingebettet sind, herausgelöst werden; dieses Herauslösen ist die Basis aller höheren geistigen Prozesse. Was dann geschieht, ist jedoch nicht Wahrnehmen, sondern Vorstellen, Planen oder Vorhaben.

Das heißt nicht, daß wir keine Information aufnehmen könnten, die nicht antizipiert worden wäre. Normalerweise ist die Funktion eines unerwarteten Reizes allerdings, den Wahrnehmungszyklus überhaupt in Gang zu bringen; üblicherweise ist genügend weitere Information vorhanden, um den Zyklus in Gang zu halten, wenn er einmal begonnen hat. Auch wenn das nicht der Fall sein sollte, bettet bereits der Akt des Suchens nach solcher Information in gewissem Grad das Aufgenommene in einen Kontext ein. Wenn das nicht geschieht – wenn ein Reiz nicht antizipiert wird und ihm auch keine Wahrnehmungsaktivität folgt – wird er uns nur begrenzt und vorübergehend beeinflussen.

Das Verständnis von Wahrnehmung, das hier vorgeschlagen wird[11], ist nicht als radikale Alternative zu den klassischen Theorien gemeint, sondern als ein Weg, sie untereinander und mit der Realität des Alltags in Übereinstimmung zu bringen. Die GIBSONs haben sicher recht, wenn sie betonen, daß die optische Anordnung (von einem sich bewegenden Beobachtungspunkt aus) genaue Information über die Umwelt liefert, die der Wahrnehmende aufnimmt. Wie könnte das auch falsch sein! Diejenigen, die Wahrnehmung als Informationsverarbeitung behandeln, haben ebenfalls recht: komplexe Mechanismen des Verstandes sind bei dieser Informationsaufnahme beteiligt. Genauso ist es mit einer dritten Gruppe von Theoretikern, unter ihnen BRUNER und GREGORY[12], die Wahrnehmung als Testen und Bestätigen von Hypothesen beschrieben haben. Jede dieser Sichtweisen hat sich auf einen einzelnen Aspekt dessen konzentriert, was normalerweise eine kontinuierliche und zyklische Aktivität ist.

Haptische Wahrnehmung

Wie bereits erwähnt, hat der Tastsinn viel weniger wissenschaftliche Aufmerksamkeit auf sich gezogen als das Sehen oder das Hören. Spezielle Zeitschriften sind der Optik oder der Akustik gewidmet, der Erforschung des Sehens und den Hörstörungen, ganze Labors haben sich auf Psychoakustik oder Sehforschung spezialisiert. Für die Entdeckung grundlegender Mechanismen in diesen beiden Sinnen wurden Nobelpreise verliehen. Der Tastsinn hat weit weniger Ruhm und Prestige, und wir wissen darüber verhältnismäßig wenig.[13]

Dafür gibt es mehrere Gründe. Offensichtlich ist, daß Sehen und Hören ihre eigenen, spezialisierten Sinnesorgane haben, Mechanismen, die einem Forscher faßbare (!) Herausforderungen sind. „Wie funktioniert das Auge?" und „Wie funktioniert das Ohr?" tönt, als wäre eine Antwort möglich, und tatsächlich erwies sie sich auch als möglich. Betasten, der haptische Sinn, scheint überhaupt keine spezifische Maschinerie zu haben. Der Fluß haptischer Information im Nervensystem wird nicht in einer einzelnen Struktur eingefangen, die der Netzhaut oder dem Trommelfell entsprechen würde. Wenn man im Finstern die Finger über ein Objekt gleiten läßt, um seine Form zu bestimmen, verändert man die Nerventätigkeit der Rezeptoren auf dem ganzen Weg von der Haut der Fingerspitzen bis zum Ellbogen und darüber hinaus. Da ist kein Ort für ein inneres Flußdiagramm wie in Abbildung 1, mit dem man beginnen könnte, und daher auch kein offensichtlicher Punkt, an dem Forschung beginnen könnte.

Genauso schwer ist es, den „Reiz" beim Tasten zu isolieren oder zu definieren. Beim Betasten entspricht nichts dem momentanen Netzhautbild, das den meisten visuellen Studien als Input dient, oder dem Spektrum eines anhaltenden Tones, das lang in der Psychoakustik dieselbe Rolle spielte. Beim aktiven Betasten gibt es bloß ständig ändernde Verformung der Haut, Positionen der Gelenke, Geschwindigkeiten der sich bewegenden Glieder und andere komplexe Beziehungen. Die wirkliche Unterscheidung zwischen Reiz und Reaktion ist ungewiß: der Beobachter bewegt seine Hand und nimmt das Objekt im selben Augenblick wahr.

Zu guter Letzt kann man aktives Betasten nicht auf eine Versuchsperson in einem Experiment bloß wirken lassen. Die meisten visuellen Forschungen arbeiteten mit Versuchspersonen, die völlig still saßen, während der Experimentator ihre Netzhaut beleuchten konnte, wie er mochte. Entsprechend basiert die Psychoakustik nahezu vollständig auf Studien, in denen genau bestimmte Schwingungen durch einen an den Kopf geklemmten Kopfhörer auf das Ohr des Hörers einwirkten. Der Gebrauch dieser passiven Techniken beschränkt sich nicht auf menschliche Versuchspersonen; Tiere oder gar Teile des Nervensystems tun den gleichen Dienst. Die Begriffe, die in solcher Forschung verwendet werden – Schwellen, äquivalente Reize, rezeptives Feld und ähnliches – sind auf einzelne Neuronen in einem Sinnessystem ebenso anwendbar wie auf reale Wahrnehmende. Weder diese Methoden noch diese Begriffe sind für das Studium des Tastsinns sehr hilfreich. Gewiß, die Haut eines passiven Tieres kann berührt oder stimuliert *werden*, und das Versuchstier kann zwischen so applizierten Reizen unterscheiden. Derartige Forschung wird gelegentlich gemacht. Sie hat allerdings wenig Begeisterung hervorgerufen, weil sich zeigte, daß die „Wahrnehmung" unter diesen Umständen weit weniger genau ist, als wenn sich der Wahrnehmende bewegen und seine Umwelt auf natürliche Weise erkunden kann.

Die hier vertretene Ansicht schlägt einen anderen Weg zur Lösung des Problems vor. Die Behauptung, Wahrnehmen sei ein kontinuierlicher Prozeß der Erkundung und der Informationsaufnahme, die für das Sehen radikal scheinen mag, ist für das Betasten selbstverständlich wahr. Die Abfolge von Erkundungsbewegungen, Informationsaufnahme und weiterer Erkundung kann direkt beobachtet werden, wenn irgend jemand ein Objekt mit der Hand untersucht. Es ist klar, daß haptische Wahrnehmung nicht in irgend einem einzigen Augenblick geschieht und sich nicht aus der Verarbeitung eines einzelnen Inputs ergibt. Natürlich wissen wir sehr wenig darüber, wie sie geschieht; wir haben keine passenden Wörter, um die Informationstypen, die dem Betasten zugänglich sind, oder die Bewegungstypen, die der Beobachter dazu machen muß, zu beschreiben. Doch das gilt auch für das Sehen, worüber wir weniger wissen, als man allgemein annimmt. Wir verstehen es nur in künstlich eingeschränkten Situationen und in den Begriffen eines allzu vereinfachten Modells.

Ein weiterer Aspekt des Wahrnehmungszyklus ist besonders offensichtlich beim Betasten. Erkundungsbewegungen vermitteln nicht nur Information über das berührte Objekt, sondern auch über das Glied, das jenes berührt. Haptische Information kann sowohl die Form des berührten Dinges wie auch die Bewegungen der Hände selbst spezifizieren. Es wird sich allerdings später zeigen (in Kapitel 6), daß dies auch für das Sehen gilt. Jede Wahrnehmungsaktivität vermittelt Information über den Wahrnehmenden wie über die Umgebung, über das Ich wie über die Welt.

Hören

Hören ist eine Aktivität, die sich in der Zeit erstreckt. Tonschwingungen existieren nur in der Zeit; normalerweise gibt es keinen einzelnen Moment, in dem man hören könnte. Einen einzelnen Tonschwall können wir entdekken, aber wir können ihm nicht zuhören. Am Ende einer akustischen Sequenz, etwa einer Reihe Schritte oder einem gesprochenen Wort, hat sie der Hörer bereits einige Zeit gehört. Am Anfang hat er sie noch überhaupt nicht gehört.

Obschon Hören keine Erkundungsbewegungen braucht wie die der Augen oder der Hände, ist es grundsätzlich dieselbe Sorte zyklischer Aktivität. (Auch beim Sehen sind natürlich die Augenbewegungen nur übliche und nicht notwendige Begleiter des schematischen Funktionierens.[14]) Der Hörer entwickelt andauernd mehr oder weniger spezifische Bereitschaften (Antizipationen) für das, was als nächstes kommen wird, abgestützt auf der Information, die er bereits aufgenommen hat. Diese Antizipation – die selbst in Begriffen zeitlicher Muster und nicht isolierter Momente formuliert werden müssen – bestimmen, was wir als nächstes aufnehmen sollen, und werden ihrerseits dadurch verändert. Ohne sie würden wir nur ein verflixt konfuses Gesumme hören.

Wir haben alle schematische Antizipationen für die strukturierten Töne unserer eigenen Sprache, daher hören wir sie als einzelne, getrennte Wörter, wogegen uns die Sätze Fremder oft ein nahezu anhaltender Strom zu sein scheinen. Wir entwickeln solche Antizipationen, während wir irgendeinen Satz anhören, daher können wir Wörter viel leichter im Kontext erkennen, als wenn sie isoliert sind.[15] Genau diese Eigenschaft der Sprachwahrnehmung hat es so erschwert, sie maschinell zu simulieren. Noch heute gehören Computer wie HAL in „2001" in den Bereich der Science Fiction; niemand hat eine Maschine programmiert, die mehr verstehen würde, als einen sehr begrenzten Sprachbereich.[16]

Die Antizipationen des Hörers sind, wie die des Sehenden, nicht sehr spezifisch. Er weiß nicht genau, was er hören wird; warum sollte er sich sonst die Mühe nehmen, zu hören? Es wäre ein Fehler anzunehmen, die

Wahrnehmer formulierten andauernd hochspezifische Hypothesen darüber, was als nächstes komme, und ließen sie nur dann zugunsten besserer fallen, wenn sie nicht passen.[17] Wahrnehmungshypothesen sind selten eindeutig. In jedem Augenblick sagt das, was schon aufgenommen ist, den Herkunftsort und die allgemeine Art dessen voraus, was als nächstes aufgenommen wird, definiert es aber nicht präzis. Wahrnehmen ist nur in einem sehr allgemeinen Verständnis Hypothesentesten. Vielleicht aber ist dies das zweckmäßigste Verständnis. Die wirklich leitenden Hypothesen der Wissenschaftler sind auch allgemeiner Art, führen eher Erkundungen als exakt vorzuschreiben, was genau zu finden sei. Die präzisen Hypothesen, die einige Wissenschaftstheoretiker postulieren, und die im Ideal jeden Augenblick durch falsifizierende Evidenz verwundbar sind, spielen in der wirklich produktiven Forschung nur eine geringe Rolle.

Information verschiedener Sinne kombinieren

Bis dahin wurde jeder Sinn separat diskutiert: Sehen, Tasten, Hören. Das entspricht einer langen Tradition. Unveränderter Brauch in den Wahrnehmungsbüchern ist es, jeden Sinn in einem oder mehreren separaten Kapiteln zu behandeln. So machte auch ich es in der *Kognitiven Psychologie*[18], indem ich zuerst der visuellen und dann der auditiven Information durch soviele Phasen der Verarbeitung wie möglich folgte. In Begriffen eines inneren Verarbeitungsmodells ist diese Gliederung natürlich. Wenn wir Information verstehen als durch Merkmalsdetektoren aufgenommen und verarbeitet zu einem „Wahrgenommenen" (percept), so ist ein separater Durchgang in jeder Sinnesmodalität der einfachste Fall. Folgerichtig ist es der am meisten untersuchte Fall. Neunundneunzig von hundert Wahrnehmungsexperimenten (oder vielleicht 999 von 1000) befassen sich mit der Stimulation nur eines einzigen Sinnes.

Im Alltagsleben ist die Wirklichkeit ganz anders. Die meisten Ereignisse, die uns interessieren und auf die wir achten, stimulieren mehr als ein Sinnessystem. Wir sehen jemanden gehen und hören seine Tritte, oder wir hören ihn sprechen und schauen ihm ins Gesicht. Wir schauen die Dinge an, die wir anfassen, und wir erfahren die Bewegungen unseres Körpers kinästhetisch wie visuell. In unserem Mund fühlen wir, was wir schmecken, und spüren die Bewegungen der Sprechorgane, wenn wir den Klang der Wörter hören, die wir sprechen. Wenn wir ein Auto fahren, spüren wir, wie es auf die Steuerung reagiert, und schauen auf seine Bewegung der Straße entlang; wenn wir einem Streit zuschauen, sehen wir die Gesten und die Körperhaltung der Beteiligten und hören ihre Wörter und ihren Tonfall.

Diese Vielfalt an Information wird im Wahrnehmungsakt bestimmt verwendet. Die Schemata, die Information akzeptieren und die Suche nach mehr Information leiten, sind weder visuell noch auditiv noch haptisch, sondern sind Schemata der Wahrnehmung. Auf ein Ereignis zu achten bedeutet, jede Art von Information zu suchen und zu akzeptieren, ungeachtet ihrer Modalität, und alle Information zu integrieren, wenn sie verfügbar wird. Wenn wir etwas hören, schauen wir uns um, um es zu sehen, und was wir dann sehen, bestimmt, wie wir das Gehörte lokalisieren und interpretieren. Wenn wir etwas sehen, strecken wir die Hand aus, um es zu berühren, und was unsere Hand fühlt, ist koordiniert mit dem, was wir sehen. Wenn diese Koordination spät in der Entwicklung als Ergebnis vielfältiger Erfahrung erworben würde, wäre es gerechtfertigt, sie im Studium grundlegender Wahrnehmungsprozesse zu vernachlässigen. In Wirklichkeit geschieht sie wahrscheinlich bei kleinen Kindern wie bei Erwachsenen. Wir schenken Objekten und Ereignissen unsere Aufmerksamkeit, nicht sensorischem Input. Obschon die beiden nächsten Kapitel vor allem vom Sehen handeln, ist es wichtig, nicht zu vergessen, daß der Wahrnehmungszyklus im typischen Fall die koordinierte Aktivität in verschiedenen sensorischen Systemen aufs Mal beinhaltet.

Anmerkungen

[1] Ich ignoriere hier noch die chemischen Sinne: Schmecken und Riechen. Einige Spekulationen über das Schmecken erscheinen in Kapitel 7.

[2] DESCARTES (1638). Ich kenne sein Werk nur durch die Sekundärliteratur.

[3] Dies ist die Terminologie von J. J. GIBSON.

[4] Es gibt jetzt so viel Material über neurale Detektoren, daß es unmöglich wäre, es hier angemessen zu berücksichtigen. Für einen kurzen Überblick über diese Arbeiten und ein Beispiel für die Art der Theorie, die darauf gegründet werden kann, siehe LINDSAY und NORMAN (1972).

[5] NEISSER (1967).

[6] Einige Theoretiker (z. B. SEGAL 1971a, 1972) deuteten die konstruktive Theorie so, als ob sie im Grunde das bedeute, und einige unvorsichtige Wendungen in meinem früheren Buch haben sie wohl dazu ermutigt. Ich bedaure dies, denn diese Deutung führt rasch zu einer Sorte von „Wahrnehmungsrelativismus“, in dem per definitionem die Ansicht der Welt irgendeines Menschen so richtig ist, wie die irgendeines andern.

[7] J. J. GIBSON stellte, was er „ökologische Optik“ nannte, zum ersten Mal in einem Papier von 1961 vor und arbeitete es in *The Senses considered as Perceptual System* (1966) aus. Er hat es beträchtlich weiterentwickelt in einem beinahe fertiggestellten Manuskript mit dem Titel *An Ecological Approach to Visual Perception*, von dem viele Kapitel im Entwurf erhältlich sind. In einem Papier, das bald erscheinen wird (NEISSER, in Vorbereitung) versuche ich eine etwas umfassendere Analyse der Theorie GIBSONS und ihrer Implikationen.

[8] Wir können nicht nur ein Gitter aus senkrechten Stäben mit regelmäßigem Abstand als einfache räumliche Wellenform betrachten, sondern jedes sich nicht verändernde optische Muster kann mit der FOURIER-Analyse als eine Überlagerung solcher Wellenformen in zwei Dimensionen gesehen werden, so wie jede in der Zeit sich verändernde akustische Schwingung als eine Summe von Sinusoiden behandelt werden kann. Diese Art der Analyse, von CAMPBELL und ROBSON (1968) eingeführt, hat zu einigen beachtlichen Ergebnissen geführt. Siehe SEKULER (1974) für eine neuere Übersicht.

[9] Zusätzlich zu ihren systematischen *Principles of Perceptual Learning and Development* (1969) hat E. J. GIBSON eine elegante, eindrückliche Kritik am ganzen Ansatz der Informationsverarbeitung geliefert („How Perception Really Develops", 1977). Für eine wichtige Anwendung ihrer Theorie siehe E. J. GIBSON und H. LEVIN *The Psychology of Reading* (1975).

[10] Einige Philosophen wurden dazu gebracht, die Existenz eines Wahrgenommenen (percept) zu behaupten, weil wir manchmal Dinge zu sehen scheinen, die nicht wirklich da sind: Filme, Nachbilder, Doppelbilder, Halluzinationen, Träume usw. Die meisten dieser Fälle enthalten eine Art „Simulation", das heißt der Wahrnehmende wird systematisch falsch informiert. Entweder die wirkliche Umwelt oder ein Teil ihres visuellen Systems simulieren ein Objekt, indem sie einige der Informationen liefern, die dann verfügbar wäre, wenn das Objekt wirklich da wäre. Der Mechanismus der Simulation ist für den Film offensichtlich und kaum weniger offensichtlich im Fall der Nachbilder, Doppelbilder und ähnlicher Phänomene. Solche Simulationen sind normalerweise unvollkommen und leicht zu durchschauen: wir erkennen Filme oder Nachbilder als solche, wenn wir sie sehen. In diesen Fällen kann das „Wahrgenommene" als das jeweilige Objekt (oder die verschwommene Form usw.) definiert werden, das ziemlich genau dieselbe Information bieten würde, wenn es wirklich da wäre. Wenn das Objekt aber da ist, ist kein Anlaß mehr, ein separates „Wahrgenommenes" anzunehmen.

[11] Eine ähnliche Ansicht hat unabhängig und erfolgreich HOCHBERG (1970, 1975) vertreten.

[12] BRUNER (1951, 1973); GREGORY (1970, 1973).

[13] Die einzige substantielle Abhandlung über aktives Betasten, die ich kenne, ist die von J. J. GIBSON (1962).

[14] Sehen ist noch immer möglich, wenn auch weniger effizient, wenn Augenbewegungen durch Fixationsinstruktionen verhindert werden. Siehe z. B. LITTMAN und BECKLEN (1976).

[15] MILLER, HEISE und LICHTEN (1951).

[16] Die beste Annäherung ist das HERSAY Programm, an der Carnegie-Mellon Universität erfunden (ERMAN 1975).

[17] Dies war mein eigener Fehler. 1967 schlug ich vor (und folgte darin HALLE und STEVENS 1964), daß Sprache durch „Analyse durch Synthese" wahrgenommen werde, daß also der Hörer eine Reihe spezifischer Hypothesen über die Mitteilung formuliere und diese an den Schallwellen teste. Ich glaube nicht mehr, daß das wörtlich so ist; dies würde ja erfordern, daß ständig eine unwahrscheinlich große Zahl falscher Hypothesen gebildet würden. Die aktiven Konstruktionen des Hörers müssen offener und weniger spezifisch sein, so daß sie nur selten verworfen werden müssen.

[18] NEISSER (1967).

Kapitel 3
Alltägliches Sehen

Der Begriff der ökologischen Validität ist den Psychologen vertraut geworden.[1] Er erinnert sie daran, daß sich die künstliche Situation des Experiments in wesentlichen Punkten von der alltäglichen Welt unterscheiden kann. Wenn das so ist, können deren Ergebnisse für die Phänomene, die man wirklich beschreiben möchte, nichtssagend sein. Die Untersuchungen, wie Ratten im Laboratorium Labyrinthe lernen, vermochten zum Beispiel die Lernfähigkeit längst nicht zu fassen, die dieselben Tiere in ihrer natürlichen Umwelt entfalten.[2] Entsprechend wenig hilfreich waren Untersuchungen über das menschliche Gedächtnis mit Listen sinnloser Silben, wenn sie das schulische Lernen oder alltägliches Erinnern erklären sollten.[3]

Angesichts solcher Episoden aus der Psychologiegeschichte wirkt die Forderung nach ökologischer Validität der Experimente vernünftig. Und doch ist diese Forderung nicht immer so klar und hilfreich, wie sie scheint. Wie bei so vielen Appellen an die Tugend betont der Mahner ihre höhere moralische Richtigkeit, ohne daß er dem Ermahnten viel Hilfe gibt, dahin zu gelangen. Gute wie schlechte Experimente weichen von der Alltagswelt ab, und gute wie schlechte Theorien sind auf solchen Experimenten aufgebaut worden. Die Situationen der Alltagswelt sind untereinander sehr verschieden; welche ist die, die man imitieren soll? Die Forderungen nach ökologischer Validität sind nur einsichtig, wenn sie spezifisch sind. Sie müssen auf einzelne Aspekte alltäglicher Situationen hinweisen, die durch die üblichen experimentellen Methoden nicht erfaßt werden, und es muß gute Gründe dafür geben anzunehmen, daß diese Aspekte wichtig seien. Ich glaube, daß wichtige Aspekte der normalen Umwelt wirklich in den heutigen Forschungsparadigmen übersehen werden. Diese Aspekte sind die räumlichen und zeitlichen Kontinuitäten realer Objekte und Ereignisse, die auch über die verschiedenen Sinnesmodalitäten gegeben sind.

Heutige Studien kognitiver Prozesse verwenden gewöhnlich Reizmaterial, das abstrakt ist, unzusammenhängend und nur am Rande real. Es ist fast so, als ob ökologische *In*validität ein erwünschtes Merkmal des experimentellen Designs wäre. Den Versuchspersonen werden einzelne Buchstaben gezeigt, Wörter, vielleicht einmal Strichzeichnungen oder Bilder, aber nahezu nie Gegenstände. Diese Reize werden nicht auf irgendeine normale Art sichtbar gemacht. Üblicherweise erscheinen sie in einem vorher leeren Feld, und oft verschwinden sie so schnell wieder, daß der Betrachter keine Möglichkeit hat, sie recht anzuschauen. Sie sind gezeichnet, als ob sie auf magische Weise im Raum hingen, ohne Hintergrund, ohne Tiefe und ohne daß sichtbar würde, wodurch sie gehalten sind. Als Beispiel der folgende Ausschnitt aus dem methodischen Kapitel einer einflußreichen Studie:

Die experimentelle Anordnung bestand aus einem Digital Equipment Corporation PDP-8 Computer, der mit einem Tektronix Model 611 Speicher-Schirm verbunden war. Der Computer war programmiert, eine Serie von vier visuellen Feldern auf dem Schirm zu zeigen, ganz ähnlich wie ein Vier-Kanal-Tachistoskop. Der Darbietungsschirm und die Responseschalter waren in einem vom Computer und vom Teletype getrennten Experimentierraum. Die Versuchspersonen wurden einzeln hereingeführt und vor eine Schalttafel gesetzt, auf der die Responseschalter montiert waren. Der Darbietungsschirm wurde auf Augenhöhe auf einem schwenkbaren Wagen hinter einer Schalttafel befestigt. Das ermöglichte es, die Distanz zu der Versuchsperson so einzustellen, daß das Maskierungsfeld in einem Winkel von 2½ Grad jeder Versuchsperson gegenüberstand. Ein 7½ Watt Nachtlicht versah den Experimentierraum überall mit einer matten Beleuchtung, die genügte, damit die an das Dunkel gewöhnten Versuchspersonen die Responseschalter sehen konnten, aber nicht so hell war, daß sie ihre Spiegelung in der gläsernen Oberfläche des Darbietungsschirms hätten sehen können. Eine Gegensprechanlage ermöglichte es dem Experimentator im Computerraum, mit der Versuchsperson zu kommunizieren . . .. Die Reihenfolge der Geschehnisse während jedem Versuch war die folgende: zuerst wurde der Fixationspunkt dargeboten. Dann setzte die Versuchsperson den Versuch in Gang, indem sie mit ihrer linken Hand einen Schalter drückte. Der Fixationspunkt verschwand, und das Stimulusfeld wurde eine bestimmte Zeit lang dargeboten . . . (die Zeit variierte für verschiedene Versuchspersonen, betrug aber zwischen 25 und 50 Millisekunden – UN). Unmittelbar nach dem Verschwinden des Stimulus wurde das Maskierungsfeld dargeboten. Das Maskierungsfeld besteht aus einem Zufallsmuster von Punkten, bei jedem Versuch wieder anders. Nach dem Wahlverzögerungs-Intervall (möglicherweise 0 Sekunden) erschienen die zwei Wahlen rechts vom Maskierungsfeld. Sowohl die Maskierung wie die Wahlfelder blieben, bis die Versuchsperson einen der Responseschalter gedrückt hatte. Die durchschnittliche Rate war ungefähr ein Versuch pro 5½ Sekunden.[4]

Darbietungen dieser Art kommen im Alltag nahezu überhaupt nie vor. Sie dauern bloß einen Bruchteil einer Sekunde, und jeder zeitliche Zusammenhang mit dem, was ihnen voranging oder folgen wird, fehlt. Es fehlt ihnen auch jede räumliche Verbindung mit ihrer Umgebung, sie sind physisch und zeitlich vom Rest der Welt losgelöst. Man kann sie nicht betasten, man kann sie nicht hören und man kann sie nicht mehr als einmal ansehen. Die Versuchsperson ist isoliert, von der üblichen Unterstützung durch die Umgebung abgeschnitten, zu nichts fähig als dazu, Versuche zu initiieren und zu beendigen, die, unabhängig davon, was sie tut, ihren magischen Verlauf nehmen. Auch wenn die Daten, die man unter solchen Bedingungen erhält, als Basis für viel geistreiches Theoretisieren dienen können, die daraus resultierenden Theorien können uns in die Irre führen. Experimentelle Anordnungen, die die Kontinuitäten der normalen Umgebung ausschließen, mögen Einsichten in gewisse Verarbeitungsmechanismen bieten, aber die Relevanz dieser Einsichten für die normale Wahrnehmungstätigkeit ist nicht im entferntesten klar.

Es ist nicht der Mangel an Scharfsinn, der Psychologen dazu führt, solche Methoden zu verwenden. Sie folgen ganz natürlich aus dem Verständnis der internen Verarbeitung der Wahrnehmung. Nach dieser Ansicht beginnt visuelle Wahrnehmung, wenn ein Bild auf der Netzhaut geformt ist, indem Nervenimpulse von den Rezeptoren ausgelöst werden. Ein komplexer Fluß von Verarbeitungsprozessen wird so in Gang gebracht – ein Fluß, der im Wahrgenommenen oder vielleicht gar in einer Reaktion kulminiert. Die Aufgabe der Psychologen ist es, diesen Fluß zu verstehen. Wie ich vor ein paar Jahren schrieb:

> Visuelle Wahrnehmung beschäftigt sich also mit Prozessen, die aus einem so wenig versprechenden Anfang wie den Lichtmustern auf der Netzhaut eine Wahrnehmungs-, Erinnerungs- und Gedankenwelt entstehen lassen . . .. In der hier benutzten Bedeutung meint der Begriff Kognition alle jene Prozesse, durch die der sensorische Input umgesetzt, reduziert, weiter verarbeitet, gespeichert, wieder hervorgeholt und schließlich benutzt wird.[5]

Wenn es wahr wäre, daß visuelle Aktivität mit einem Netzhautmuster beginnt und aufhört, wenn die Information dieses Netzhautmusters „wieder hervorgeholt und benutzt" wird, so wäre das eine gute Begründung für Experimente mit kurzen und künstlichen Darbietungen. Dadurch, daß sie den Beginn des Wahrnehmungsprozesses genau kontrollieren, ermöglichen solche Anordnungen auch genaue Messungen seiner Dauer. Geistreiche theoretische Gedanken über den Vergleich von Latenzzeiten in verschiedenen Bedingungen erlauben dann dem Experimentator, Hypothesen über innere Mechanismen zu testen. Wenn wir aber alltäglichere Beispiele von Wahrnehmung betrachten, so sehen wir, daß diese Grundannahme nur selten zutrifft.

Objekte in Bewegung

Objekte, die man wahrnehmen kann, stehen nicht immer still, und auch Wahrnehmende tun dies nicht. Das menschliche Wahrnehmungssystem hat sich entwickelt, um einem beweglichen Organismus in einer Welt zu dienen, die auch bewegliche Objekte umfaßt. Diese Tatsache ist grundlegend für

J. J. GIBSONs Darstellung von Wahrnehmung, wie auch für den vorliegenden Versuch, seine Ansichten in die kognitive Psychologie zu integrieren. In anderen Wahrnehmungstheorien aber wurde sie wenig beachtet. Die verführerische Analogie zwischen Auge und Kamera ließ allzu oft vermuten, daß die Bewegung nur eine Störung sei, die Wahrnehmende so gut als möglich kompensieren müßten. In Wirklichkeit aber enthält sie unschätzbare Information. Das trifft am eindrücklichsten dann zu, wenn sich der Wahrnehmende selbst bewegt, wie wir in Kapitel 6 sehen werden. Hier beginnen wir mit einfacheren Fällen, in denen er sich still hält. Sie sollen dazu dienen, das kontinuierliche zyklische Wesen der Wahrnehmungstätigkeit zu illustrieren, das in Abbildung 2 dargestellt wurde.

Nehmen wir an, man sieht etwas, das sich bewegt: ein Tier, das wegrennt, oder einen Ball, der geworfen wurde. Wahrscheinlich verfolgt man es mit den Augen; sogar Babys, die erst ein paar Tage alt sind, können unter geeigneten Umständen ein bewegliches Objekt verfolgen.[6] Gelingt ein solches Verfolgen, ist dies eine kontinuierliche Aktivität. Die Bewegung des Objekts in einer gegebenen, kurzen Zeitspanne bestimmt, wie sich die Augen (und / oder der Kopf) bewegen müssen, wenn seine Abbilder in der Fovea beider Augen zentriert bleiben sollen. Die nötige Bewegung wird ausgeführt und vielleicht korrigiert, so daß noch mehr Information über das Objekt und seine Bahn aufgenommen werden kann. Das erlaubt, der Bewegung weiter zu folgen usw. In diesem Fall ist Wahrnehmung offensichtlich zyklisch und in der Zeit erstreckt.

Wenn sich das bewegte Objekt nicht gerade durch einen wolkenlosen Himmel bewegt, zieht es notwendigerweise vor anderen Objekten vorbei. Wenn es nicht gerade durchsichtig ist, verdeckt es notwendigerweise Teile dieser Hintergrundobjekte, wenn es vorbeizieht; sie sind wieder „entdeckt“, wenn es vorbei ist. So verschwinden regelmäßig Teile der Hintergrundobjekte (oder ihrer Oberfläche) am vorderen Rand des sich bewegenden Objektes und erscheinen wieder an seinem Ende. Diese optischen Übergänge vermitteln eindeutige Information über die relative Lage der in Frage stehenden Objekte, Information, die der Wahrnehmende aufnimmt. Sie spezifizieren die relative Lage auch dann, wenn kein anderer Hinweis darauf vorhanden ist.[7] Für den Beobachter mit den darauf abgestimmten Schemata ist daher die Bewegung von Objekten eher eine Hilfe zur Wahrnehmung als Hindernis.

Wenn sich das bewegte Objekt wendet oder dreht oder Glieder hat, die ihre Lage verändern, wird noch mehr Information verfügbar. In solchen Fällen (die im wesentlichen alle Bewegungen umfassen, die in der Natur vorkommen), verdecken und enthüllen Teile des Objektes andere Teile. Die im Auge projizierten Formen und Größen seiner Oberflächen verändern sich systematisch, projizierte Winkel öffnen sich, schließen sich oder verschwinden. Auch diese Veränderungen sind Informationen, die verwendet werden können. Diese Möglichkeit wurde von WALLACH und O'CONNELL[8] in ihrer Studie über den „kinetischen Tiefeneffekt" demonstriert. (Der Name ist unglücklich, weil dieses Fließen der optischen Gegebenheiten eher die Form der Dinge spezifiziert als ihre „Tiefe" oder Distanz vom Beobachter.[9])

Eine besonders eindrückliche Demonstration der Wahrnehmung, die auf optischen Transformationen beruht, ist die von Gunnar JOHANSSON.[10] Mit einer Filmkamera filmte er Menschen, die in einem verdunkelten Raum umhergingen mit kleinen Lichtern, die an ihren Knöcheln, Knien, Schultern, Ellbogen und Handgelenken befestigt waren. Ein einzelnes Bild des Films zeigt nur ein bedeutungsloses Punktemuster. Wenn aber der ganze Film gezeigt wird, sieht jedermann Menschen umhergehen. Diese Wahrnehmung wird nicht durch einen einzelnen Input auf die Netzhaut gebildet und auch nicht durch die Bewegungen isolierter Punkte.[11] Ganze Ereignisse werden über die Zeit wahrgenommen. Viel detailliertere und spezifischere Muster des Fließens optischer Formen werden verfügbar, wenn sich Dinge in einer völlig beleuchteten Umgebung bewegen; bestimmt werden sie im alltäglichen Sehen verwendet.

Wir werden in Kapitel 5 sehen, daß es auf der Basis der kinetischen Muster leicht ist, auf ein Ereignis zu achten und ein anderes zu ignorieren, auch wenn beide für das Auge gleichermaßen verfügbar wären. Ein Beobachter kann einer Bewegung unter vielen folgen (mit oder ohne Bewegung seiner Augen), so leicht wie ein Zuhörer in einem Raum voller Menschen einem Gespräch folgen und ein anderes überhören kann. Was der Beobachter sieht, hängt davon ab, wohin er seine Aufmerksamkeit richtet, das heißt von den Antizipationen, die er entwickelt, und von den Wahrnehmungserkundungen, die er durchführt.

Auftauchende Objekte

Die bisher angeführten Beispiele waren Fälle, in denen das kontinuierliche und zyklische Wesen der Wahrnehmung besonders offensichtlich ist. Was geschieht, wenn ein neues Objekt zum ersten Mal in das Gesichtsfeld tritt? In Laboratoriumsstudien wird diese Situation üblicherweise plötzlich herbeigeführt, wenn der Experimentator einen Reiz darbietet. Das ist eine schwache Annäherung an das, was gewöhnlich in der Welt geschieht. Nehmen wir zum Beispiel an, ein Besucher komme in mein Büro, in dem ich fleißig an diesem Manuskript arbeite. Gibt es da irgendeinen definierbaren

Zeitpunkt, in dem ich ihn noch nicht gesehen habe, unmittelbar gefolgt von einem anderen, in dem ein Netzhautbild vollständig bereit zu Verarbeitung ist? Offensichtlich gibt es ihn nicht. In den meisten Fällen bin ich an irgendeiner Tätigkeit, bevor er eintrifft, und in einem bestimmten Moment schaue ich zur Tür hin. Warum schaue ich hin? Wahrscheinlich weil ich ihn entweder kommen hörte, oder weil ich außerhalb meines Blickwinkels, in der Peripherie des Gesichtsfeldes, einen Anschein einer Bewegung erhascht habe. Diese zwei Möglichkeiten haben dieselbe Funktion, auch wenn eine intermodal ist und die andere nicht. Beide verschaffen Information, die dazu verwendet wird, die folgende Wahrnehmungsaktivität zu leiten.

Es ist kein Zufall der Evolution, daß Babys mit der Tendenz geboren werden, zu den Tonquellen hin zu schauen, noch ist es ein Zufall, daß die äußeren Teile der Netzhaut für Bewegung und Veränderung empfindlich sind, auch wenn sie zur Mustererkennung ärmlich ausgestattet sind. Der Laut eines Schrittes führt wirksam zu weiteren Erkundungen, wie es auch ein erstes, peripheres Erkennen einer Bewegung tut. Eigentlich sagt es ja nicht mehr, als daß sich etwas in einem bestimmten Bereich der Umgebung bewegt. Und doch erlaubt es dem Wahrnehmenden, ungefähr zu antizipieren, was ihm ein Blick in diese Richtung enthüllen könnte. Diese „Antizipation“ ist natürlich nicht eine wohlüberlegte, bewußte Hypothese, sondern eine allgemeine Bereitschaft für Information bestimmter Art. Wenn der Wahrnehmende den erkundenden Blick wirklich ausführt, tritt er in den Wahrnehmungszyklus ein; wenn nicht, verfehlt er es, das Objekt wahrzunehmen. In diesem letzteren Fall mag die anfängliche Information dennoch eine Wirkung auf ihn gehabt haben (vielleicht erschrickt er, zuckt mit der Wimper oder kehrt, erneut entschlossen, zu dem zurück, was er vorher getan hat), aber sie wird gering und vorübergehend sein.

Um meinen Besucher dann richtig zu sehen, muß ich meinen Kopf und meine Augen herumdrehen, um besser schauen zu können. Dann wird wohl das Gesicht des Besuchers auf der zentralen Fovea meines Auges abgebildet sein. Aber auch in diesem Moment ist die Wahrnehmung nicht abgeschlossen; während den nächsten paar Sekunden werde ich wiederholt meinen Blick schweifen lassen, wenn ich ihn anschaue. Jede erkundende Augenbewegung werde ich als Konsequenz bereits aufgenommener Information ausführen, in Erwartung, mehr Information zu erhalten. Die Fixationen oder ihre Abfolge werde ich nicht bewußt beachten, sondern nur den Besucher selbst.

Sogar ohne die Hilfe des Hörens oder des peripheren Sehens würde mich der Besucher nicht wahrnehmungsmäßig unvorbereitet finden. Schließlich muß er ja im Türrahmen erscheinen. Und ich bin in meinem Büro, ich weiß bereits, wo der Türrahmen ist und was hinter ihm liegt, so wie ich den Ort anderer vertrauter Gegenstände kenne. Das bedeutet, daß ich die Distanz und die möglichen Bewegungen jedes ankommenden Besuchers voraussehen kann. Informationen über seine Lage und seine Bewegungen passen in ein bereits gegebenes räumliches Schema, das sie dann verändern. Wenn ein Besucher durch die Wand einträte oder mitten im Raum erscheinen würde, wäre er eher ein Geist als eine Person. Seine Geisterhaftigkeit wäre das erste, was ich an ihm bemerken würde, und würde auf alles abfärben, was es nachher zu sehen gäbe. Die meisten Psychologen glauben nicht an Geister, experimentieren aber oft mit Reizen, die genauso mysteriös auftauchen. Das kann ein Fehler sein; zumindest schafft es eine unübliche Situation.

Objekte in Ruhe

Wir können ruhige Objekte so gut sehen wie bewegliche. Wenn ich, ohne gestört zu werden, an meinem Schreibtisch sitze, kann es mir in den Sinn kommen, etwas anzusehen. Ich fixiere es, und auf meiner Netzhaut wird ein entsprechendes Bild geformt. Beginnt ein Wahrnehmungsakt in diesem Zeitpunkt, und ist er den Bruchteil einer Sekunde später in den Tiefen meines Gehirns beendet?

Wenn wir dieses spezielle Beispiel weiter verfolgen, taucht eine seltsame Schwierigkeit auf. Da ich in meinem eigenen Büro bin, habe ich fast alles darin schon gesehen. Eigentlich weiß ich, was und wo die Gegenstände um mich herum sind und wie ich sie ansehen muß. Wenn ich jetzt etwas ansehe, wird es darum gehen, es sorgfältiger zu betrachten, vorher unbeachtete Eigenschaften zu sehen. Die Lampe auf meinem Schreibtisch z. B. hat oben kleine Luftlöcher; ich habe sie vorher nie beachtet. Aber ich kannte die ungefähre Größe, Form und Lage der Lampe, und vor allem wußte ich, *daß es eine Lampe war*. Das heißt, ich hatte ein Schema für die Lampe, mit dem ich begann und das mein Schauen leitete, und nahm die neue Information auf, die durch das Schauen verfügbar wurde. Ein vorhandenes Bereitschaftsmuster wurde durch diese Information verändert, und es führte zu weiteren Blicken, die noch mehr aufnahmen. Der Wahrnehmungszyklus ist auf dieses ruhende Beispiel genauso anzuwenden wie auf den Besucher im Türrahmen.

Dies ist ein Fall, in dem die Wahrnehmung von früherer Erfahrung, von „gespeicherter Information“ beeinflußt ist. Es ist wichtig zu sehen, wie und wo genau solche Information wirklich zur Anwendung kommt. Es wäre ein Fehler, anzunehmen, daß ich Information aus dem Gedächtnis zu Information aus dem Reiz füge, um ein kombiniertes Ergebnis zu erhalten, wie dies das Modell der inneren Informationsverarbeitung aus Abbildung 1. nahelegen könnte. Das bereits vorhandene Schema, das durch frühere Erfahrung geformt wurde, *bestimmt*, was ich aufnehme, es fügt nicht hinzu. In Begriffen einer Unterscheidung, die die GIBSONs machten[12], ist Wahrnehmungslernen eine Sache der „Differenzierung" und nicht der „Anreicherung" („enrichment").

Die Behauptung, zur Wahrnehmung gehöre Antizipation, wird leicht mißverstanden. Sie bedeutet *nicht*, daß ich nur das sehen kann, was ich zu sehen erwarte. Wenn mir jemand meine Lampe mit einer anderen vertauscht hätte ohne mir etwas zu sagen, hätte ich die Veränderung wahrscheinlich bemerkt. Ein erster Blick hätte mir Information verschafft, die mein Schema verändert hätte und die weitere Exploration des neuen Gegenstandes geleitet hätte. Wenn ein Wahrnehmungszyklus normal abläuft, stellen sich Schemata schnell auf die augenblicklich verfügbare Information ein. Wahrnehmung strebt nach Wahrheit.

Diese Überlegungen mögen einen Einwand beantworten, den der Leser wohl bereits formuliert hat. Menschen sind nicht immer in vertrauter Umgebung, und sie schauen oft unbekannte Gegenstände an. Wahrnehmung dient nicht nur dazu, getroffene Annahmen zu bestätigen, sondern versieht Organismen mit neuer Information. Obschon das stimmt, stimmt doch auch, daß ohne irgendeine vorher existierende Struktur überhaupt keine Information aufgenommen werden könnte. Zwischen diesen beiden Bedingungen besteht ein dialektischer Widerspruch: Wir können nicht wahrnehmen, *außer* wir antizipieren, aber wir können nicht *nur* das sehen, was wir antizipieren. Wenn wir auf einzelne isolierte Blicke in die Welt angewiesen wären, hätte dieser Widerspruch fatale Folgen. Dann könnten wir nicht zuverlässig auseinanderhalten, was wir sehen und was wir zu sehen erwarten, könnten Gegenstände nicht von Halluzinationen unterscheiden. Dieses Dilemma, um das das Modell der inneren Informationsverarbeitung nicht herumkommt, läßt sich im Wahrnehmungszyklus lösen. Obschon der Wahrnehmende immer zumindest einige (mehr oder weniger spezifische) Antizipationen hat, bevor er Information über ein gegebenes Objekt aufzunehmen beginnt, können sie im Verlauf des Sehens korrigiert und auch geschärft werden.

Erwartungseffekte

Der Schluß aus diesen Gedankengängen ist, daß Erwartungen die Wahrnehmung leiten, aber nicht bestimmen; sie umfaßt auch die Aufnahme wirklicher Information. Schemata wirken dadurch, daß sie bestimmte Arten von Information eher auswählen als andere, nicht dadurch, daß sie falsche Wahrnehmungen oder Täuschungen herstellen würden. Der alte Spruch, daß der Optimist das halb volle, der Pessimist aber das halb leere Glas sehe, bedeutet ja nicht, daß einer der beiden nicht recht hätte. Es läßt aber vermuten, daß beide durch das, was sie sehen, in ihrer Stimmung bestätigt werden. Wenn die Umgebung reichhaltig genug ist, um verschiedene Ansichten zuzulassen (und meist ist sie das), können Erwartungen kumulative Wirkungen auf die Wahrnehmung ausüben, die im Grunde genommen nicht rückgängig gemacht werden können, bevor sich nicht die Umgebung selbst verändert. Doch Umgebungen verändern sich ja, und die alte Art und Weise, sie zu sehen, verliert dadurch ihre Macht. Das Zusammenspiel von Schema und Situation bedeutet, daß sie je den Vorgang der Wahrnehmung nicht allein bestimmen.

Die selektive Wahrnehmung in „reichhaltiger" Umgebung ist vielfach experimentell gezeigt worden, in Situationen also, die zwei oder mehr offensichtlich verschiedene Wahrnehmungszyklen stützen. Im einen, bekannten Fall bestehen die verschiedenen Möglichkeiten einfach aus verschiedenen Gegenständen oder Ereignissen, die gleichzeitig verfügbar sind: zwei Stimmen oder zwei visuelle Darbietungen werden gleichzeitig präsentiert, und die Versuchsperson achtet eher auf die eine als auf die andere. Das sind eigentliche Studien der selektiven Aufmerksamkeit, wie sie in Kapitel 5 behandelt werden. Manchmal bietet eine gegebene Klasse von Objekten oder Mitteilungen Information auf verschiedenen Ebenen der Freiheit und der Komplexität; das sind Gelegenheiten für *Wahrnehmungslernen*, dafür, Schemata eher zu entwickeln als zwischen ihnen zu wählen. Schließlich kann ein einzelner Gegenstand oder ein Ereignis widersprüchliche Information liefern, zwei verschiedene Wahrnehmungszyklen stützen, die nicht in dasselbe Schema integriert werden können. Solche Darbietungen nennt man „mehrdeutig" („ambiguous"), und man kann leicht beeinflussen, in welcher Deutung sie wahrgenommen werden. Sprachliche Instruktionen und vorangehende Darbietungen beeinflussen die Wahrnehmung mehrdeutig gemalter Bilder stark[13]; soziale Normen verändern die Schätzung der Strecke, die ein Lichtpunkt scheinbar zurücklegt;[14] der Versuchsleitereffekt beeinflußt die Beurteilung der Attraktivität eines abgebildeten Gesichts durch Versuchspersonen.[15] Nachweise dieser Art sind nur zu führen, wenn die Reize wirklich mehrdeutig sind; wie beim halb vollen oder halb leeren Glas müssen sie Information für mehr als eine Art Schema anbieten. Es ist sehr schwierig, Wahrnehmungstäuschungen mit wirklich eindeutigen Reizen auszulösen, und Manipulationen dieser Art sind nie unbegrenzt wirksam.[16]

In ihren Untersuchungen der Erwartungseffekte in der Wahrnehmung brauchten Psychologen häufig das Tachistoskop, das visuelle Reize einen kontrollierbaren Bruchteil einer Sekunde lang darbietet. Wenn so die Versuchsperson nur einen einzigen Blick auf die Vorgabe werfen kann, kann der normale Wahrnehmungszyklus nicht stattfinden. Unter diesen Bedingungen ist der Einfluß der Einstellung (set) und der Erwartung wirklich gewaltig. Menschen können ein kurz aufscheinendes Wort viel leichter nennen und ein kurz aufscheinendes Bild viel leichter erkennen, wenn sie es erwarten oder wenn es naheliegend ist, als wenn es selten ist oder mit der Situation nichts zu tun hat; und Menschen täuschen sich aufgrund ihrer Vorannahmen. (Donald BROADBENT bemerkte einmal, daß ein Engländer, der rasch auf eine Landschaft mit einer gemalten Hinweistafel blickt, jederzeit das hier Geschriebene nennen kann: „Betreten verboten".) Obschon wegen der eingeschränkten Situation der tachistoskopischen Darbietungen ein großer Teil dieser Arbeiten für unsere Diskussion hier irrelevant ist, waren die Fragen, die sie aufwarfen, für kognitive Psychologen von großer Bedeutung. Zwei dieser Fragen sollen hier kurz behandelt werden. Erstens: Ist der Erwartungseffekt ein Wahrnehmungseffekt oder nur eine Sache der Reaktionsfehler? Zweitens: Wie kann in einem kurzen Lichtblitz überhaupt etwas gesehen werden, wenn doch Wahrnehmung eine in der Zeit erstreckte Aktivität ist?

Die erste Frage braucht uns nicht lange zu beschäftigen, denn sie nimmt implizit die Gültigkeit des Modells innerer Verarbeitung an. Wenn Reize wirklich in einer linearen Verarbeitungssequenz in ein Wahrgenommenes und vielleicht in eine Reaktion verwandelt würden, so könnte es sinnvoll sein, zu fragen, wo die Erwartung ihren Effekt hat. Prozesse nahe der linken Seite von Abbildung 1 könnte man dann Wahrnehmungsprozesse nennen, die gegen die rechte Seite hin nicht. Nicht einmal aufgrund dieser Annahme gibt es eine eindeutige Antwort; ERDELYI[17] hat kürzlich die Meinung vertreten, Erwartungseffekte könnten an vielen Punkten dieser Kette entlang stattfinden. Wenn aber Wahrnehmung normalerweise ein zyklischer Fluß zwischen Schema und Informationsaufnahme ist, ist die ganze Unterscheidung gegenstandslos. Tachistoskopische Experimente betreffen einfach nicht die normalen Wahrnehmungsfertigkeiten, und der Begriff *Wahrnehmung* kann nicht konsistent auf irgendetwas angewendet werden, was in ihnen geschieht.

Diese Interpretation erklärt, weshalb introspektive Berichte in tachistoskopischen Studien so verworren sind. Der Betrachter ist oft unsicher, ob er wirklich etwas „gesehen" hat (ein Wort oder ein Bild), oder ob er bloß „geschlossen" hat, daß etwas da gewesen sein muß. Oft ist sein Bericht nachweislich falsch. Er kann überzeugt behaupten, er habe etwas gesehen, was überhaupt nicht gezeigt worden ist[18], oder etwas als Vermutung berichten, was in Wirklichkeit auf einer Reizinformation beruht. So eine Versuchsperson versucht erfolglos, ihre früheren Erfahrungen in echten Wahrnehmungssituationen auf die gekünstelte Situation anzuwenden, in der sie sich jetzt befindet. Um das zu tun, muß sie die Sprache, die zu einem zirkulären Aktivitätsfluß paßte (wie in Abbildung 2), in das Prokrustesbett von Abbildung 1 zwängen. Sie mag das bereitwillig tun, wenn sie etwa die lineare Wahrnehmungstheorie des Experimentators teilt, aber sie kann es nicht konsistent tun.

Ikonische Speicherung

Die zweite tachistoskopisch inspirierte Frage ist ernsthafter. Auch den Darbietungen, die extrem kurz sind, kann man Information entnehmen. *Wie* kurz, hängt von der herrschenden Helligkeit und dem Kontrast ab, unter optimalen Bedingungen genügt sogar eine Mikrosekunde. (Es ist beachtlich, wieviel man bei einem einzelnen Blitz sehen kann.) Viele Studien haben gezeigt, daß dies möglich ist, weil das vergängliche, kontrastreiche Netzhautmuster in ziemlich vollständiger Form auf einer peripheren Ebene des visuellen Systems gespeichert wird. Ich habe einmal diese Form der Speicherung das *Ikon* getauft, und ich will es weiterhin so nennen.[19] Die Dauer des Ikons, die mit verschiedenen Techniken gemessen wurde, beträgt eine halbe bis zwei Sekunden, je nach den verschiedenen visuellen Bedingungen. Es kann verdunkelt oder zum Verschwinden gebracht werden, wenn neue Reizmuster dargeboten werden, bevor es verblaßt ist; diese Maskierungs- und Metakontrast-Effekte sind kompliziert und sollen hier nicht behandelt werden.[20] Es gibt jedenfalls keinen Zweifel daran, daß uns die Existenz des Ikons dazu befähigt, tachistoskopische Darbietungen zu sehen.

Ich glaube, es war Norbert WIENER, der seine Leser aufforderte, sich einen Mechaniker vorzustellen, der mit einem künstlichen Arm einen Motor zu flicken versucht: ist nun der Arm ein Teil der Maschinerie mit der der Mechaniker kämpft, oder ein Teil des Mechanikers, der am Motor arbeitet? Es gibt eine ähnliche Unklarheit bezüglich des Ikons: bietet es dem Wahrnehmenden Information zum Sehen an, oder ist es Teil des Wahrnehmenden, der daran ist zu sehen? Vom Zuschauer aus gesehen, ist es offensichtlich in der Versuchsperson drin; introspektiv ist es wie etwas Sichtbares. Die Darbietung ist schon weg, scheint aber für die Versuchsperson erst langsam zu verblassen. In seinem klassischen Experiment hat SPERLING gezeigt, daß ein kurz nach dem Ende der Darbietung ertönendes Signal noch immer die Versuchsperson dazu anleiten kann, eher dem einen als dem anderen Teil des Ikons Aufmerksamkeit zu schenken.[21] Das Ergebnis davon ist, daß sie sich danach an diesen Teil weit über die Dauer des Ikons hinweg erinnern kann; sie hat ihm Information entnommen, wie sie es beim Betrachten einer wirklichen Situation getan hätte. (Man glaubte früher, dazu brauche es das sprachliche Benennen der fraglichen Items, das stimmt aber nicht.[22])

Die meisten kognitiven Theoretiker haben sich eher auf die Seite der Versuchspersonen geschlagen als auf die der Zuschauer. Das heißt, sie behandeln das Ikon, als ob es ein Bild wäre, unabhängig von den Wahrnehmungsmechanismen, die „es anschauen", eine erste, gesonderte und einmalige Phase der Verarbeitung. Das mag der beste Weg sein, an das Problem heranzukommen, vor allem seit SAKITT[23] gezeigt hat, daß der anatomische Ort der ikonischen Speicherung vermutlich in den Netzhautrezeptoren selbst liegt. Das Ikon simuliert schlicht die Information für den Rest des Nervensystems, die aufgenommen würde, wenn die wirkliche Vorlage noch da wäre. Dennoch kann es beim alltäglichen Sehen nur eine kleine Rolle spielen: es ist so definiert, daß es nicht existiert, solange eine gegebene Fixation andauert, und es wird nach jeder Augenbewegung durch Maskierung zerstört. Obschon genaue Netzhautmuster noch nicht wahrgenommener Formen unter tachistoskopischen Bedingungen kurz gespeichert werden können, ist diese Speicherung weder andauernd noch stark genug, um den Wahrnehmungszyklus zu beeinflussen.

Anmerkungen

1 Der Begriff wurde von BRUNSWIK (1956) geprägt, obschon er ihn etwas anders verwendete, als es heute üblich ist.

2 Was ich hier meine, ist der Kontrast zwischen den recht sterilen Arbeiten zum Labyrinthlernen, Hebeldrücken usw., die amerikanische Psychologen vor einer Generation durchführten, und den detaillierten Beobachtungen von Tieren in ihrer natürlichen Umwelt, die unabhängig davon von europäischen Ethologen aufgenommen wurden. Doch das erstaunlichste einzelne Beispiel für die Ratte hat einen anderen Ursprung: GARCIA hat entdeckt (GARCIA, ERVIN & KOELLING 1966), daß Ratten Futter vermeiden, von dem sie krank geworden sind, auch wenn Stunden verstreichen zwischen dem Reiz (Futter versuchen) und der Verstärkung (krank werden). Für einen neueren Überblick siehe SELIGMAN & HAGER(1972).

3 Das ist eine maßvolle Untertreibung; das Lernen sinnloser Silben ist wahrscheinlich der Archetypus psychologischer Irrelevanz. Und doch ist dieses Vorurteil nicht mehr ganz gerechtfertigt, denn dieser Bereich hat kürzlich eine Art kopernikanische Wende durchgemacht. Wenn man früher glaubte, Experimente zum mechanischen Lernen würden fundamentale Prinzipien erkennen lassen, die auch anderswo anwendbar wären, werden jetzt dieselben Methoden verwendet, um Fertigkeiten und Strategien zu untersuchen, die ursprünglich in der Welt gelernt

worden sind und von der Versuchsperson in das Laboratorium gebracht werden – das Vorstellen, das Kategorisieren, das Erzählen von Geschichten usw.

[4] WHEELER (1970, S. 65/66).

[5] NEISSER (1967, zitiert nach der deutschen Übersetzung 1974, S. 19).

[6] WOLFF & WHITE (1965).

[7] KAPLAN (1969).

[8] WALLACH & O'CONNELL (1953).

[9] J. J. GIBSON hat hervorgehoben, daß der Begriff der „Tiefenwahrnehmung" eigentlich irreführend ist. Was wir sehen ist ein Layout von Gegenständen in verschiedenem Abstand untereinander und von uns weg. Fast alle stehen am Boden oder sind an etwas befestigt, was am Boden steht. Unsere eigene Position in dieser Umgebung ist ebenso wahrnehmbar. Was Psychologen die „Tiefe" genannt haben – die Länge der BERKELEYschen Sichtlinie zwischen dem Auge und dem Gegenstand – hat in der Wahrnehmung keinen speziellen Status.

[10] JOHANSSON (1973); MAAS & JOHANSSON (1972).

[11] „Bewegungsdetektoren" der Netzhaut erklären diese Art von Wahrnehmung nicht, obschon ich sicher bin, daß sie darin eine Rolle spielen. Die wahrgenommene Richtung der Bewegung (einschließlich der Bewegungen vom Betrachter weg) hängt von der ganzen Konfiguration ab.

[12] J. J. GIBSON & E. J. GIBSON (1955). Siehe auch E. J. GIBSON (1977).

[13] Die Gattin/Schwiegermutter-Figur wird in solchen Untersuchungen oft verwendet, doch es sind viele andere mehrdeutige Figuren verfügbar. Ein Teil dieser Arbeiten ist in meinem Buch von 1967 behandelt.

[14] SHERIF (1935).

[15] ROSENTHAL (1966), Kapitel 9.

[16] Das ist eher eine Definition als eine empirische Tatsache, da wir Mehrdeutigkeit durch die Möglichkeit einander ausschließender Wahrnehmungen definieren. Ich will damit nur betonen, daß es schwieriger ist, die Leute zum Narren zu halten, als Psychologen oft annehmen.

[17] ERDELYI (1974).

[18] PILLSBURY (1897).

[19] NEISSER (1967).

[20] Einen Überblick über visuelles Maskieren und Metakontrast bieten KAHNEMAN (1968), LEFTON (1973) oder TURVEY (1973).

[21] SPERLING (1960).

[22] SCARBOROUGH (1972); COLTHEART (1972).

[23] SAKITT (1975).

Kapitel 4
Schemata

Wahrnehmen ist nicht die einzige Aktivität, die sich in räumlicher und zeitlicher Kontinuität abspielt. Auch Handlungen und Bewegungen haben diese Eigenschaft, und sie ist besonders offensichtlich bei jeder Art von Geschicklichkeitsleistung. Der Bildhauer beginnt mit einer Vorstellung davon, wie die fertige Statue aussehen sollte, der Tennisspieler mit einer Idee davon, wie sich der Ball bewegen sollte, nachdem er ihn geschlagen hat. Sie beginnen beide mit dieser Idee und mit den objektiven Gegebenheiten – dem Felsblock, der bearbeitet werden soll, den momentanen Bewegungen des Balls und des Spielers selbst – und handeln, nehmen die Konsequenzen ihres Handelns wahr, entwickeln eine genauere Vorstellung dessen, was zu tun ist, handeln wieder, nehmen wieder wahr und so weiter, bis das Endprodukt erreicht ist. In jedem Augenblick hängt die Geschicklichkeitsleistung von den gegebenen Umständen ab, von dem, was vorangegangen ist, und von den Plänen und Erwartungen des Handelnden. Dieser zyklische Prozeß paßt in das Paradigma von Abbildung 2. In einem oft zitierten Passus fängt BARTLETT etwas ähnliches ein:

> Nehmen wir an, ich führe in einem raschen Spiel wie Tennis oder Kricket einen Schlag aus. Wie ich diesen Schlag ausführe, hängt von der Beziehung zwischen gewissen neuen, vor allem visuellen Erfahrungen und anderen, unmittelbar vorangegangenen visuellen Erfahrungen und meiner Körperstellung oder dem Gleichgewicht dieser Stellung im Augenblick ab. Das letztere, das Gleichgewicht dieser Stellung, ist das Ergebnis einer ganzen Reihe früherer Erfahrungen, unter denen die letzte Bewegung, die dem Schlag unmittelbar vorangeht, eine beherrschende Funktion hat. Wenn ich den Schlag ausführe, produziere ich eigentlich nicht etwas absolut Neues und wiederhole nie bloß etwas Altes. Der Schlag wird wirklich aus den augenblicklichen, lebendigen „Schemata" des Sehens und der Stellung und ihren Wechselbeziehungen hergestellt.[1]

Der geschickt Handelnde ist ein Teil seiner Umwelt, er beeinflußt sie, und sie beeinflußt ihn. Auch Wahrnehmung ist Fertigkeit. Sie unterscheidet sich von Leistungen wie Bildhauern und Tennisspielen darin, daß die Wirkung des Wahrnehmenden auf seine Umwelt vernachlässigt werden kann; er verändert keine Gegenstände durch sein Hinschauen, keine Ereignisse durch sein Hinhören. (Dabei gibt es natürlich Ausnahmen, vor allem in der Welt unter dem Mikroskop des Physikers, aber sie beschäftigen uns hier nicht.) In fast jeder anderen Hinsicht aber – seiner Kontinuität, seiner zyklischen Art, seiner Abhängigkeit von sich stets verändernden Schemata – ist Wahrnehmen eine Art von Handeln.

Eine Definition

Dieses Buch befaßt sich nicht mit Handeln, sondern mit Wahrnehmen und anderen kognitiven Leistungen. Es ist hier nicht der richtige Platz, um die Ansicht zu vertreten oder auszuführen, daß Handeln wie Wahrnehmen organisiert sei, durch Erwartungen geleitet, die durch Konsequenzen verändert werden. So ein Anliegen müßte damit beginnen, daß ein guter Teil Geschichte der Psychologie rekapituliert würde. Vor einer Generation ging es im Widerstreit zwischen „Reiz-Reaktions-" und „kognitiven" Theorien des Lernens hauptsächlich darum, ob das Verhalten von Tieren durch Verstärkung oder durch Erwartung gesteuert werde. Ich glaube jetzt, daß in diesem Streit beide Seiten recht hatten, genauso wie ich glaube, daß sowohl J. J. GIBSON als auch die Theoretiker des Hypothesentestens (bei der Wahrnehmung) recht haben. Tatsächlich gibt es bei diesen beiden theoretischen Auseinandersetzungen erstaunliche Parallelen. GIBSON hofft, wie die radikalen Behavioristen, Aktivität ausschließlich in Begriffen der Struktur der Umgebung erklären zu können; alle erklärenden hypothetischen Konstrukte (inklusive die Schemata!) scheinen gefährlich mentalistisch. Auf der andern Seite beachten extreme Versionen von Informationsverarbeitungstheorien oder konstruktiven Theorien kaum die Art der Information, die die Umgebung wirklich anbietet. Sie lassen den Wahrnehmenden verloren in seinem eigenen Verarbeitungssystem, so wie man von den älteren kognitiven Theorien sagte, „sie sähen die Ratte in Gedanken verloren im Labyrinth". Wenn es gelingt, diese Ansichten im Begriff des Wahrnehmungszyklus zu versöhnen, zeigt sich vielleicht ein Weg, auch die älteren Fragen über das Verhalten zu beantworten.

Obschon Wahrnehmung nicht die Welt verändert, verändert sie doch den Wahrnehmenden. (So wie es selbstverständlich auch das Handeln tut.) Mit dem Schema geschieht das, was PIAGET „Akkommodation" nennt, und so geht es auch dem Wahrnehmenden. Er wurde zu dem, was er ist, dank dem, was er in der Vergangenheit wahrgenommen (und getan) hat. Weiterhin schafft und verändert er sich selbst durch das, was er in der Gegenwart wahrnimmt und tut. „Existenz geht der Essenz voran" sagen die Existentialisten. Jede Person hat ihre ganz eigenen Möglichkeiten, wahrzunehmen und zu handeln, denn niemand anderes steht genau an ihrer Position in der Welt, und niemand hat genau ihre Geschichte.

Es scheint kein besseres Wort für die in der Wahrnehmung zentrale Struktur zu geben als BARTLETTs *Schema*. (BARTLETT war damit nicht ganz glücklich[2], und auch ich bin es nicht.) Weil dieser Begriff schon recht oft und mit verschiedenen Bedeutungen verwendet worden ist[3], will ich so explizit wie möglich zu definieren versuchen, was ich damit meine. Ein Schema ist jener Teil des ganzen Wahrnehmungszyklus, der im Innern des Wahrnehmenden ist, durch Erfahrung veränderbar und irgendwie spezifisch für das, was wahrgenommen wird. Das Schema nimmt Information auf, wenn sie bei den Sinnesorganen verfügbar wird, und es wird durch diese Information verändert. Es leitet Bewegungen und Erkundungsaktivitäten, die weitere Information verfügbar machen, und wird durch diese wiederum verändert.

Vom biologischen Standpunkt aus ist das Schema ein Teil des Nervensystems. Es ist ein aktiver Teil physiologischer Strukturen und Prozesse, nicht ein Zentrum im Gehirn, sondern ein ganzes System, das Rezeptoren, Afferenzen, „feed forward units“ (Vorauskoppelungseinheiten) und Efferenzen umfaßt. Im Gehirn selbst müssen Entitäten sein, deren Aktivität für die Organisation und Veränderbarkeit des Schemas zuständig ist: Nervenverbindungen, funktionale Hierarchien, schwankende elektrische Potentiale und anderes, was man jetzt noch nicht abschätzen kann. Es ist nicht anzunehmen, daß diese physiologische Aktivität durch eine einzige Flußrichtung oder eine einheitliche zeitliche Abfolge gekennzeichnet ist. Sie beginnt nicht einfach an einer Peripherie und gelangt schließlich bis zu irgendeinem Zentrum, sondern sie muß mancherlei Rückkoppelungen und Verzweigungen enthalten. Das alles beginnt auch nicht in einem Augenblick und endet in einem anderen. Der Ablauf der verschiedenen Subsysteme überlappt auf verschiedene Weise und beliefert eine Unmenge verschiedenartiger „Informationsspeicher“. Es ist wichtig, aber äußerst schwierig, diese Strukturen in biologischen Begriffen zu verstehen. Mein Anliegen hier ist jedoch, sie zum Wahrnehmungszyklus in Beziehung zu setzen, von dem sie nur ein Teil sind. Wahrnehmung umfaßt die Welt ebenso wie das Nervensystem.

Einige Analogien

Die Funktion der Schemata soll durch einige Analogien geklärt werden. In gewissem Sinn, wenn es als System zur Informationsaufnahme verstanden wird, ist ein Schema etwas wie ein *Format* (format) in der Sprache der Computerprogrammierung. Formate spezifizieren die Art, von der Information sein muß, wenn sie kohärent interpretiert werden soll. Andersartige Information wird ignoriert oder führt zu sinnlosen Ergebnissen. Diese vorgängige Spezifizierung braucht aber nicht eng begrenzt zu sein. Wie oben erwähnt, können Schemata auf verschiedenen Ebenen der Allgemeinheit wirken. So kann man erwarten, „etwas dort drüben“ zu sehen, oder „jemanden“ oder den Schwager Georg oder ein Lächeln in Georgs Gesicht oder gar ein zynisches Lächeln auf Georgs Gesicht.

Ein Schema ist nicht nur wie ein Format, es fungiert auch als *Plan*, so wie dies MILLER, GALANTER & PRIBRAM in ihrem fruchtbaren Buch beschrieben haben[4]. Wahrnehmungsschemata sind Pläne, um etwas über Objekte und Ereignisse herauszufinden, um mehr Information in die Formate füllen zu können. Eine ihrer wichtigen Funktionen beim Sehen ist es, die Erkundungsbewegungen des Kopfes und der Augen zu leiten. Das Schema bestimmt aber auch dann, wenn keine beobachtbaren Bewegungen stattfinden, was wahrgenommen wird (Hören ist ein gutes Beispiel), weil Information nur dann aufgenommen werden kann, wenn sie durch ein aufnahmebereites Format erschlossen wird. Information, die in kein solches Format paßt, geht ungenutzt vorüber. Wahrnehmung ist ihrem Wesen nach selektiv.

Die Analogie zwischen Schemata, Formaten und Plänen ist nicht vollständig. Zu echten Formaten und Plänen gehört eine scharfe Unterscheidung von Inhalt und Form, zu einem Schema aber nicht. Die Information, die in einem Moment des zyklischen Prozesses in ein Format gefüllt wird, wird im nächsten Moment zu einem Teil des Formats und bestimmt, wie weitere Information aufgenommen wird. Das Schema ist nicht nur der Plan, es führt ihn auch aus. Es ist ein Muster *von* Handlung wie auch ein Muster *für* Handlung.

Die Aktivität der Schemata ist nicht von irgendeiner äußeren Energiequelle abhängig. Wenn die richtige Art von Information verfügbar ist, nimmt sie das Schema auf und leitet Bewegungen zur Suche nach weiterer Information. Aber Organismen haben viele Schemata, die untereinander auf komplexe Weise verbunden sind. In umfassende Schemata sind typischerweise spezifischere eingebettet, wie wir in Kapitel 6 sehen werden. Dann bestimmen oder „motivieren“ die weiteren Schemata oft die Aktivität der in ihnen eingebetteten Schemata. Motive sind nicht fremde Kräfte, die sonst passive Systeme zum Leben erwecken; sie sind bloß generelle Schemata, die in einem größeren Maßstab Information aufnehmen und Handlungen leiten. Es lohnt sich auch, zu bemerken, daß die durch zwei Schemata geleiteten Aktivitäten in Konflikt geraten oder gar völlig unvereinbar sein können. Was dann geschieht, nennt man *selektive Aufmerksamkeit*. Sie soll in Kapitel 5 behandelt werden.

Das Schema gleicht in jedem beliebigen Zeitpunkt eher einem *Genotyp* als einem *Phänotyp*, so wie diese Begriffe in der Genetik definiert sind. Es bietet eine Entwicklungsmöglichkeit entlang bestimmten Linien, aber die genaue Ausgestaltung dieser Entwicklung wird erst durch die Interaktion mit einer Umwelt bestimmt. Es wäre ein Fehler, das Schema mit dem gleichzusetzen, was wahrgenommen wird, so wie es ein Fehler ist, ein Gen mit einer festen Eigenschaft eines erwachsenen Organismus gleichzusetzen. Wahrnehmung wird durch Schemata etwa im gleichen Sinn determiniert, wie die beobachtbaren Eigenschaften von Organismen durch ihre Gene determiniert werden; sie ergibt sich aus der Interaktion von Schema und verfügbarer Information.

In einem früheren Buch habe ich betont, Wahrnehmung sei ein „konstruktiver Prozeß".[5] Der Wahrnehmende ist aktiv. In einem beachtlichen Ausmaß wählt er aus, was er sehen wird, richtet seine Aufmerksamkeit auf einzelne Gegenstände und nimmt einige ihrer Eigenschaften eher wahr als andere. Das ist gewiß richtig, aber die Konnotation, es gebe da ein endgültiges, konstruiertes Produkt im Geist des Wahrnehmenden und wir sähen eher innere Darstellungen als wirkliche Objekte, sollte vermieden werden. Es ist nach meiner Meinung nicht wahr. Wenn der Wahrnehmende ein antizipierendes Schema konstruiert, verwendet er dabei ebenso Information aus der Umgebung wie seine eigenen kognitiven Mechanismen. Er wird durch die Information, die er aufnimmt, verändert. Die Veränderung ist nicht eine Sache einer inneren Kopie, wo vorher nichts war, sondern ist die Veränderung eines Wahrnehmungsschemas; der nächste Wahrnehmungsakt wird anders verlaufen. Dieser Veränderungen wegen, und weil die Welt dem geübten Wahrnehmenden eine unendlich reiche Informationsstruktur anbietet, können keine zwei Wahrnehmungsakte identisch sein.

Rahmen (frames)

Eine Erörterung des Begriffs Schema kommt nicht um zwei einflußreiche Begriffe herum, die ihm zumindest entfernt gleichen. Der eine, durch Marvin Minsky entwickelt, wird in der künstlichen Intelligenz und bei Robotern verwendet[6], den andern verdanken wir dem Soziologen Erving Goffman.[7] Seltsamerweise haben beide denselben Namen: *Rahmen (frames)*. Obschon sie oberflächlich wenig gemeinsam haben, versuchen beide, die entscheidende Rolle des Kontexts und der Bedeutung in der kognitiven Aktivität zu berücksichtigen. (Neuerdings wird der Kontext auch in andern Gebieten der Psychologie betont, vom Gedächtnis[8] bis zur Sozialisation des Kindes.[9] Das mag ein Zeichen dafür sein, daß die Sozialwissenschaften endlich die komplex verschachtelten Züge des gewöhnlichen menschlichen Lebens anpacken.)

Der Versuch, Computer so zu programmieren, daß sie Muster erkennen können, hat eine relativ lange Geschichte. In den letzten fünf Jahren gab es eindrückliche Entwicklungen. Zum Beispiel sind Programme vorhanden, die es einem Computer ermöglichen, die vollständige dreidimensionale Anordnung eines Haufens hingeworfener Klötze zu beschreiben, von denen jeder eine andere und nicht vorhergesehene Form hat, schlicht aufgrund einer Frontalphotographie dieser Anordnung, die durch eine Inputvorrichtung abgetastet wird.[10] Dennoch kam MINSKY (in dessen Laboratorium viele dieser Arbeiten gemacht wurden) zur Überzeugung, daß das angemessene Erkennen und Beschreiben von Szenen der realen Welt nie allein aufgrund von Inputmustern eines einzelnen Moments möglich sein wird. Er nimmt an, daß der Computer für jede neue Szene mit einem Rahmen (frame) bereit sein muß oder mit einer Hierarchie von Rahmen, die vieles von dem antizipieren, was erscheinen wird. Wenn der Computer einen Raum untersucht, sollte er annehmen, Wände, Türen, Fenster, Möbel und so weiter zu finden; nur so wird er fähig sein, die sonst mehrdeutige Information, die ihn erreicht, zu interpretieren. MINSKY nimmt an, daß ein solches System hypothetische Annahmen („default assignments“) macht, wenn keine Information eintrifft, daß es beispielsweise das Vorhandensein einer Wand auf der rechten Seite annimmt, auch wenn es noch keine diesbezügliche Information erhalten hat.

MINSKYs Ansicht hat mit der hier vertretenen einiges gemeinsam. Es gibt auch wesentliche Unterschiede, aber es würde zu weit führen, sie hier zu untersuchen.[11] Übereinstimmungen zwischen künstlicher Intelligenz und kognitiver Psychologie sind erfreulich, auch wenn (soviel ich weiß) noch kein bedeutendes Computerprogramm auf der Basis der Rahmentheorie geschrieben worden ist.

GOFFMAN verwendet das Wort Rahmen (frame) sehr verschieden. In seiner brillianten Analyse alltäglicher Begebenheiten betont er, wie oft diese in Rahmen gefaßt sind, gebildet durch Konventionen, und wie oft diese Rahmen die Bedeutung der Begebenheiten verändern oder umwandeln. Sein zentrales Beispiel ist das Theater, in dem die Zuschauer wissen, daß sie Gespräche und die Handlungen, die sie sehen, nicht für bare Münze nehmen, sondern anderswie verstehen sollen. Das alltägliche Leben ist voll von ähnlichen Phänomenen. Die selben Lobesworte sind in der einen Situation aufrichtig gemeint, ironisch in einer anderen und sind in der dritten ein Bericht über Bemerkungen eines anderen. Übermäßiges Trinken kann von den einen Beobachtern als Krankheit „gerahmt“ werden, als absichtliche Sündhaftigkeit von den andern. Politische Organisationen veranstalten eine Zusammenkunft mit dem einzigen Zweck, vom Fernsehen aufgenommen zu werden (d. h. in einem bestimmten Rahmen ausgestellt zu werden). Schwindler schaffen sorgfältig „gerahmte" Situationen, die ihre Opfer mißverstehen sollen. Wenn sich Psychologie je ernsthaft mit der Wahrnehmung alltäglicher Begebenheiten befassen will, muß sie sich den komplexen Bedingungen stellen, die GOFFMAN beschreibt. In mancher Hinsicht entspricht sein Versuch, die wahrnehmbare soziale Welt zu analysieren, der ökologischen Optik von J. J. GIBSON, der die wahrnehmbare physikalische Umwelt und die darin vermittelte Information analysiert.

Informationsaufnahme und Informationsspeicherung

Der Begriff der Informationsaufnahme ist in meinen Ausführungen so zentral wie bei GIBSON. Ist er vereinbar mit der klassischen Verwendung des Begriffs Information als etwas, was quantifiziert, übermittelt, gespeichert und verarbeitet wird?[12] Ich glaube, daß die beiden Verwendungen des Begriffs kompatibel sind[13], ihre Beziehung muß aber geklärt werden.

In SHANNONs Definition ist Information im wesentlichen die Wahl zwischen Alternativen. Es gibt sie immer dann, wenn irgend ein gegebenes System eher im einen als in einem andern möglichen Zustand ist. Information ist (so ist es definiert) *übermittelt* worden, wenn der Zustand eines Systems B irgendwie abhängig (contingent) ist vom Zustand eines andern, A, so daß ein Beobachter im Prinzip etwas über A erfahren könnte, wenn er B studierte. Wenn in B genügend Information übermittelt wurde (ohne „Rauschen"), kann A bis in Einzelheiten charakterisiert werden. Genau diese Beziehung besteht zwischen den strukturierten Lichtmustern, die dem Auge zugänglich sind (B), und den Objekten, von denen sie reflektiert werden (A). Information über die Objekte liegt im Licht, weil die Gesetze der Optik eine Abhängigkeit (contingency) zwischen ihnen schaffen. (Diese Abhängigkeit ist üblicherweise perfekt, frei von dem, was die Informationstheoretiker „Rauschen" / „noise" nennen.) Die im Licht enthaltene Information spezifiziert die Lage und viele der Eigenschaften der Objekte der Umgebung. J. J. GIBSON sagt, in der normalen Umgebung sei diese Spezifizierung einmalig: keine andere vorstellbare Welt könnte diese optische Struktur hervorbringen, die gegenwärtig vorhanden sei. (Optische Struktur schließt hier Veränderungen in der Zeit wie auch Verteilungen im Raum ein.)

Der Wahrnehmende ist also ein physikalisches System, das mit der optischen Anordnung (optic array) in Verbindung steht. Sein Zustand ist zum Teil durch den Zustand dieser Anordnung bestimmt, was bedeutet, daß zu ihm Information übermittelt wird. Wenn dies geschieht – wenn sein Nervensystem die Struktur des Lichts aufnimmt – sagen wir, er habe Information aufgenommen. Wenn diese Information – die Aspekte der optischen Struktur, durch die er beeinflußt wird – ihrerseits die wirklichen Eigenschaften der Objekte spezifizieren, so hat er diese Eigenschaften und Objekte wahrgenommen.

Informationsaufnahme benötigt ein geeignetes Wahrnehmungssystem – geeignet in dem Sinn, daß ein Zustand durch den Kontakt mit dem strukturierten Licht in nützlicher Weise verändert wird. Gewöhnlich sagt man, dieses System (hier Schema genannt) müsse die ihm zugängliche Information *verarbeiten*. Dieses Wort kann irreführen. Die Information selbst wird nicht verändert, da sie schon im Licht vorhanden war. Das Schema nimmt sie auf, wird durch sie verändert, nutzt sie. Einige dieser Aktivitäten können wirklich mit den vielen heutigen Studien erfaßt werden, die in ihrem theoretischen Rationale das Konzept der Informationsverarbeitung (oder des *Rekodierens*) haben. Dennoch will ich hier keinen Überblick über sie geben. Es gibt einfach zu viele von ihnen, als daß man sie in einem Buch wie diesem abdecken könnte, und ein solcher Überblick ist anderswo zu finden.[14] Die meisten dieser Untersuchungen stützen sich auf künstlich hergestellte Situationen wie die oben beschriebenen und vernachlässigen das kontinuierliche und zyklische Wesen der alltäglichen Wahrnehmungsaktivität. Zudem beginnen nahezu alle mit einer bestimmten wissenschaftlichen Beschreibung der Reizinformation, die als Anordnung getrennt stimulierender Lichtstrahlen betrachtet wird. Von einer solchen Beschreibung ausgehend, können Wahrnehmungstheorien nur von einer bestimmten Art sein und müssen grundlegende Verarbeitungs- und Rekodierungsprozesse postulieren. Diese Beschreibung ist jedoch bestimmt nicht die einzig mögliche. So wie akustische Information entweder in Begriffen der Druckwellen oder des Frequenzspektrums beschrieben werden können, so muß es hier verschiedene gleichwertige Beschreibungen der Struktur der optischen Anordnung geben. Wie in Kapitel 2 erwähnt, werden jetzt verschiedene Alternativen entwickelt.

Es gibt noch einen weiteren Grund zur Skepsis den heutigen Darstellungen unserer Wahrnehmungsmaschinerie gegenüber. Die Maschinerie entsteht nicht auf einen Schlag. Schemata entwickeln sich durch Erfahrung. Informationsaufnahme ist zu Beginn grob und wenig erfolgreich, so wie es die Wahrnehmungserkundungen sind, mit denen der Zyklus beginnt. Nur durch Wahrnehmungslernen[15] werden wir fähig, zunehmend feinere Aspekte der Umgebung wahrzunehmen. Die Schemata irgendeines Zeitpunktes sind das Produkt einer bestimmten Geschichte wie auch des ablaufenden Zyklus selbst. Eine Theorie, die die Möglichkeit der Entwicklung anzuerkennen versäumt, kann nicht ernstgenommen werden als Darstellung menschlicher Kognition.

Aus der Tatsache des Wahrnehmungslernens folgt, daß der Zustand des Schemas zu einer gegebenen Zeit A_1 irgendwie abhängig ist von seinem Zustand zu einer früheren Zeit A_0. Von der gegebenen Definition von Informationsübermittlung ausgehend, wäre es gerechtfertigt zu sagen, daß von A_0 nach A_1 Information „übermittelt" worden ist. Es ist aber viel weniger unbeholfen zu sagen, daß sie „aufgehoben" oder „gespeichert" worden ist. So befähigen uns Schemata nicht nur dazu, gegenwärtige Ereignisse wahrzunehmen, sondern auch dazu, Information über vergangene zu speichern.

Der Begriff der gespeicherten Information hat eine Schlüsselstellung in den meisten gegenwärtigen Gedächtnistheorien inne. Oft wurde vorgeschlagen, das Gehirn funktioniere im wesentlichen wie ein großes Bibliothekssystem.[16] Nach dieser Ansicht werden Spuren individueller, vergangener Erfahrungen in den Bücherregalen (Langzeitgedächtnis) gespeichert und dann und wann für bewußte, erneute Durchsicht hervorgeholt. Wenn sie der Bibliothekar nicht lokalisieren kann, kommt es zum Vergessen. Was auch immer die Verdienste dieser Ansicht sein mögen, sie ist nicht das, was ich hier meine. Man sollte sich jemanden, der ein gerade inaktives Schema „hat", nicht als den Eigentümer einer bestimmten Art geistigen Besitzes denken. Er ist bloß ein Organismus mit einer bestimmten Möglichkeit (potentiality). Seine inaktiven Schemata sind nicht Objekte, sondern Aspekte der Struktur seines Nervensystems. Obschon sie Information in einem technischen Sinn aufheben, nimmt er sie nicht so aus ihnen auf, wie wenn es Information im Licht wäre. Nur durch die besondere Art seiner Antizipation zeigt es sich, daß er ein Schema verwendet.

Der Ursprung des Wahrnehmungszyklus

Wenn die hier vorliegende Darstellung der Wahrnehmung richtig ist, so kann es keinen Zeitpunkt geben, in dem wir völlig ohne Schemata wären. Das neugeborene Kind öffnet seine Augen in einer Welt, die unendlich reich an Information ist; für einen Teil davon muß es vorbereitet sein, wenn es in den Wahrnehmungszyklus eintreten und für einen weiteren Teil bereit werden soll.

Es scheint daher notwendig, auch dem jüngsten Baby ein gewisses Maß an angeborener Wahrnehmungsausrüstung zuzuschreiben – nicht nur die Sinnesorgane, sondern neurale Schemata, um sie zu leiten. Gleichzeitig müssen wir ihm aber nicht zu viel zuschreiben. Die alte platonische Idee, alle Erkenntnis sei angeboren, scheint den sich verändernden menschlichen Bedingungen völlig unangemessen zu sein. Menschen müssen etwas über die Welt lernen; sie wissen nicht im voraus, wie sie sein wird, und sie wissen nie alles über sie, seien sie noch so fleißig und noch so auffassungsfähig. Babys wissen, so glaube ich, wie sie etwas über ihre Umwelt erfahren können und wie sie die Information ordnen können, die sie erhalten, damit sie dazu verhilft, mehr zu erhalten. Sie wissen auch das nicht besonders gut, aber gut genug, um damit beginnen zu können.

Es gibt eine beträchtliche Anzahl experimenteller Beweise zu diesem Punkt. Kleinkinder führen vielerlei Aktivität zur Informationsgewinnung aus; sie befinden sich von Anfang an im Wahrnehmungszyklus. Sie schauen zu Tonquellen hin, verfolgen Objekte mit ihren Augen und greifen nach Dingen, die sie sehen. Der Fall des Schauens nach Tonquellen ist besonders interessant, weil dieses Verhalten sehr früh auftaucht. Sogar ein neugeborenes Baby, nur einige Minuten alt, bewegt oft seine Augen zu einer Tonquelle hin und bewegt sie nur selten in die falsche Richtung.[17]

Wir brauchen nicht anzunehmen, daß so ein Kind den Ort, von dem der Ton kommt, präzis kenne. Die Tatsache, daß es zu ihm hinschaut, zeigt uns nur, daß es weiß, ob er rechts oder links ist. Diese beiden Möglichkeiten werden durch das Ohr unterschieden, an dem der Ton zuerst ankommt, durch eine *Zeitdifferenz* zwischen den akustischen Mustern in seinen beiden Ohren. Die Richtung der Zeitdifferenz genügt, um den Ton als eher von rechts oder eher von links kommend zu erkennen, während die jeweilige Tonstärke den Ort der Tonquelle weit genauer bestimmen hilft. Diese präzisere Bestimmung ist allerdings nicht absolut. Sie hängt von der Distanz zwischen den Ohren des Hörenden ab, das heißt von der Größe seines Kopfes. Da sich die Größe des Kopfes im Wachstum verdoppelt, fällt es schwer anzunehmen, die präzise Bestimmung des Ortes einer Tonquelle könne angeboren und vorprogrammiert sein.

Einige Tage nach der Geburt hat ein neugeborenes Kind genügend Kontrolle über seine Nackenmuskeln, um seinen Kopf wie seine Augen zu einer Tonquelle hin zu bewegen. Wenn der Ton nicht verstummt, solange es das tut, wird seine Kopfbewegung die Zeitdifferenz zwischen den Ohren, die es zu dieser Bewegung geführt hat, verändern. Wenn es den Kopf weit genug gedreht hat, um das tönende Objekt geradeaus sehen zu können, ist diese Differenz verschwunden. So kann es den Ort des Tones wirksam bestimmen, ohne seine Kopfgröße überhaupt berücksichtigen zu müssen. Wiederholungen dieser Bewegungen können es schließlich darüber belehren, wie groß die Kopfbewegung sein muß, um eine anfängliche Differenz zum Verschwinden zu bringen. In der Tat kann es den Durchmesser seines Kopfes „berechnen". Wenn es das getan hat, wird seine Fähigkeit, Töne zu lokalisieren, viel befriedigender sein. Dieselben Aktivitäten werden dazu dienen, daß die Ortsbestimmungen genau bleiben, auch wenn der Kopf mit der Zeit seine Größe verändert.[18]

Für das Kind ist also das Wahrnehmen der Richtung, in der eine Tonquelle liegt, ein zyklisch in der Zeit erstreckter Wahrnehmungsakt. Dieser Akt enthält den Keim seiner weiteren Entwicklung, da das Schema zunehmend spezifischer wird. Zuerst wird ein weiter Bereich von Signalen – Töne, die irgendwoher von der rechten Seite kommen – als äquivalent angenommen und führt zu denselben ungenauen Bewegungen der Augen oder des Kopfes. Später nimmt ein ausgeprägteres Schema Information auf über die genaue Richtung, in der die Tonquelle liegt, und bestimmt eine entsprechend genauere Richtung. Die Entwicklung des Schemas geht daher vom Allgemeinen zum Besonderen, vom Undifferenzierten zum Spezifischen. Doch obschon dies der Verlauf der kognitiven Entwicklung der Schemata ist, geschieht mit dem Wahrnehmungsakt selbst nicht dasselbe. Der Wahrnehmungszyklus ist von Anfang an konkret und spezifisch. Die Kopfbewegung des Babys zu der Tonquelle hin ist vollkommen bestimmt, wenn auch langsam, weil eine einzelne, bestimmte Tonquelle wirklich existiert. Wahrnehmung ist immer eine Interaktion zwischen einem besonderen Objekt oder Ereignis und einem allgemeineren Schema. Sie kann als ein Prozeß des Generalisierens des Objekts oder des Partikularisierens des Schemas angesehen werden, je nach der theoretischen Vorliebe.

Das Verständnis von kognitiver Entwicklung, das hier dargestellt wird, hat offensichtlich viel mit demjenigen von PIAGET gemeinsam. Besonders der Wahrnehmungszyklus ist der „Zirkulärreaktion", die er beschreibt, nicht unähnlich.[19] Ein Kleinkind, das irgendwie einen Effekt in der Umgebung bewirkt (z. B. indem es ein Spielzeug anfaßt, das Lärm macht) tendiert dazu, dieses Verhalten immer wieder mit offensichtlichem Vergnügen zu wiederholen. Obschon der Wahrnehmungszyklus keine beobachtbaren Aktivitäten dieser Art einzuschließen braucht – Schauen und Hören sind genauso zyklisch wie Betasten – tut er es dennoch in vielen Fällen. Außerdem können mancherlei wichtige Informationen nur manuell erreicht werden; das Kind wird den typischen Ton oder die harte Oberfläche der Rassel nie entdecken, wenn es sie nicht berührt. Diese zyklischen Interaktionen verändern das Schema, ein Prozeß, den PIAGET *Akkommodation* nennt.

Wenn auch Akkommodation bestimmt geschieht, scheint doch PIAGETs Begleitkonzept der *Assimilation* zweifelhafter. Weshalb sollten wir annehmen, das Kind verändere die Information, die es aufnimmt? Es findet weniger über seine Umgebung heraus, als es ein Erwachsener könnte, aber was es herausfindet, braucht nicht falsch zu sein. Wenn es – wie wir alle – Fehler macht, sind diese wohl eher unkorrekte Extrapolationen aus dem, was es gesehen hat, als grundsätzliche Irrtümer. PIAGETs Invarianzaufgaben illustrieren diesen Punkt. Wenn ein Fünfjähriges darauf besteht, es sei nicht mehr die gleiche Menge Wasser da, nachdem sie von einem schmalen, hohen Glas in ein breites, niedriges geschüttet wurde, so deshalb, weil es noch nicht weiß, welche Information die Menge genau bestimmt. (Das ist natürlich ein anderer Ausdruck dafür, daß es das Konzept der Quantität, wie es die Erwachsenen kennen, noch nicht hat.) Es muß mit der Information auskommen, die es hat und die in diesem Fall nur die Höhe des Wassers im Gefäß angibt, daher irrt es sich. Es irrt nicht, weil es in einer unvermeidlich unlogischen Phase der kognitiven Entwicklung ist, sondern weil es solche Ereignisse noch nicht oft genug aufmerksam beobachtet hat, als daß es die Schemata hätte entwickeln können, die dieses Problem erfordert. Kinder, die mit dem betreffenden Material und seiner Transformation relativ mehr Erfahrungen gemacht haben, machen weniger Invarianzfehler.[20].

Wahrnehmung entwickelt sich nicht automatisch, wie angeboren und unbeeinflußt durch die Umwelt. Der Zyklus von Antizipation und Aufnahme verbindet den Wahrnehmenden mit der Welt und kann sich nur den Wegen entlang entwickeln, die die Welt anbietet. Von Pygmäen, die im dichten, tropischen Urwald leben, in dem entfernte Objekte kaum zu sehen sind, sagt man, sie machten komische Fehler, wenn sie zum ersten Mal eine weit entfernte Tierherde sähen.[21] Entsprechend machen unerfahrene Ballspieler gewaltige Verteidigungsfehler, weil sie die Wurfbahn des Balls falsch beurteilen. Mit der Übung entwickeln sich Fertigkeiten bis zu einem Punkt, der dem Uneingeweihten magisch erscheinen muß.

Kinder führen viele andere als die hier behandelten Wahrnehmungserkundungen aus. Ganz von Anfang an ziehen sie es vor, eher neuartige als vertraute Gegenstände anzuschauen; oft genügt das bloße Zeigen von etwas Neuem, um einen Zustand „wachsamer Inaktivität" hervorzurufen, der angibt, daß sie für ihre Umgebung interessiert worden sind. Sie ziehen bewegte Objekte den ruhenden vor, vielleicht weil Bewegung so viel zusätzliche Information bietet, und es kann sein, daß sie lärmende Objekte den stillen aus demselben Grund vorziehen. Sie bewegen ihre Augen, um neue Objekte zu fixieren, die in der Peripherie ihres Gesichtsfeldes gezeigt werden, und sie verfolgen bewegte Objekte mit den Augen, wenn ihnen die Bewegung nicht zu rasch ist. Im Alter von vier oder fünf Monaten, wenn nicht früher, greifen sie nach dem, was sie sehen, um es zu berühren, und versuchen, Objekte, die sie gefaßt haben, ins Gesichtsfeld zu bringen.

Es gab eine beachtliche Diskussion darüber, ob sehr kleine Kinder einen „Objektbegriff" hätten. Weiß ein Baby, daß Spielzeug und Menschen weiterhin existieren, wenn sie außer Sicht sind, oder hält es sie für Erscheinungen, die es ausschließlich durch seine Wahrnehmungsaktivität schafft? Das ist eine unglückliche Fragestellung, die eher bei Philosophen entsteht als bei Kindern. Kleine Kinder generalisieren sicher weder in der einen noch in der anderen Weise. Sie haben antizipatorische Schemata: die Frage ist nun, welche Art von Information sie antizipieren und wie lange sie damit fortfahren ohne die Unterstützung durch ständig verfügbare Information. In bezug auf die erste dieser Fragen ist die empirische Evidenz klar. SPELKE zum Beispiel zeigte 3 Monate alten Babys auf nebeneinander stehenden Bildschirmen zwei Filme und spielte das Tonband, das zum einen dieser Filme gehörte, mit einem Lautsprecher in der Mitte ab: die Babys schauten vornehmlich zu dem Film, der mit der verfügbaren akustischen Information übereinstimmte.[22] Auch die früheste Erkundungsaktivität ist offensichtlich intermodal, koordiniert die Aktivitäten der Augen, Ohren und Hände. Kinder erwarten, Dinge zu sehen, die sie gehört und berührt haben, und Dinge zu berühren, die sie gesehen haben. Tatsächlich können sie erschreckt werden, wenn diese Erwartung nicht erfüllt wird.[23] In dieser Beziehung gleicht daher ihr Objektbegriff dem der Erwachsenen. Ihre Schemata sind gut abgestimmt auf das wirkliche Wesen der Dinge in der Welt, die ja mit verschiedenen unserer Sinne erfaßbar sind.

Die Evidenz für die Fortdauer der Wahrnehmungsantizipationen ist widersprüchlicher. Eine solche Fortdauer kann entweder aus der Überraschung geschlossen werden, die ein Kind zeigt, wenn ein vorübergehend verborgener Gegenstand nicht auftauchen will, oder aus seiner Anstrengung, etwas zu suchen, was nicht mehr in Sicht ist. Untersuchungen, in denen Gegenstände vorübergehend verborgen wurden, brachten positive Ergebnisse. In einigen Experimenten von BOWER[24] verdeckt ein Schirm kurz ein Spielzeug, welches das Baby angeschaut hat; wenn er wieder weg ist, ist das Spielzeug verschwunden, weil es der Experimentator heimlich entfernt hat. Wenn das Verbergen nur eine oder zwei Sekunden dauert, ist sogar ein Baby im Alter von einem Monat erstaunt, daß das Spielzeug nicht mehr dort ist (zumindest ist das daraus zu erschließen, daß sich sein Pulsschlag ändert). Andererseits ist es nicht erstaunt, wenn dort ein anderes Spielzeug erscheint; es antizipiert, etwas zu sehen, aber ohne Rücksicht auf die Detailinformation, die das eine Objekt vom andern unterscheidet. Offensichtlich hält es seine Antizipation nicht sehr lange aufrecht – nach einem Verbergen von 15 Sekunden ist es erstaunter, wenn das Spielzeug noch immer dort ist, als wenn es verschwunden ist. Ältere Kinder zeigen kontinuierliche Erwartungen über längere Zeitintervalle hinweg.

Die Dinge, die Babys so ausdauernd und mit mehreren Sinnen wahrnehmen, sind sicher nicht bloße „Sinnesempfindungen". Wenn es einen Würfel anschaut, sieht es nicht ein flaches, verkürztes Bild wie die optische Projektion des Würfels in seinem Auge, sondern einen Gegenstand in seiner Größe, seiner Festigkeit und an seinem Ort. (Der Umstand, daß einige seiner Eigenschaften nicht bemerkt werden, läßt den Gegenstand natürlich nicht unvollständig erscheinen. Eigenschaften, die wir nicht sehen, sind wie Ideen, die wir nicht gehabt haben. Sie lassen keine Lücke in der Welt; um Lücken festzustellen, braucht man Information.) Da wir die Vorstellung verworfen haben, der Erwachsene habe einen inneren Homunkulus, der die Netzhautbilder betrachte, sollten wir denselben Fehler nicht machen, wenn es um das Baby geht. Aus Kindern werden Leute, aber es gibt keine inneren Kinder, aus denen innere Leute werden. Das Kind sieht nicht seine Netzhaut; es sieht, weil die dort verfügbaren komplexen Lichtmuster Information über Objekte vermitteln. Diese Muster beschreiben dem Erwachsenen Festigkeit, wirkliche Form und Größe; warum sollten sie es dem Kind nicht tun?[25]

Das Schema, das ein Kind beibehält, nachdem ein Gegenstand außer Sicht geraten ist, mag es für dessen erneutes Erscheinen vorbereiten; es wird dadurch aber nicht notwendigerweise befähigt, den Gegenstand wieder selbst zu finden. Kinder zeigen seltsame Arten visuellen und manuellen Suchens. Manchmal geben sie zu leicht auf: ein sechs Monate altes Baby macht keinen Versuch, ein Tuch zu entfernen, das über ein attraktives Spielzeug gelegt wurde. Bei anderer Gelegenheit beharren sie auf offensichtlich ungeeignete Weise: ein drei Monate altes Baby kann einer wiederholten Bewegung mit seinen Augen und seinem Kopf folgen, es gelingt ihm aber nicht, seine Schaubewegung zu ändern, wenn das Objekt eine andere Richtung bekommt[26]; Einjährige zeigen eine ähnliche Sturheit, wenn sie ein verborgenes Objekt suchen, auch wenn sie gesehen haben, daß dieses an einen neuen Ort gestellt wurde.[27]

Beobachtungen wie diese wurden im allgemeinen als Anzeichen eines Mangels am Objektbegriff des Kindes interpretiert.[28] Es glaube, so sagte man, das Objekt höre auf zu existieren, wenn es zugedeckt werde[29], oder es werde zu einem neuen und anderen Objekt, so oft es bewegt werde.[30] Diese Hypothesen wirken unnötig dramatisch. Die Untersuchungsergebnisse zeigen bloß, daß Kinder relativ ungeschickt sind, wenn es um die Kunst geht, Dinge zu orten, die aus dem Gesichtsfeld geraten sind, und daß sie manchmal einer neuerworbenen Suchstrategie dermaßen vertrauen, daß sie das Offensichtliche übersehen. Als ein gelegentlich zerstreuter Professor, der dafür bekannt ist, daß er jeweils einen Platz immer wieder durchsucht, weil ein verlorener Gegenstand wirklich dort sein sollte, habe ich für die Versuchspersonen in diesen Experimenten volles Verständnis. Ihr Objektbegriff mag grundsätzlich nicht schlechter sein als meiner, nur sind sie darin, Dinge zu finden, noch schlechter als ich.

Bedeutung und Kategorisieren

In einer Hinsicht sind Diskussionen um den Objektbegriff, unabhängig von der etwa vorherrschenden theoretischen Grundlage, irreführend. Sie unterstellen implizit, es sei die Funktion der Wahrnehmung, uns über Dinge als bloße Objekte zu informieren: über geographisch und physikalisch definierte Materie, die das ist, was sie ist, ob wir sie nun ansehen oder nicht. Das ist wahr, aber längst nicht die ganze Wahrheit. In der normalen Umgebung sind die meisten wahrnehmbaren Objekte und Ereignisse *bedeutungsvoll*. Sie bieten verschiedene Handlungsmöglichkeiten, enthalten Implikationen darüber, was geschehen ist oder geschehen wird, gehören in einen größeren, zusammenhängenden Kontext, haben eine Identität, die ihre einfachen physikalischen Eigenschaften überschreitet. Diese Bedeutungen kann man wahrnehmen und tut das auch. Man kann sehen, daß eine Gesichtsbewegung ein zynisches Lächeln ist, daß der Gegenstand auf dem Pult ein Kugelschreiber ist, daß dort unter dem Zeichen AUSGANG eine Tür ist. Beim Lesen oder Zuhören nimmt man die Bedeutung der Wörter und der Sätze wahr, die Gedankenführung in der Erörterung einer Sache oder den gefühlsmäßigen Unterton, der mitschwingen mag. Diese Wahrnehmungen scheinen oft sehr direkt in dem Sinn, daß uns die Bedeutungen bewußt werden, ohne daß wir die physikalischen Details beachten, die sie uns deutlich machen. Zumindest sind wir oft nicht in der Lage diese Details zu beschreiben (was definiert ein zynisches Lächeln?), und wir vergessen sie rasch, auch wenn sie beschreibbar wären (hieß der Satz oben „*Man* kann sehen . . .“ oder „*Wir* können sehen, daß eine Gesichtsbewegung ein zynisches Lächeln ist“?).

Dieser Aspekt der Wahrnehmung war für die Psychologie lange Zeit ein theoretischer Stein des Anstoßes. Allem Anschein nach konnten die Reize selbst gewiß keine Bedeutung haben, da sie bloß Muster von Licht oder Ton oder Druck sind, die Bedeutung mußte daher vom Wahrnehmenden beigefügt werden, *nachdem* er den Reiz registriert hatte. Warum lassen dann introspektive Berichte vermuten, daß die Bedeutung zuerst und die Details des Reizes erst später – wenn überhaupt – verfügbar sind? Frühe Experimentalpsychologen versuchten, das Problem per Dekret zu lösen: jeder introspektive Bericht einer wahrgenommenen Bedeutung war einfach ein Fehler, der *Stimulusfehler* (stimulus error), den ordentlich geschulte Versuchspersonen zu vermeiden hatten. Dieser beachtliche Versuch, zu diktieren, was Introspektion zu offenbaren habe, erwies sich als Fehlschlag und wurde fallengelassen, doch das Problem blieb bestehen. Es ist besonders akut in den Modellen innerer Informationsverarbeitung wie in Abbildung 1. Ein Blick auf die Abbildung zeigt, daß Information notwendig bedeutungslos ist, wenn sie bei der „Sinnesregistrierung" ankommt. Die Bedeutung wird erst später beigefügt, durch die Beiträge des Gedächtnisses.

J. J. GIBSON versucht, die Bedeutungswahrnehmung mit dem Konzept der *Anbietungen (affordances)* zu behandeln.[31] Alle möglichen Verwendungen der Objekte – die Aktivitäten, die sie anbieten – seien direkt wahrnehmbar. Invariante Eigenschaften der optischen Anordnung geben an, daß der Boden anbietet, auf ihm zu gehen, der Kugelschreiber, mit ihm zu schreiben, und so weiter. Diese Aspekte der optischen Struktur sind verschieden von denen, die die Position, die Form oder die Bewegung angeben, aber sie sind nicht weniger objektiv und keineswegs abgeleitet. Die Schwierigkeit dieser Formulierung liegt darin, daß das, was ein Objekt anzubieten – oder zu bedeuten – scheint, von demjenigen abhängt, der es wahrnimmt. Zu jedem natürlichen Objekt gehört eine große Zahl von Verwendungen und möglichen Bedeutungen, und jede optische Anordnung spezifiziert eine unendliche Auswahl an möglichen Eigenschaften. Der Wahrnehmende wählt unter diesen Eigenschaften und Anbietungen aus vermöge bestimmter Bereitschaften für die einen und nicht für die anderen. Wie die Wahrnehmung anderer Aspekte der Umgebung hängt auch die Bedeutungswahrnehmung von der Steuerung der Informationsaufnahme durch die Schemata ab.

Wenn Wahrnehmen eine zyklische Aktivität von der in Abbildung 2 gezeigten Art ist, brauchen wir Bedeutung weder der Umgebung noch dem Wahrnehmenden allein zuzuweisen, noch braucht uns zu stören, daß sie vor den physikalischen Eigenschaften (oder ohne sie) ins Bewußtsein gelangt, von denen sie angeblich abhängt. Es braucht Zeit, *irgendeinen* Aspekt eines Objekts wahrzunehmen, ob das nun die Bedeutung des Lächelns des Schwagers Georg sei oder die relative Länge seines Mundes und seiner Augenbrauen. Die Schemata entwickeln sich in diesen beiden Fällen auf verschiedene Weise, und man führt verschiedene erkundende Augenbewegungen aus, die verschiedene Information verfügbar machen. Im einen Fall sucht und findet man zusätzliche Anzeichen des Lächelns im Gesicht, bestimmte Bewegungsmuster, die Lächeln als zeitlichen Vorgang kennzeichnen, und – über längere Zeit – weitere Handlungen von Georg, mit denen er dasselbe Gefühl ausdrückt. Im anderen Fall sucht man vielleicht nach Information, die genauer bestimmt, ob seine Mundwinkel oder seine Augenbrauen näher zum Rand seines Gesichts reichen. Ob man die Bedeutung des Lächelns oder nur seine Form sieht, hängt davon ab, in welcher Art Wahrnehmungszyklus man sich befindet, nicht von einem einzelnen, punktuellen Input und seiner Verarbeitung im Kopf. Keine dieser Arten wahrzunehmen (und es gibt unendlich viele Arten wahrzunehmen in diesem Sinn) geht logisch der anderen voran. Die geometrischen laufen nicht auf einer tieferen Verarbeitungsebene ab als die bedeutungsvollen, noch gibt es einen Grund anzunehmen, daß sie in der Wahrnehmungsentwicklung des Kindes früher stattfinden. Tatsächlich ist das Gegenteil wahrscheinlicher, wie wir in Kapitel 9 sehen werden.

Obschon sich diese Darstellung der Bedeutungswahrnehmung auf den alltäglichen, in der Zeit erstreckten Fall bezieht, kann sie auch in tachistoskopischen Experimenten verifiziert werden. Allgemein gesagt, können bedeutungshaltige Schemata sogar unter den erschwerten Bedingungen einer kurzen, nicht erkundbaren Darbietung oder einer erzwungen raschen, visuellen Suche wirken. Viele solche Experimente haben die Wirksamkeit von Wahrnehmungseinstellungen (sets) gezeigt, die durch Bedeutung, Gebrauch oder konventionelle Kategorien gebildet wurden. In einer Untersuchung bezeichnete man den Versuchspersonen ein Zielbild entweder dadurch, daß man es ihnen wirklich zeigte, oder bloß durch eine verbale Beschreibung („Zwei Männer, die Bier trinken"). Beide Bezeichnungen waren gleich wirksam, um ihnen beim Identifizieren des Bildes zu helfen, wenn es später unter vielen anderen in einer raschen Abfolge dargeboten wurde.[32] In einem anderen experimentellen Paradigma müssen die Versuchspersonen Sätze oder Wortketten nach einem Zielobjekt durchsuchen, das entweder in Buchstaben (PEAR), akustisch („pear") oder durch eine Bedeutungskategorie (eine Frucht) vorgegeben worden ist; die Vorgabe durch die Kategorie führt gewöhnlich zu der schnellsten Leistung.[33] Schließlich konnte oft gezeigt werden, daß Versuchspersonen eine bestimmte Zahl leichter aus einer Menge irrelevanter Buchstaben als aus anderen Ziffern heraussuchen können.[34] Das stimmt sogar dann, wenn das Zielobjekt das Zeichen „0" ist, das in den einen Durchgängen als Buchstabe, in den anderen als die Ziffer Null bezeichnet wird.[35] Es gibt ein Wahrnehmungsschema für *Zahl*, das Information unabhängig von den Schemata für einzelne Zahlen aufnimmt, und vielleicht schneller als sie. Selbstverständlich führt der Gebrauch von Kategorienschemata nicht immer zu besserer Leistung; er kann auch zu gewaltigen Fehlern beim Benennen tachistoskopischer Darbietungen führen.[36]

Der Prozeß, in dem Objekte oder Reize Kategorien zugewiesen werden, wird eigentlich *Mustererkennung (pattern recognition)* genannt, und in den letzten Jahren sind viele Theorien zu diesem Prozeß gebildet worden.[37] Das Hauptproblem dieser Theorien war der Mechanismus der Klassifikation selbst: identifiziert jemand dadurch einen Stuhl als einen Stuhl, daß er das Vorhandensein bestimmter kritischer Merkmale entdeckt, dadurch, daß er den Input mit einem Schablonenprototyp für Stühle vergleicht, oder vielleicht dadurch, daß er ein inneres Modell eines Stuhles synthetisiert und mit dem Reiz vergleicht? Die Frage ist wohl nicht zu entscheiden; ich nehme heute an, daß jeder dieser Mechanismen mindestens in einigen Klassifikationsaufgaben mindestens von einigen Versuchspersonen eingesetzt wird. In jedem Fall ist es wichtig, sich zu vergegenwärtigen, daß Theorien der Mustererkennung nicht notwendig Theorien der Wahrnehmung sind.

Wahrnehmung ist nicht eine Sache des Zuweisens von Objekten zu Kategorien. Weil sie von einem Strom von Reizen abhängt, der sich in der Zeit einzigartig verändert, ist auch die Entwicklung der Schemata in jedem einzelnen Fall einmalig. Wir haben nicht einfach ein Lächelnschema, das zu jedem Lächeln, oder ein Stuhlschema, das zu jedem Stuhl paßt. Obschon keine Diskussion über Wahrnehmung fortschreiten kann, ohne daß sie abstrakte Begriffe wie *Lächeln* und *Stuhl* verwendet, die auf tausend einzelne Beispiele gleich gut passen, braucht sie der Wahrnehmende selbst gewöhnlich nicht. So wie es keinen einzelnen Moment gibt, in dem ich den Stuhl sehe, gibt es wohl keinen, in dem ich ihn als Stuhl erkenne. Wahrscheinlich werde ich ihn gar nicht kategorisieren, bevor nicht die Situation irgendwie verlangt, daß ich es tue. Auf einen Stuhl kann ich mich setzen, bewußt nicht setzen, ich kann ihn aus dem Weg schieben, unter seinem Kissen nach einer Münze suchen, ich kann bemerken, daß er das Zimmer verstellt, ohne ihn anderen oder mir selbst gegenüber überhaupt zu benennen. Auch wenn man von einigen dieser Aktivitäten sagen kann, daß sie ihn „implizit" kategorisieren, tut es jede auf verschiedene und einzigartige Weise.

In den meisten Fällen sind wir uns der Feinstruktur unserer eigenen Wahrnehmungsaktivität nicht bewußt. Wir achten gewöhnlich nicht auf die aufeinanderfolgenden Ansichten eines Objekts, die uns die Augenbewegungen vermitteln, oder auf den verschiedenen Druck auf der Haut, den es verursacht, wenn wir sie mit unserer Hand erkunden: wir erfahren etwas über das Objekt. Entsprechend sind wir uns der Bedeutungen und der Anbietungen bewußt, die der Wahrnehmungszyklus aufdeckt, nicht der einzelnen Phasen des Zyklus selbst. Woran wir uns später erinnern, ist auch das Objekt (oder Ereignis) und seine Bedeutungen, oder genauer die Gelegenheit, bei der wir es wahrgenommen haben. Woran wir uns erinnern, wird natürlich davon abhängen, was wir zu dem Zeitpunkt beachtet haben, das heißt von der Information, die wir aufgenommen haben, der Veränderung der Schemata, die dabei geschehen ist. Wir können nicht wiedergeben, was wir nicht wahrgenommen haben, und wir verändern keine Schemata, wenn sie nicht wirklich verwendet werden. Gedächtnis hängt ab von der Aufmerksamkeit, die Gegenstand des nächsten Kapitels ist.

Anmerkungen

[1] BARTLETT (1932, S. 201/202).
[2] BARTLETT (1932, S. 201).
[3] Von den Autoren, die das Wort „Schema" verwendet haben, sollen hier erwähnt werden: PIAGET (1952), WOODWORTH (1938), KAGAN (1971) und POSNER (1973 b). Eine neue und wichtige Verwendung ist die von RUMELHART, NORMAN und ihren Mitarbeitern an der Universität von Kalifornien in San Diego (BOBROW & NORMAN 1975; RUMELHART 1975, 1977; RUMELHART & ORTONY 1977). Obschon sich RUMELHARTSVerwendung des Begriffs auf Fragen des Gedächtnisses und des Verständnisses richtet und weniger auf Wahrnehmung – er behandelt Schemata für Geschichten, wie früher BARTLETT –, scheint sie durchaus vereinbar mit dem, was ich hier vorschlage. Außerdem ist lobenswert, wie genau sie ist.
[4] MILLER, GALANTER & PRIBRAM (1960). Eine andere möglicherweise hilfreiche Analogie wird von RUMELHART(1977) geboten: die Beziehung zwischen einem Schema und einem bestimmten Beispiel einer Wahrnehmungsaktivität ist ähnlich wie die zwischen einem Spiel und einer bestimmten Ausführung dieses Spiels. Sowohl diese Analogie wie auch die des programmierenden Formats kann allerdings auch irreführen: Schemata sind offener und flexibler, als sie vermuten lassen.
[5] NEISSER (1967).
[6] MINSKY (1975).
[7] GOFFMAN (1974).
[8] JENKINS (1974).
[9] BRONFENBRENNER (1974).
[10] GUZMAN (1968); WALTZ (1975); WINOGRAD (1972). Das Programm von WALTZ ist wohl von diesen das interessanteste für Wahrnehmungspsychologen, da es die zwingenden Bedingungen der optischen Struktur selbst kunstvoll einzubeziehen versteht. WALTZ stellte fest, daß die Muster konvexer und konkaver Formen und die Schattenmuster, die reale Objekte aufweisen, eng begrenzt sind, und baute die Kenntnis dieser Begrenzung in sein Programm ein.
[11] Der wichtigste Unterschied ist wohl, daß MINSKIS Rahmen im wesentlichen statisch sind. Er berücksichtigt die Wirkungen der Bewegung oder der zeitlichen Strukturierung des Lichts, die die Bewegung verursacht, nicht. Zudem scheint er sich Rahmen als Orte zu denken, wohin man Information tut, weniger als Pläne, um mehr davon zu erhalten. Außerdem glaube ich, daß Wahrnehmungsschemata zu Eindeutigkeit verhelfen, indem sie eine bestimmte Alternative *auswählen*, nicht indem sie weitere unterstützende Hinweise beifügen, wie das Rahmen tun. Schließlich verlangt der Begriff der hypothetischen Annahmen (default assignment) weitere sorgfältige Analyse, bevor er auf menschliche Wahrnehmung übertragen werden kann. In seiner jetzigen Form würde er Wahrnehmung und bildhafte Vorstellung völlig durcheinanderbringen.
[12] SHANNON (1948); BROADBENT (1958); GARNER (1974).
[13] In persönlichen Gesprächen hat J. J. GIBSON die gegenteilige Auffassung vertreten. Er glaubt, sein eigener Begriff von Information vertrage sich mit dem traditionellen nicht.
[14] LINDSAY & NORMAN (1972); POSNER (1973 b); MASSARO (1975).
[15] Ich versuche nicht, hier eine Unterscheidung zwischen kognitiver Entwicklung und Wahrnehmungslernen zu definieren. Wir wissen dazu noch zu wenig.
[16] Diese Ansicht wurde oft vorgeschlagen, z. B. von BROADBENT (1966).

[17] WERTHEIMER (1961).
[18] Die Rolle der differenzvermindernden Kopfbewegungen in der Ortsbestimmung von Tönen wird von J. J. GIBSON (1966) diskutiert, ihre Beziehung zu der Veränderung der Kopfgröße in der Entwicklung von BOWER (1974).
[19] PIAGET (1952).
[20] PRICE-WILLIAMS, GORDON & RAMIREZ, (1969).
[21] TURNBULL (1961, S. 252).
[22] SPELKE (1976). Ich bin Elizabeth SPELKE dankbar dafür, daß sie meine Aufmerksamkeit auf manche Literatur über die Informationssuche bei Kindern gelenkt hat.
[23] BOWER, BROUGHTON & MOORE (1970 a, 1970 b) brauchten einen stereoskopischen Schattenwerfer, um vor ihren Versuchspersonen illusionäre, unberührbare Objekte schweben zu lassen. Sie berichten, daß Kinder, die nur sieben Tage alt sind, große Überraschung zeigten, wenn ihre Hände durch den Raum mit den illusionären Bildern fuhren und sie nichts berührten. Diese Beobachtung war aber nicht leicht zu wiederholen, und es ist etwas zweifelhaft, ob das Greifen wie auch die stereoskopische Tiefenwahrnehmung früh genug entwickelt sind, daß sie solches Verhalten ermöglichen (GORDON & YONAS 1976).
[24] BOWER (1967, 1971, 1974).
[25] Daß sie es wirklich tun, wird durch einige der früheren Untersuchungen BOWERS gezeigt. Kinder lernten, eine Reaktion in der Gegenwart eines bestimmten Objektes anzugeben, das dann in neuen Positionen oder Orientierungen gezeigt wurde. Die Babys reagierten stets häufiger auf dasselbe reale Objekt, auch wenn es bewegt oder gedreht worden war, als auf andere, bei denen Netzhauteigenschaften wie projizierte Größe oder projizierte Form erhalten geblieben wären (BOWER, 1966).
[26] BOWER (1971, 1974).
[27] PIAGET (1954).
[28] Eine Literaturübersicht zu diesem Standpunkt bietet HARRIS (1975).
[29] PIAGET (1954).
[30] BOWER (1971, 1974).
[31] GIBSON (1966, S. 285).
[32] POTTER (1975).
[33] COHEN (1970); BALL, WOOD & SMITH (1975).
[34] Sowohl BRAND (1971) wie auch INGLING (1972) zeigten, daß man besser nach einer Zahl allgemein als nach einer bestimmten Zahl suchen kann. Meine eigenen Studien zu geübtem visuellem Suchen (NEISSER, NOVICK & LAZAR, 1963) zeigten, daß sogar eine zufällige Folge von Buchstaben schließlich in ein einzelnes Schema gefaßt werden kann. Das sind aber hochspezialisierte Bedingungen, und Versuchspersonen entwickeln sehr scharfsinnige Strategien, um ihnen gewachsen zu sein (YONAS & PITTENGER, 1973; NEISSER 1974). Solche Strategien sind wohl von geringer Allgemeingültigkeit. Die in der Aufgabe bezeichneten Kategorien (d. h. der Bereich der als Zielobjekte definierten Reize) sind „flach“; kein einzelnes Objekt ist zentral oder typisch. Wie ROSCH (1973, 1975 a, 1975 b) zeigte, haben die Kategorien der normalen Wahrnehmung eine sehr andere Struktur.
[35] JONIDES & GLEITMAN (1972).
[36] Siehe z. B. PILLSBURY (1897); BARTLETT (1932).
[37] Es gibt manchen Überblick über die Mustererkennung; z. B. KOLERS (1968); REED (1973).

Kapitel 5
Aufmerksamkeit und das Problem der Kapazität

Jede reale Situation ist unendlich reich an Information. Es gibt immer mehr zu sehen, als irgendwer sehen kann, und mehr zu wissen, als irgendwer weiß. Warum sehen wir es nicht?

Die Antwort, die am häufigsten angeboten wird, theoretisch verführerisch aber recht irreführend, ist die, daß wir „es herausfiltern". Der verführerische Aspekt dieser Antwort ist, daß sie, formal gesehen, absolut korrekt ist. In der mathematischen Informationstheorie ist ein Filter jede Input-Output Anweisung, die veranlaßt, daß ein Teil der Information, die den Input erreicht, ohne Auswirkung auf den Output bleibt. Formal gesprochen, filtert jedes menschliche Wesen kosmische Strahlen, Lockstoffe der Insekten (Pheromone) und jede andere Art von Information heraus, die sein Verhalten nicht beeinflußt. Psychologisch oder biologisch ergibt diese Antwort aber keinen Sinn. Es gibt keinen Mechanismus, keinen Prozeß, kein System, das dazu dient, diese Reize zurückzuweisen, so daß sie wahrgenommen würden, wenn es versagen würde. Der Wahrnehmende nimmt sie einfach nicht auf, weil er nicht dazu ausgerüstet ist. Dieses Prinzip kommt sogar dann zur Anwendung, wenn er mit den Sinnen entsprechend ausgerüstet wäre, ihm aber die Übung fehlt, das heißt, wenn das dazu nötige Wahrnehmungslernen nicht stattgefunden hat. Die Selektion ist ein positiver Prozeß, nicht ein negativer. Wahrnehmende nehmen nur auf, wofür sie ein Schema haben, und ignorieren den Rest wohl oder übel.

Die Selektivität der Wahrnehmung ist in den Fällen besonders interessant und bedeutsam, in denen die nötigen Schemata vorhanden sind aber nicht genutzt werden, wenn wir bei der einen Gelegenheit etwas übersehen, was wir bei einer anderen leicht wahrnehmen könnten. Wir hören auf das, was A sagt, und ignorieren B, achten beim Fußballspiel eher auf die Verteidigung als auf den Angriff, beachten – oder beachten gerade nicht – den Druck schlecht sitzender Schuhe an unseren Füßen. Das sind Beispiele *selektiver Aufmerksamkeit*, ein Begriff, der in der modernen Psychologie eine wichtige Rolle spielt. Unglücklicherweise wird er meist so interpretiert, daß er dem Umstand der Entscheidung bei der Wahrnehmung so wenig Konzessionen wie möglich macht. KAHNEMAN sagt es so: „. . . die Hauptfunktion des Wortes „Aufmerksamkeit" in der nachbehavioristischen Psychologie ist es, ein Etikett für einige der internen Mechanismen zu liefern, die die Bedeutung der Reize bestimmen und es dadurch verunmöglichen, das Verhalten allein durch die Betrachtung der Reize vorherzusagen."[1] Die letzten Jahre brachten eine intensive Suche nach diesen „internen Mechanismen" auf der psychologischen wie auf der physiologischen Ebene. Es ist, als ob die Theoretiker den Verstand in zwei Teile trennen wollten: in einen größeren, schön regulierten Teil, dessen Aktivität von den Reizen allein abhängt, und in einen kleinen, launischen Mechanismus, in dem die Existenz von Entscheidungen zögernd zugestanden wird. Bis heute war die Suche nach dem letzteren vergeblich, man fand keine selbständigen Mechanismen der Aufmerksamkeit. Meines Erachtens deshalb, weil es sie nicht gibt.

Die interessanteste der modernen Methoden, Aufmerksamkeit zu studieren, ist die des selektiven Hörens, die CHERRY in den 50er Jahren entwickelt hat.[2] Er erstellte Tonbandaufnahmen zweier unabhängiger, gesprochener Texte und spielte seinen Versuchspersonen beide gleichzeitig vor, an jedem Ohr einen in derselben Lautstärke. Er sagte ihnen, auf welchen Text sie achten sollten (den „primären"), und um sicher zu sein, daß sie es taten, ließ er sie den Text wiederholen, während er dargeboten wurde, ein Verfahren, das man *begleitendes Nachsprechen (shadowing)* nennt. Die Versuchspersonen waren dazu mit Leichtigkeit fähig und beachteten dabei das Vorhandensein des zweiten Textes kaum. CHERRYs Beobachtungen regten zu einer Unmenge scharfsinniger Experimente an, die hier aus zwei Gründen von Interesse sind. Zum ersten ist die Aufgabe relativ vertraut. Wir sind alle schon in überfüllten Räumen gewesen und haben versucht, einem Sprecher eher als dem andern zu folgen, wenn wir auch unsere Aufmerksamkeit nicht durch begleitendes Nachsprechen gezeigt haben. Zum zweiten bieten sie den Versuchspersonen ein mehr oder weniger kontinuierliches und bedeutungsvolles Ereignis über eine wesentliche Zeitstrecke dar. Dies ist eines der wenigen experimentellen Verfahren, das dem Wahrnehmenden auf natürliche Art Information liefert und dem Wahrnehmungszyklus erlaubt, seinen normalen Verlauf zu nehmen.

Selektives Hören und Theorien der Aufmerksamkeit

Die beiden Texte brauchen nicht verschiedenen Ohren dargeboten zu werden; jeder Unterschied ermöglicht selektives Hören. Sie können von verschiedenen Orten kommen, von zwei Personen mit wahrnehmbar verschiedenen Stimmen gesprochen werden oder sich bloß in der Lautstärke unterscheiden. Es ist leichter, bedeutungsvolles Material begleitend nachzusprechen als Unsinn, und es ist möglich (wenn auch schwierig), dem Primärtext ausschließlich auf der Basis seiner Bedeutung zu folgen, wenn beide Texte von derselben Person gesprochen und in gleicher Lautstärke über einen Lautsprecher gespielt werden.[3]

Der Entscheid, einem Text mehr Aufmerksamkeit zu schenken als dem anderen, ist wichtig, denn er bedeutet eine nahezu totale Zuwendung. Die Versuchspersonen wissen wenig über den zweiten Text, wenn sie nachher danach gefragt werden; sie können Wörter nicht identifizieren, die ein paar Dutzend Male wiederholt worden sind, und wissen vielleicht nicht einmal, ob der Text in ihrer Muttersprache war. (Sie wissen im allgemeinen, ob der Sprecher ein Mann oder eine Frau war.) Unter bestimmten Bedingungen wird jedoch ein Teil der sekundären Information nicht ignoriert. Recht bald wurde klar, daß Versuchspersonen jeweils bedeutungsvolle Wörter im sekundären Kanal beachteten, vor allem ihren eigenen Namen und Wiederholungen oder glaubwürdige Fortsetzungen des primären Textes.[4]

Dieser Befund führte zu einem Schwall von Theorien über Aufmerksamkeit. Die sophistizierteste Theorie war vielleicht die von TREISMAN.[5] Sie schlug vor, daß nur der Text, auf den man achte, zu Bedeutung verarbeitet werde, weil ein Filtermechanismus die andere Information abschwäche und das meiste davon daran hindere, die höheren Gehirnzentren zu erreichen. Man dachte, daß der Filter physikalische Eigenschaften wie Stimmqualität und Ort entdecke (das muß er wirklich, um den richtigen Text auswählen zu können), nicht aber wisse, was das alles bedeute.

Hinter dem Filter postulierte TREISMAN einen Bereich von Zellverbänden (verschieden genannt: *Logogene*, *Analyseeinheiten*, *Dämonen* oder *Detektoren*[6]) entsprechend den Wörtern im Repertoire der Versuchspersonen, die durch die Information angeregt werden können, die sie durch den Filter erreicht. Sogar das schwache Rinnsal aus der nicht beachteten Quelle könnte ein Logogen aktivieren, das genügend sensibilisiert ist, etwa das für den eigenen Namen der Versuchsperson oder das für ein Wort, das durch den Kontext vorübergehend plausibel gemacht worden ist. Bewußtes Erkennen wurde mit Aktivität in höheren Stufen des Verarbeitungssystems gleichgesetzt: man nahm an, die Aktivität des Logogens sei bewußt, die des Filters jedoch nicht.

TREISMANs Theorie ist ein besonders gutes Beispiel für das Modell innerer Informationsverarbeitung, das in Abbildung 1 gezeigt worden ist. Der Wahrnehmende wird als passiver Informationsleiter betrachtet, der eben früh in seiner Verarbeitungssequenz einen Flaschenhals hat. Die meisten Theorien, die als Alternative zu derjenigen TREISMANs entwickelt wurden, teilen diese Annahme, sie setzen bloß den Flaschenhals an einen andern Ort. DEUTSCH & DEUTSCH[7] beispielsweise wiesen das Filterkonzept zurück und nahmen an, daß alles vollständig verarbeitet werde, ob ihm Aufmerksamkeit geschenkt werde oder nicht. Ihrer Hypothese gemäß geschieht Selektion erst im Stadium des Speicherns und des Handelns. Versuchspersonen in den Untersuchungen zum selektiven Hören nehmen in Wirklichkeit beide Stimmen wahr, vergessen aber die nicht beachtete so schnell, daß sie auf ihr Verhalten oder ihre Erfahrung kaum wirkt. In dieser Version ist daher die Aktivität des Logogens *nicht* bewußt; wir verarbeiten Information, ohne uns ihrer bewußt zu sein. Unsere geistige Maschinerie weiß alles, was um uns herum vor sich geht, scheidet aber davon das meiste als unwichtig aus, bevor es das Bewußtsein erreicht.

Um diese zunehmend verbreitete Ansicht zu verstehen[8], muß man sich vergegenwärtigen, daß sie auf einer scharfen Unterscheidung zwischen Wahrnehmung und Gedächtnis beruht. Jede Verwendung von Information, wenige Millisekunden nachdem sie dargeboten worden ist, jede Antizipation, jedes Reagieren auf Kontinuitäten in der Umgebung – kurz: jedes in diesem Buch behandelte Phänomen – wird dem Gedächtnis und nicht der Wahrnehmung zugeschrieben. Daher ist die Behauptung von DEUTSCH & DEUTSCH, daß wir alles in unserer Umgebung „wahrnehmen", nicht ganz so ungewöhnlich, wie sie scheinen mag; sie bedeutet bloß, daß wir Mengen von unzusammenhängenden Sinnesfragmenten fortlaufend registrieren und dann vergessen.

Zwei Gruppen von Belegen wurden zugunsten der Theorie der völlig passiven Verarbeitung angeführt. Die eine basiert auf neueren Nachweisen der sekundären Informationsaufnahme: es zeigt sich, daß aus der „nicht beachteten" Stimme mehr Information gewonnen wird, als die frühen Experimente hatten vermuten lassen. Eine Interpretation dieser Nachweise wird weiter unten in diesem Kapitel geliefert werden. Die anderen Belege kommen von gewissen neuen Experimenten zur Wahrnehmungseinstellung (perceptual set). Diese Untersuchungen zeigen, entgegen der naiven Vermutung, daß Versuchspersonen einen kurzen Reiz nicht leichter entdecken können, wenn sie wissen, wo er dargeboten werden wird (bei welchem Ohr, in welcher Sinnesmodalität, an welchem Ort).[9] Diese Befunde werden aber hier nicht behandelt, weil sie für die natürliche Aufmerksamkeit so irrelevant sind wie die tachistoskopischen Forschungen für die Wahrnehmung. Wir schenken nicht Ohren, Modalitäten oder Orten im Gesichtsfeld unsere Aufmerksamkeit, sondern Gegenständen oder Ereignissen; wir tun das nicht in einem einzelnen Augenblick sondern über Zeit.

Selektives Sehen

Mir scheint, Hypothesen wie die von TREISMAN oder DEUTSCH & DEUTSCH sind unnötig. Wenn Wahrnehmung eher als etwas behandelt wird, was wir tun, denn als etwas, was mit uns geschieht, braucht man überhaupt keine internen Mechanismen der Selektion. Der Zuhörer folgt einer Botschaft, indem er die Information aufnimmt, die sie als umschriebenes Ereignis ausweist, und die ihr Inhalt und Bedeutung gibt. Je mehr Information er zu seiner Verfügung findet (im Kontext, im Raum usw.), desto leichter wird die Aufgabe. Organismen sind aktiv: sie tun die einen Dinge und lassen die anderen. Um einen Apfel vom Baum zu pflücken, muß man nicht alle anderen herausfiltern, man pflückt sie einfach nicht. Eine Theorie des Apfelpflückens hätte vieles zu erklären (Wie entscheidet man, welchen man will, führt die Hand zu ihm, faßt ihn?), aber sie müßte keinen Mechanismus bezeichnen, der nicht gewollte Äpfel vom Mund fernhält.

Daß Selektion keine spezielle Maschinerie benötigt, zeigte sich z. B. daran, daß sie bei jeder Art von Wahrnehmung geschieht, auch da, wo wahrscheinlich weder die Erfahrung noch die Evolution einen selektiven Mechanismus haben vermitteln können. Dazu haben Robert BECKLEN und ich eine visuelle Analogie zum Paradigma des selektiven Hörens entwikkelt.[10] Wir nahmen zwei Arten von „Spielen" mit Video auf und verwendeten dann einen Spiegel, um sie in völliger visueller Überlappung zu zeigen, etwa so, wie wenn ein Fernsehapparat irgendwie zwei Kanäle aufs Mal zeigen würde (siehe Abbildung 3). Die Versuchspersonen sollten auf das eine der Spiele achten und das andere ignorieren und jedesmal einen Reaktionsknopf drücken, wenn ein bestimmtes Zielereignis (z. B. Wurf des Balles) in dem beachteten Spiel vorkam. Die Ergebnisse waren eindeutig. Bei einer Rate von etwa 40 Zielereignissen pro Minute war es nahezu so leicht, einem Spiel zu folgen, wenn es mit einem anderen überspielt war, wie wenn es einzeln gezeigt wurde. Die Fehlerrate betrug nur etwa drei Prozent, und die Versuchspersonen hatten schon beim ersten Durchgang keine Schwierigkeiten. Wir haben seither erhärten können, daß diese Leistung nicht davon abhängt, daß man dem beachteten Spiel mit Blickbewegungen folgt, und daß sie sich auch dann nur wenig verändert, wenn die beiden Spiele visuell ähnlich sind.[11] Die Leistung verschlechtert sich nur, wenn die Versuchspersonen beide Spiele gleichzeitig überwachen müssen; diese Aufgabe führt zu vielen Klagen und hohen Fehlerraten.

So wie man einen primären Text begleitend nachsprechen (shadow) kann, wenn eine irrelevante zweite Stimme vorhanden ist, so kann man einem visuell gegebenen primären Ereignis folgen und das andere, das auch vor Augen liegt, ignorieren. Die Natürlichkeit dieser Aufgabe und das

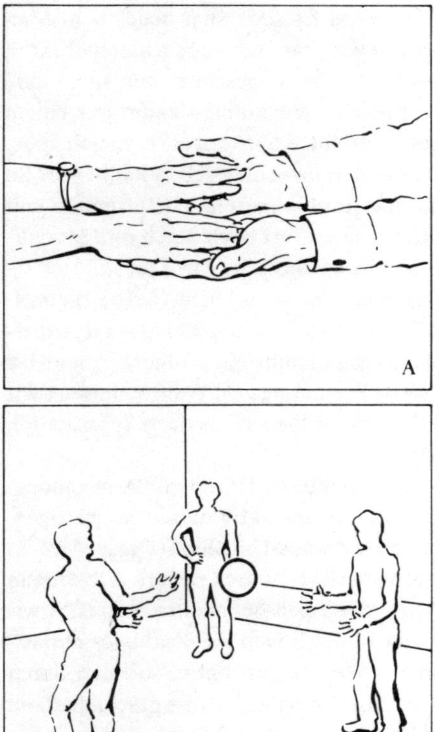

Abbildung 3: Das Experiment des selektiven Sehens (aus: Selective looking: attending to visually-specified events, von U. NEISSER & R. BECKLEN. *Cognitive Psychology,* 7 (1975): 480–494.)

Fehlen von Interferenzen aus der anderen Episode sind beachtlich. Man *sieht* das irrelevante Spiel nicht, ebenso wie man den unbeachteten Text in einer Aufgabe zum selektiven Hören nicht hört, obschon man spürt, daß etwas anderes da ist. Wie ist das möglich? Wir können kaum mit einem speziellen Filtermechanismus ausgerüstet sein, der ungewollte, visuell überlappende Episoden eliminiert; sie kommen im Alltagsleben kaum vor. So oder so, wie könnte so ein Mechanismus funktionieren? Die primären und sekundären Ereignisse sind weder durch ihren Ort noch durch ihre Modalität unterschieden, sondern nur durch ihre intrinsische Struktur.

Das zyklische Modell der Wahrnehmung macht es leicht, diese Ergebnisse zu verstehen. Nur die beachtete Episode wird in den Zyklus von Antizipationen, Erkundungen und Informationsaufnahme einbezogen, daher wird nur sie gesehen. Aufmerksamkeit ist nichts anderes als Wahrnehmung: wir wählen aus, was wir sehen werden, indem wir die strukturierte Information antizipieren, die es vermitteln wird.

Dieselben Prinzipien kommen beim selektiven Hören zur Anwendung. Wir wählen aus, was wir hören, indem wir uns aktiv damit beschäftigen, nicht indem wir das damit Konkurrierende ausschließen. (Diese Ansicht wird gestützt – oder zumindest nicht widerlegt – durch neuere Arbeiten in der Neurophysiologie der Sinne. Veränderungen der Aufmerksamkeit widerspiegeln sich nicht in quantitativen Reduktionen des Zuflusses entlang bestimmter Nerven, wie man einmal angenommen hatte, sondern durch sehr allgemeine Veränderungen in der Hirnaktivität.[12]) Was geschieht dann mit der unbeachteten Information? Im allgemeinen geschieht *nichts* mit ihr. Sie erleidet das Schicksal der vielen Arten von Information, für die wir gar keine Schemata haben: wir nehmen sie einfach nicht auf. Aber warum nicht? Wäre es nicht zu unserem Vorteil, wenn wir es täten? Ist es unmöglich, mehr als ein Schema aufs Mal einzusetzen? Die Antwort auf diese Frage hängt interessanterweise nicht von generellen psychologischen Prinzipien ab, sondern vom Können der Person.

Zweifache Aufmerksamkeit als erworbene Fertigkeit

Zeitgenössische Theorien der Aufmerksamkeit haben ein weiteres gemeinsam. Sie behandeln den Verstand nicht nur als passiven Mechanismus, sondern nehmen auch an, der Mechanismus sei unveränderlich. Die Theorien unterscheiden nicht zwischen geübten und ungeübten Versuchspersonen, zwischen solchen, die versuchen, Information aus dem sekundären Text aufzunehmen, und solchen, die ihn bloß ignorieren wollen, oder zwischen Erwachsenen und Kindern. Man sieht auch kaum, wie solche Unterscheidungen in die Theorie der völlig passiven Verarbeitung einbezogen werden könnten; wenn ein Mechanismus ohnehin alles verarbeiten würde, wäre da wenig Raum für Verbesserungen. In TREISMANs Theorie könnte man vermuten, der Filter werde mit dem Alter oder mit der Erfahrung effizienter, doch dann würden geschulte Versuchspersonen *weniger* Information aufnehmen als naive. Einige Psychologen haben diese seltsame Doktrin wirklich vertreten und Entwicklungsstudien der Aufmerksamkeit durchgeführt in der Hoffnung, schwächere Leistungen im zunehmenden Alter zu finden. Meines Erachtens blieben ihre Anstrengungen ohne großen Erfolg.[13]

Was geschieht, wenn Menschen absichtlich versuchen, Information aus dem sekundären Text aufzunehmen? Verschiedene Experimentatoren haben Zielzahlen in Prosatexte eingefügt (wie zum Beispiel in sieben diesem Satz) und von den Versuchspersonen verlangt, ein Signal zu geben oder mit dem begleitenden Nachsprechen innezuhalten, wenn sie eine entdeckten. Ungeübte Versuchspersonen bemerken nur selten solche Zielzahlen. Zudem sind die wenigen sekundären Entdeckungen, die gemacht werden, offensichtlich unabhängig vom Kontext. Eine Versuchsperson, die auf Zahlen hört, reagiert so leicht auf *for* in „there was little reason for his action" (es gab wenig Grund für seine Handlung; for wird ausgesprochen wie four) wie auf *four* in „the leaves were a brilliant four green" (die Blätter waren von einem leuchtenden vier Grün) in einem Text, auf den sie nicht achtet, obschon sie diesen Fehler im primären Text kaum machen würde.[14] Wie TREISMAN zeigt,[15] sprechen diese Ergebnisse stark gegen die Auffassung, alle Inputs würden analysiert. Wenn sie es würden, warum würden dann Versuchspersonen die Zielobjekte in beiden Texten nicht gleich gut entdekken? Offensichtlich nehmen sie die benötigte Information aus dem sekundären nicht auf. Die Filtertheorie würde sagen, das sei so, weil sie fähig sind, sie auszuschließen, während die hier vertretene aktive Theorie annimmt, daß sie sie gar nicht aufnehmen können. Wenn die letztere Ansicht richtig ist, fehlt solchen Versuchspersonen eine Fähigkeit, die sie möglicherweise erwerben können. Es gibt Hinweise dafür, daß dies stimmt. Nachdem er eine zweifache Aufgabe des begleitenden Nachsprechens und Zahlenentdeckens mehrere Stunden geübt hatte, verbesserte Neville MORAY[16] seine eigene Entdeckungsrate im sekundären Kanal auf 83 Prozent in einer Aufgabe, in der es naive Versuchspersonen auf durchschnittlich 4 Prozent brachten. Seine Geschicklichkeit war wohl nicht das Ergebnis der experimentellen Übung allein; MORAY ist ein Psychologe, der in großem Umfang mit begleitendem Nachsprechen experimentiert hat. Es ist klar, daß wir nicht leichthin aus Durchschnittsergebnissen Behauptungen über menschliche Wahrnehmungsmechanismen ableiten sollten.

Dieses Experiment wirft Fragen auf, die weit älter sind als die Filtertheorie der Aufmerksamkeit. Achtete MORAY wirklich auf beide Texte gleichzeitig? Ist es überhaupt möglich, auf zwei Dinge gleichzeitig zu achten? Oder können sekundäre Aufgaben nur „automatisch", „außerhalb des Bewußtseins" ausgeführt werden? Wenn ja, wo sind die Grenzen automatischer geistiger Aktivität? Wie wir sehen werden, lassen die Befunde zu diesen Fragen vermuten, daß menschliche kognitive Aktivität eher als erworbene Fertigkeit denn als einzelner fixer Mechanismus verstanden werden sollte.

Experimente über das gleichzeitige Tun zweier Dinge reichen ins neunzehnte Jahrhundert zurück. Das interessanteste davon, weil es ausgedehnte Übung umfaßte, wurde von Gertrude STEIN und Leon M. SOLOMONS in Harvard durchgeführt.[17] Sie versuchten, sich selbst beizubringen, gleichzeitig zu lesen und zu schreiben, eine Leistung, die sie „automatisches Schreiben" nannten. Sie übten sich in einer Folge zunehmend schwieriger Aufgaben: lesen und eine Planchette* bewegen, lesen und diktierte Wörter schreiben, lesen und spontan schreiben, laut eine Geschichte lesen und eine andere nach Diktat aufschreiben. Sie beabsichtigten (und erreichten es auch), jede dieser Aufgaben so lange zu üben, bis eine der Tätigkeiten automatisiert, d. h. nicht länger bewußt war. Unglücklicherweise hatten sie nur an dieser introspektiv definierten Frage Interesse, so daß sie keine Daten über das Ausmaß der Übung oder die Lesegeschwindigkeit übermittelten.

Teile der Studie von SOLOMONS & STEIN wurden 1915 von DOWNEY & ANDERSON wiederholt[18], die ebenfalls diktierte Wörter schrieben, während sie still lasen. Sie erreichten deutliche Verbesserungen der Leserate nach siebzehn Stunden Übung, konnten aber die Geschwindigkeit, mit der sie unter normalen Bedingungen lasen, nicht erreichen. Anders als SOLOMONS & STEIN gelangten DOWNEY & ANDERSON nicht zum „Automatismus": sie blieben sich der Wörter bewußt, die sie schrieben. Daß sie hierin nicht übereinstimmen, finde ich nicht überraschend. Introspektive Berichte solcher Dinge sind bekanntlich unzuverlässig.

Kürzlich haben Elizabeth SPELKE und William HIRST eine Wiederholung und Ausweitung des SOLOMONS & STEIN'schen Experimentes in Cornell durchgeführt[19]. Sie vollzogen einen wichtigen Bruch mit der Tradition, indem sie nicht nur sich selbst als Versuchspersonen benutzten. Zwei Col-

---

* d. i. ein kleines, meist herzförmiges Brettchen mit zwei kleinen Schwenkrollen und einem durchgesteckten Bleistift, auf das Medien ihre Hand legen. Ihre unbewußten Bewegungen sollen „automatisches Schreiben und Zeichnen" erzeugen. (Anm. d. Hrsg.)

lege-Studenten arbeiteten im Experiment mit, ein ganzes Semester lang eine Stunde täglich. Die Versuchspersonen lasen still Geschichten, während sie Wörter schrieben, die der Experimentator eins ums andere diktierte (jedes Wort wurde dargeboten, sobald das vorangehende geschrieben war). Zuerst fanden sie die zweifache Aufgabe schwierig, wie man erwarten kann, und lasen viel langsamer als unter normalen Bedingungen. Nach etwa sechs Wochen Übung aber war ihre Lesegeschwindigkeit wieder normal. Sorgfältige Tests zeigten, daß sie auch mit vollem Verständnis lasen.

Während dieser Phase des Experiments waren die diktierten Wörter zufällig ausgewählt worden. Würden die Versuchspersonen das Abweichen vom Zufall bemerken? In der achten Woche wurden Teillisten eingeführt: 20 aufeinanderfolgende Wörter aus einer bestimmten Kategorie, 20 Wörter im Plural, 20 Wörter, die aus einer Serie sinnvoller Sätze bestanden. Jeder Typus der strukturierten Teillisten wurde mehrere Male dargeboten, doch keine der beiden Versuchspersonen gab dazu einen Kommentar. (Sie hätten sicher etwas zu diesen Mustern gesagt, wenn sie sie bemerkt hätten, denn als eine Subliste von 20 sich *reimenden* Wörtern gegen das Ende der Woche dargeboten wurde, bemerkten sie das augenblicklich mit einiger Belustigung.) Als ihnen diese Sublisten später gezeigt wurden, war es nicht leicht, sie davon zu überzeugen, was wirklich geschehen war. Hatten sie z. B. wirklich geschrieben „Karren, Rollschuhe, Lastwagen, Pferd, Flugzeug, Traktor, Auto, Rakete, Fahrrad, Taxi, Roller, Düsenflugzeug, Anhänger, Untergrundbahn, Panzer, Füße, Mietauto, Schiff, Dreirad, Lieferwagen“ ohne die Kategorie zu bemerken? So war es.

Die Tatsache, daß Menschen etwas nicht bemerken, ist kein Beweis dafür, daß sie es nicht hätten bemerken können, wenn sie es versucht hätten. In der nächsten Phase des Experimentes sagte man den Versuchspersonen daher, daß gelegentlich (nicht näher bezeichnete) Kategorien und Sätze in den diktierten Wörtern eingebettet seien, und sie wurden angehalten, solche Vorkommnisse zu berichten. Die zusätzliche Aufgabe verminderte zunächst ihre Leseleistung etwas – eine Versuchsperson verlangsamte ihr Tempo und die andere las mit vermindertem Verständnis – doch das holten sie schließlich wieder ein; in vielen Durchgängen entdeckten sie im wesentlichen alle Kategorien und die meisten der Sätze, während sie normal lasen. Zuletzt sollten sie jedes diktierte Wort kategorisieren, wenn es gesprochen wurde, das heißt die Kategorie aufschreiben, aus der es kam, anstatt das Wort selbst. Nach einem guten Stück zusätzlichem Üben konnte auch das mit Lesen mit normaler Geschwindigkeit und Verständnis kombiniert werden.

Die Versuchspersonen des SPELKE-HIRST Experiments beachteten offensichtlich die diktierten Wörter ebenso wie die Geschichte, und das nicht einfach automatisch. Ihre Leistung kann mit konventionellen Aufmerksamkeitstheorien nicht erklärt werden. Es scheint eindeutig, daß der Betrag an Information, die aus einer Quelle aufgenommen wird, während man einer anderen Aufmerksamkeit schenkt, überhaupt nicht durch einen fixen Mechanismus limitiert ist, daß daher *keine* Hypothese, die einen solchen Mechanismus kennzeichnen würde, korrekt sein kann. Die Leistung hängt vielmehr vom Geschick des Wahrnehmenden ab. Geübte Versuchspersonen leisten, was dem Neuling wie dem Theoretiker unmöglich erscheint.

Noch einmal besehen, hätte uns dieses Ergebnis vielleicht gar nicht überraschen sollen. Ebenso dramatische Verbesserungen ergeben sich in gängigeren Fertigkeiten. Wenn jemand beispielsweise beginnt, autofahren zu lernen, verlangt die Kontrolle über den Wagen seine ganze Aufmerksamkeit. Später kann der geübte Fahrer Gänge wechseln, Kurven nehmen und Lastwagen überholen, während er z. B. heftig über psychologische Theorien diskutiert. Manche geschickte Schreibkraft kann eine Konversation führen, während sie von einer Vorlage abtippt, aber es scheint unwahrscheinlich, daß sie das ohne Übung könnte; ich jedenfalls kann das nicht. Die meisten Erwachsenen können reden oder denken, während sie ihren Mantel anziehen oder ihre Schuhe binden, aber kleine Kinder können das nicht; kluge Eltern reden nicht mit ihrem Sechsjährigen, wenn es sich anzieht, um in die Schule zu gehen.

Obschon offensichtlich keine modernen Psychologen außer HIRST und SPELKE die Entwicklung solcher mehrfacher Fertigkeiten untersucht haben, bestätigen verschiedene Studien von Individuen, die bereits einen hohen Grad an Können erreicht haben, ihre Befunde. Geschickte Pianisten können Prosa begleitend nachsprechen, während sie ab Blatt Klavier spielen,[20] und professionelle Schreibkräfte können von einer Vorlage abschreiben, während sie begleitend nachsprechen oder Kinderreime aus dem Gedächtnis hersagen.[21] Die Informationsaufnahme aus sekundären Quellen geschieht nicht automatisch, aber ebensowenig wird sie durch einen Filtermechanismus verhindert. Je geschickter der Wahrnehmende ist, desto mehr kann er wahrnehmen.

Automatische Informationsaufnahme?

Dieses Prinzip ist auch für Experimente mit ungeübten Versuchspersonen von Bedeutung. Kein Erwachsener ist im Umgang mit vielfältigen Informationsquellen völlig naiv. Jeder hat entsprechende Erfahrung – zu versuchen, Radio zu hören und gleichzeitig zu studieren; aufzupassen, was ein Dozent sagt, und gleichzeitig aufzuschreiben, was er eben sagte; in eine langweilige

Konversation verwickelt zu sein und zu versuchen, einer nebenan laufenden zuzuhören, die interessanter ist. Es ist nicht leicht, diese Fähigkeiten näher zu beschreiben, noch ihre Relevanz für ein bestimmtes Experiment anzugeben, aber wir sollten nicht überrascht sein, wenn wir gelegentlich auf Anzeichen ihrer Wirkung stoßen.

In letzter Zeit ist das mehrmals nachgewiesen worden. Die entsprechenden Untersuchungen basieren alle auf indirekten Messungen des Einflusses der „unbeachteten" Information, denn wenn man Versuchspersonen explizit nach ihr fragt, bekommt man nichts heraus. So kann die Geschwindigkeit, mit der die Versuchspersonen mit begleitendem Nachsprechen auf die primäre Botschaft reagieren, durch ein damit in Zusammenhang stehendes Wort in der sekundären beeinflußt werden.[22] Der Effekt ist allerdings subtil; er zeigt sich für Synonyme und Antonyme in einer Art verschieden, die von Laboratorium zu Laboratorium variiert, und er ist vielleicht auf die ersten Teile der Stimulusliste beschränkt.[23] Ähnlich haben verschiedene Untersuchungen gezeigt, daß die Interpretation eines mehrdeutigen Satzes im primären Text beeinflußt werden kann durch übereinstimmend dargebotene sekundäre Information, doch in einem Experiment konnte der Effekt nur mit Studenten der Technischen Hochschule von Massachusetts (M. I. T.) und nicht mit solchen von Harvard nachgewiesen werden.[24] Der eindrücklichste dieser Nachweise ist derjenige von CORTEEN & WOOD[25], die zuerst ihre Versuchspersonen auf gewisse Wörter sensibilisierten, indem sie sie mit elektrischen Schocks assoziierten. Wenn diese Wörter (oder ihnen verwandte) im folgenden in einem sekundären Text eingeschlossen waren, lösten sie physiologische Reaktionen aus, die Alarmzeichen sind. Unter den Versuchen, diese Studie zu wiederholen, gibt es sowohl solche, die gescheitert sind, wie auch erfolgreiche.[26]

Wenn ich betone, daß diese Befunde ein zweites Mal schwer zu erhalten sind, will ich damit nicht leugnen, daß sie echt sind. Es gibt keinen Zweifel daran, daß einige „naive" Versuchspersonen die Bedeutung einiger „irrelevanter" Wörter aufnehmen, zumindest unter gewissen Bedingungen. Es ist behauptet worden, diese Tatsache mache die Filtertheorie ungültig; wahrscheinlich tut sie das. Wir sollten aber daraus nicht schließen, daß *alle* Versuchspersonen *alle* Bedeutung aus *allen* irrelevanten Wörtern aufnehmen. Es wäre ein Fehler, über Aufmerksamkeit so zu theoretisieren, wie wenn das nachgewiesen wäre. Die Ergebnisse dieser Experimente sollten besser der intermittierenden Anwendung beiläufig erworbener Fertigkeiten zugeschrieben werden als automatischen Mechanismen.

Ich will die Existenz automatischer Mechanismen nicht gänzlich verneinen. Informationsaufnahme ist nicht völlig unter Willenskontrolle; wenn es so wäre, könnten wir nicht überleben. Lauter Lärm, rhythmische Wiederholung von Reizen, plötzlich sichtbare Bewegungen und schmerzhafte Reize sind Beispiele von Signalen, für die wir immer bereit sind. Kinder werden bestimmt mit Schemata geboren, mit denen sie solche Information aufnehmen können; mit dieser Information werden neue Zyklen der Wahrnehmungsaktivität in Gang gesetzt. Obschon wir früh komplexere Schemata entwickeln, um feinere Arten von Information aus unserer Umgebung zu ziehen, behalten die einfacheren Schemata ein gewisses Maß an Autonomie. Solche Schemata operieren außerhalb der Aufmerksamkeit – das heißt, sie sind ständig bereit, besondere Signale zu entdecken, unabhängig davon, welcher andere Wahrnehmungszyklus im Gange ist – und sie sind mehr oder weniger unempfindlich auf Kontext und Bedeutung. Ich habe einmal vorgeschlagen, sie *präattentive Prozesse* zu nennen.[27] Das Wort ist noch immer nützlich, aber es sollte nicht zuviel verwendet werden. Obschon unsere Fähigkeit, Information außerhalb des Hauptstroms der ablaufenden Aktivität aufzunehmen, manchmal auf automatischen Systemen dieser Art basiert, kann sie auch das Ergebnis erworbener Geschicklichkeit und vorsätzlicher Wahl sein. Eines der Ergebnisse von SPELKE & HIRST kann diesen Unterschied illustrieren helfen. Ihre Versuchspersonen bemerkten spontan, daß sich alle nacheinander diktierten Wörter einer Serie reimten; erst nach einer Vorwarnung aber bemerkten sie Beispiele gemeinsamer Kategoriezugehörigkeit.

Es gibt auch Fälle, in denen andere Arten von Signalen unsere Aufmerksamkeit zu erzwingen scheinen. Weitherum nimmt man an, daß Menschen darauf konditioniert werden können, bestimmte Reize wahrzunehmen und auf sie zu reagieren, ob sie wollen oder nicht, unabhängig von ihrer augenblicklichen Wahrnehmungseinstellung. Solche Phänomene werden oft mit isolierten verbalen Reizen gezeigt. Im *STROOP-Test* beispielsweise müssen Versuchspersonen die Farbe nennen, in der Wörter gedruckt sind, und die Wörter selbst ignorieren.[28] Das ist nicht leicht; es wird quälend schwer, wenn die Wörter Farbbezeichnungen sind, so daß die richtige Reaktion auf das Wort *gelb*„blau“ ist, wenn es eben in blauer Farbe gedruckt ist. Dennoch sollten diese Befunde vorsichtig interpretiert werden. Die Farbbezeichnungen drängen sich der Versuchsperson nicht wirklich gezwungenermaßen auf. Die Instruktion *verlangt*, daß sie bereit ist, Farbnamen zu äußern, daher sind die relevanten Schemata keineswegs schlafend oder passiv. Sie ist wirklich in einer Art „double bind“: sie muß bereit sein, so rasch wie möglich „gelb“ zu sagen, muß es aber zu sagen unterlassen, wenn der dazu am besten passende Reiz erscheint. Wenn der „double bind“ gelockert wird, indem eine andere Reaktion gefordert wird – wenn ihr erlaubt wird, einen der Druckfarbe entsprechenden Knopf zu drücken, statt sie zu benennen –, wird die Schwierigkeit stark vermindert.[29]

Es gibt viele ähnliche Effekte. Wenn eine Zahl auf einer Leinwand gezeigt wird, während eine andere gesprochen wird, hat eine Versuchsperson, die die erstere (verbal) wiederholen soll, Schwierigkeiten, die letztere zu ignorieren.[30] Das bedeutet nicht, daß gehörte Zahlen nicht ignoriert werden können (Versuchspersonen in Untersuchungen zum selektiven Hören finden es sogar schwierig, sie zu entdecken), sondern eher, daß es jemandem ungewöhnlich erschwert wird, sich normal geschickt zu verhalten, wenn man von ihm verlangt, Zahlen zu entdecken und gleichzeitig zu ignorieren.

Die Tatsache, daß Versuchspersonen eine solche Aufgabe überhaupt lösen können, verlangt nach einigen Bemerkungen. Sie können es, indem sie absichtlich Information ignorieren, die normalerweise ihr Verhalten leiten würde. Filtern sie sie heraus? Ich würde eher sagen, sie unterlassen es, sie aufzunehmen, obschon sie es könnten, wenn sie wollten. Das mag nicht leicht sein, wenn eine lange geübte Fertigkeit beteiligt ist: Selbstbeschränkung ist in solchen Fällen bekanntlich schwierig. Dennoch verlangt sie nicht das Schaffen neuer Barrieren, sondern das Verlassen einer alten Aktivität.

Die Möglichkeit automatischer Verhaltenssteuerung wurde von Psychologen wie von Laien weit übertrieben. Sogar das „Konditionieren" einfacher autonomer Reaktionen wird im allgemeinen durch Kontext und Absicht beeinflußt. Versuchspersonen, denen man jedesmal, wenn ein bestimmtes Wort erscheint, einen elektrischen Schock verabreicht, entwickeln rasch eine starke galvanische Hautreaktion bei seinem Erscheinen, doch die Reaktion verschwindet oder verändert sich stark, sobald die Schock-Elektroden entfernt werden.[31] (Die Methoden der „Lügendetektoren", die auf autonomen Reaktionen beruhen, sind im allgemeinen recht unzuverlässig.[32]) Andere Arten von Konditionierungen sind ebenso labil und können häufig nicht auf neue Situationen generalisiert werden. Ich bezweifle, ob irgendeine Reaktion, außer den ursprünglichen präattentiven, je wirklich automatisch wird, in dem Sinn, daß sie unabhängig von der Situation und den Plänen und Absichten der Versuchsperson ausgelöst werden könnte.

Das soll nicht bedeuten, daß wir immer wissen, was wir tun oder warum wir es tun. Wir sind uns sehr oft der wirklichen Gründe unserer Handlungen nicht bewußt; sie sind, wie FREUD sagt, „unbewußt". Doch unsere Unfähigkeit, eine gute Begründung unseres Verhaltens anzugeben, heißt nicht, daß wir automatisch durch einfache Reize gesteuert sind; es heißt, daß wir nicht auf dieselbe Information achten, wenn wir unser Verhalten beschreiben, wie wenn wir es ausführen. Der ganze Begriff der automatischen Verhaltenssteuerung (behavior control) basiert auf einem unangemessenen Verständnis des menschlichen Wesens und kognitiver Aktivität (vgl. Kp. 9).

Die Grenzen der Kapazität

Es wird oft diskutiert, es müsse eine allgemeine Kapazitätsgrenze der Menschen für Information geben. Diese Annahme geht häufig mit einer Art von Filtertheorie einher: ein spezieller Mechanismus wird postuliert, der die limitierte Kapazität vor Überlastung schützen soll. Überlegungen dieser Art sind nicht nur in der experimentellen Psychologie, sondern auch in Nachbardisziplinen geläufig. Sie führten Neurophysiologen dazu, im Nervensystem Filtermechanismen zu suchen, und Soziologen dazu, den Informationsüberfluß zu beklagen, der die Mitglieder der modernen Gesellschaft belastet. Wir haben jedoch gesehen, daß ein solcher Filter nicht nötig ist und wahrscheinlich nicht existiert. Meines Erachtens ist auch die Vorstellung einer einzelnen zentralen Informationsgrenze irreführend. Menschliche Fähigkeiten haben Grenzen, doch sie sind nicht so monolithisch und quantitativ, wie diese Vorstellung nahelegt. Das Wort „Kapazität" selbst scheint eher geeignet für ein passives Gefäß, in das man Dinge tut, als für eine aktive und sich entwickelnde Struktur.

Der Glaube an eine fixe kognitive Kapazität ist so weit verbreitet, daß er eine sehr sorgfältige Prüfung verdient. Er hat verschiedene Wurzeln. Eine von ihnen steht in enger Beziehung mit dem Begriff der Bewußtheit und wird in einem späteren Abschnitt dieses Kapitels behandelt. Eine andere, die sich rasch erledigen läßt, basiert auf einem anscheinend logischen, apriorischen Gedankengang. Entsprechend einem Theorem in der mathematischen Kommunikationstheorie kann nicht alle Information ohne Fehler übermittelt werden, wenn die Informations-Input-Rate in einen begrenzten Kanal einen bestimmten Wert (genannt Kanalkapazität) überschreitet. Weil das Gehirn selbst begrenzt ist, und weil es Information übermittelt, wurde dieses Theorem als Beweis dafür genommen, daß es auch für die menschliche Kapazität eine Grenze geben müsse.

Obschon das im Prinzip ein gültiges Argument ist, ist es in der Psychologie von zweifelhafter Relevanz. Das Gehirn enthält Millionen von Neuronen in unvorstellbar feinen und vielfältigen Beziehungen untereinander. Wer könnte sagen, wie hoch die Grenze sei, die ein solcher „Mechanismus" setzt? Es hat noch niemand zeigen können, daß die Tatsache der selektiven Aufmerksamkeit irgendeine Beziehung zu der wirklichen Kapazität des Gehirns hat, wenn es sie überhaupt gibt. Tatsächlich hat *kein* psychologisches Faktum etwas mit der Gesamtgröße des Gehirns zu tun. Entgegen allgemeiner Annahme haben wir kein großes Lagerhaus im Gehirn, das überfüllt zu werden droht. Es gibt wahrscheinlich keine quantitativen Grenzen für das Langzeitgedächtnis zum Beispiel; man kann gehen und neue Leute kennen lernen, neue Sprachen erwerben, neue Umwelten erkunden, solange Lust und Energie anhalten. Entsprechend gibt es keine physiologisch oder mathematisch gesetzte Grenze dafür, wieviel Information wir aufs Mal aufnehmen können.

Ganz anderer Art als dieses abstrakte Argument und eher wert, genau betrachtet zu werden, sind die Grenzen, die sich im alltäglichen Leben zu zeigen scheinen. Jedermann weiß, daß wir wenig leisten, wenn wir zuviel in Angriff nehmen; der Versuch, mehrere Dinge aufs Mal zu tun, endet oft damit, daß man keines davon recht tut. Diese Beobachtungen sind sicher gültig, aber es gibt keinen Grund dafür, sie alle mit einer Überlastung in einem zentralen Teil der Maschinerie zu erklären. Es ist auch möglich, daß sich die begrenzenden Faktoren aus den spezifischen Kombinationen der besonderen beteiligten Aktivitäten und Fertigkeiten ergeben. Denken wir an unsere physischen Fähigkeiten: sie sind offensichtlich begrenzt, aber ihre Grenzen kommen nicht aus einer einzelnen Quelle. Die Grenze davon, wie rasch wir laufen können, basiert nicht auf denselben Faktoren wie das maximale Gewicht, das wir heben können. Unsere Sehschärfe ist nicht durch irgendeinen Faktor begrenzt, der die minimale Reaktionszeit für eine Augenbewegung bestimmt. Warum sollte ein einzelner Faktor für all unsere kognitiven Begrenzungen verantwortlich gemacht werden?

Verschiedene Schwierigkeiten tauchen auf, wenn Menschen zwei Dinge aufs Mal zu tun versuchen. (Die Tatsache, daß solche Schwierigkeiten oft durch Übung bewältigt werden können, macht sie nicht unwichtig. Wenn wir sie verstehen würden, könnten wir die Fälle, die durch Übung zu überwinden sind, von den anderen unterscheiden.) Im einen Fall verlangen zwei Aufgaben von einem Körperteil, zwei unvereinbare Bewegungen auszuführen, wie gleichzeitig zu schreiben und einen Ball zu werfen. Weniger offensichtlich ist es, wenn sie unvereinbare Bewegungen zu verlangen *scheinen*, wie mit der einen Hand zu schreiben und mit der anderen, einen Ball zu werfen. Diese beiden Handlungen enthalten Haltungen und Muskeleinstellungen im ganzen Körper wie auch Bewegungen des Armes, und da sie getrennt gelernt worden sind, umfassen sie im allgemeinen unvereinbare Haltungen und Einstellungen. Es ist vielleicht möglich, sie zusammen auszuführen, aber nur, wenn jede von ihnen zuerst grundlegend neu organisiert wird.

Eine ähnliche Schwierigkeit entsteht, wenn wir versuchen, für zwei unvereinbare Vorhaben dieselben Wahrnehmungsschemata zu benutzen. Wir können uns beispielsweise nicht gleichzeitig eine räumliche Anordnung von Objekten vorstellen und eine andere beobachten (siehe Kapitel 7). Entsprechend können wir nicht zwei Zahlenmuster gleichzeitig rhythmisch wiederholen. (Darum kann die Gedächtnisspanne als detaillierte Antizipation einer zeitlich strukturierten akustischen Information angesehen werden.) Wenn eine Versuchsperson in einem Experiment des doppelten Hörens so etwas versucht, zwischen zwei Texten hin und her schaltet und versucht, beide zu behalten, als ob es sinnlose Reihen wären, dann wird ihre Leistung diese Begrenzung zeigen. Es wäre aber ein Fehler, dies als den entscheidenden Grund für die Schwierigkeit der doppelten Aufgabe anzusehen. Es zeigt nur die Unwirksamkeit einer bestimmten und recht ungeschickten Strategie.

Eine andere Art von Konflikt taucht auf, wenn die kritischen Signale für eine Aufgabe von den konkurrierenden Signalen einer anderen verdeckt (masked) werden. Zum Beispiel kann eine Stimme in einer Studie zum doppelten Hören so laut sein, daß sie die andere übertönt. In diesem Fall stellt sich gar keine Frage einer kognitiven Begrenzung; die für eine Aufgabe benötigte Information ist einfach nicht mehr verfügbar. Wenn das Signal allerdings nur zum Teil verdeckt wird, kann Übung noch immer zu besserer Leistung führen. Die Versuchsperson kann lernen, welche Arten von Information am wenigsten wirksam verdeckt sind, und dazu kommen, sich auf diese mehr zu stützen, als sie es unter normalen Bedingungen tun würde.

Ein Grund dafür, die Existenz einer einzelnen zentralen Kapazität zu bezweifeln, ist der Umstand, daß so viele Paare kontinuierlicher und zeitabhängiger Aktivitäten von geübten Personen erfolgreich kombiniert werden *können*: autofahren und reden zum Beispiel oder begleitend nachsprechen (shadowing) und ab Blatt Klavier spielen. Es ist allerdings oft beobachtet worden, daß solche Kombinationen zusammenzubrechen drohen, wenn eine der Aufgaben unerwartet schwierig wird. Autofahrer reden nicht weiter, wenn eine kritische Situation auftaucht, und der Pianist unterbricht vielleicht sein Nachsprechen, wenn er eine besonders komplizierte Passage spielen muß. Solche Beobachtungen könnten wirklich einem zentralen Mechanismus zugeschrieben werden, der von beiden Aufgaben beansprucht worden und nun plötzlich überlastet ist. Diese Hypothese ist aber nicht die einzig mögliche. Kritische Situationen sind nahezu immer unvertraut und verlangen die Anwendung relativ schlecht geübter Fertigkeiten im Autofahren oder Klavierspielen. Im allgemeinen wird die Person noch nicht gelernt haben, wie man diese bestimmte Anwendung mit der sekundären Aufgabe kombiniert, und ihre Leistung würde darunter notwendigerweise leiden. Um diese Leistungsverminderung zu vermeiden, unterbricht sie vorübergehend die eine der Aufgaben. Wenn sie geübt genug ist, um derartigen kritischen Situationen oft genug begegnet zu sein, ist keine Unterbrechung nötig.

Kurz, Schwierigkeiten müssen immer dann auftauchen, wenn wir zwei Aufgaben zu verbinden beginnen, die untereinander keine natürliche Beziehung haben. Es gibt gewöhnlich viele Arten, etwas Gegebenes zu tun, und die Muster von Fertigkeiten, die für Aufgabe A allein entwickelt worden sind, werden kaum optimal sein, um sie mit Aufgabe B zu kombinieren. Wir befinden uns nicht oft in derartigen ausgedachten Situationen mit doppelten Aufgaben, und daher lernen wir unsere Grundfertigkeiten nicht in ihrer am besten kombinierbaren Form.

Die oben erwähnten Fälle von Schwierigkeiten decken nicht alle Probleme ab, denen wir begegnen, wenn wir zwei Dinge aufs Mal zu tun versuchen. Ein wichtiger Fall betrifft die Wahrnehmung zweier sinnvoller und kontinuierlicher Ereignisse in derselben Sinnesmodalität. Es ist quälend schwierig, beiden Spielen gleichzeitig zu folgen im Experiment zum selektiven Sehen, oder zwei bedeutungsvollen und interessanten Gesprächen zu folgen. Die Arbeit von SPELKE & HIRST weist darauf hin, daß Übung dramatische Verbesserungen in doppelten Aufgaben bewirken kann, doch auch ihre Versuchspersonen wurden nicht dazu angehalten, im Kontext gegebene Bedeutung aus dem diktierten zweiten Text zu ziehen. Vielleicht wäre auch das schließlich möglich, vielleicht aber auch nicht. Auch wenn es möglich wäre, die Frage danach, warum es so schwierig ist, würde bestehen bleiben.

Es ist sicher nicht das Problem der gesamten „Informationsladung". Zwei verschiedenen Texten zu folgen, auch wenn ihr Inhalt einfach ist, scheint viel schwieriger zu sein, als einen einzelnen Text von noch so großer Komplexität zu verstehen. Es wäre aber noch unbefriedigender, die Schwierigkeit zu erklären, indem man ein Sprachzentrum im Gehirn postulierte, das nur jeweils ein Signal behandeln könnte. So ein Postulat würde nur zu einer Neuformulierung des Problems führen: Warum kann das Sprachzentrum nicht zwei Texten gleichzeitig folgen?

Es ist möglich, daß wir nur deshalb nie lernen, doppelte Aufgaben zu bewältigen, weil wir nie richtig Gelegenheit haben, es zu versuchen. Wir verfolgen Konversationen vor allem, um daran teilnehmen zu können, oder zumindest uns einzubilden, es zu tun, und das ist nur möglich mit einer Botschaft auf einmal. Ich bin allerdings dieser Hypothese gegenüber skeptisch; wenn doppeltes Hören wirklich durchführbar wäre, hätte es irgend jemand bestimmt entdeckt und schon verwendet. Es scheint wahrscheinlicher, daß ein echtes Informationshindernis besteht für die parallele Entwicklung unabhängiger aber ähnlicher Schemata. Wenn beispielsweise jedes Schema Antizipationen enthält, die eine beachtliche Zeitdauer umfassen (wie es notwendig der Fall ist beim sinnvollen Hören, Lesen oder Schauen), wäre das Problem, neue Information dem richtigen Schema zuzuweisen, unüberwindbar. Weitere Forschung mag diese Frage klären.

Bewußtsein

Ein letztes Argument für die Vorstellung einer begrenzten Verarbeitungskapazität bleibt zu berücksichtigen. Es wird oft gesagt, eine Person könne sich zu einer Zeit nur einer Sache *bewußt* sein. Das führte zur Vermutung, es gebe einen entscheidenden Mechanismus von fixer Größe irgendwo im Kopf, der auf mysteriöse Weise direkt beobachtbar sei. Unsere introspektiv gegebene Erfahrung sei demzufolge auf den Inhalt dieses entscheidenden Gefäßes beschränkt, und alle anderen Aspekte der Verarbeitung blieben unter- oder unbewußt.

Das ist eine alte Idee. Zumindest seit FREUD behandelten Psychologen das Bewußtsein gerne als einen Teil des Geistes oder einen Ort im Kopf. (Es ist überraschend, wie aktuell FREUDs Theorie ist. Die *Traumdeutung* enthält gar Flußdiagramme, in denen die Orte des Bewußten, Unbewußten und Vorbewußten klar angegeben sind.[33]) Das ist heute eine sehr verbreitete Vorstellung, und das mit gutem Grund. Sie ist ein theoretischer Kunstgriff: so ist nicht nur die Tatsache der Aufmerksamkeit offensichtlich erklärt, sondern was sich der psychologischen Fassung stets zu entziehen verstand, ist nun endlich in einen Kasten eines Flußdiagramms eingesperrt.

Wir haben die Mängel einer solchen Sichtweise in dem Fall, in dem sie als Aufmerksamkeitstheorie dienen soll, bereits behandelt. Sie ist ebenso ungeeignet als introspektive Darstellung der unmittelbaren, phänomenalen Erfahrung. Introspektion zeigt *nicht* notwendigerweise, daß man sich nur einer einzigen Sache aufs Mal bewußt ist. Ich glaube, daß die Menschen über das auf nur etwas gerichtete Bewußtsein vor allem deshalb berichten, weil es die philosophischen Annahmen unserer Kultur verlangen; jedermann hat gelernt, diese Annahmen mit seinem geistigen Leben in Übereinstimmung zu bringen und zu übersehen, was dazu nicht paßt. Was wir über die eigene Erfahrung berichten, hängt stark davon ab, was ORNE die „demand characteristics" (Aufforderungscharakter) der Situation nannte.[34] Die Häufigkeit, mit der zum Beispiel Psychologen des frühen zwanzigsten Jahrhunderts über Vorstellungsbilder berichteten, hing vom Laboratorium ab, in dem sie arbeiteten; die Lebhaftigkeit (vividness), die heutige Versuchspersonen ihren Vorstellungen zuschreiben, kann deutlich verbessert werden, wenn man ihnen die richtigen Fragen stellt.[35] Die Introspektionen, die die Versuchspersonen von SPELKE & HIRST lieferten, waren chaotisch und inkonsistent: manchmal wußten sie genau, was sie schrieben, manchmal war ihnen nicht bewußt, überhaupt geschrieben zu haben. Der Begriff einer „einzigen Sache" ist nicht im entferntesten klar: wievieler Dinge bin ich mir bewußt, wenn ich einem Orchester zuhöre, einem Ballett zuschaue, einen Wagen fahre, wenn ich liebe?

Das Bewußtsein als eine Verarbeitungsphase zu behandeln ist in noch grundsätzlicherer Hinsicht unbefriedigend. Es wird weder dem Gebrauch des Wortes *Bewußtsein* in der Alltagssprache noch den Feinheiten der Erfahrung gerecht. Eine bessere Auffassung von Bewußtsein, die in der Geschichte der Psychologie oft vertreten wurde, sieht es eher als einen Aspekt von Aktivität denn als unabhängig davon definierbaren Mechanismus. Das Bewußtsein unterliegt im Laufe des Lebens Veränderungen, denn wir lernen, neuartige Informationen auf neue Weise aufzunehmen. Diese Veränderungsprozesse werden im einen Zusammenhang kognitive Entwicklung genannt, im anderen Wahrnehmungslernen; in politischen Situationen nennt man sie Bewußtseinsbildung. Bewußt sein heißt, sich der Objekte, Ereignisse und Situationen bewußt zu sein.

Es stimmt natürlich, daß nicht alles, dessen wir uns bewußt sind, in der Umwelt vorhanden ist. Auch haben wir Gedanken, Vorstellungen und Gefühle, die möglicherweise einer Introspektion nicht zugänglich sind. Insbesondere scheinen unsere antizipatorischen Schemata einen inneren Aspekt zu haben; wir sind uns ihrer bewußt. Folgende Kapitel werden behandeln, was das bedeuten könnte und wie wir es leisten, über sie zu berichten; eine Theorie des Bewußtseins jedoch wird nirgends in diesem Buch vorgeschlagen. Solche Theorien degenerieren allzu leicht zu irreführenden Darstellungen einer Vorrichtung mit begrenzter Kapazität. Bewußtsein ist ein Aspekt der geistigen Aktivität, nicht ein Stellwerk im Bahnhof der Seele.

Anmerkungen

1 Kahneman (1973, S. 2).

2 Cherry (1953); Cherry & Taylor (1954).

3 Für Angaben über diese Arbeiten siehe Neisser (1967).

4 Moray (1959); Treisman (1964 b, 1969).

5 Treisman (1960, 1969)

6 Das Wort *Logogen* kommt von Morton (1969); *Dämon (demon)* wurde von Selfridge geprägt (1959), dessen Theorie die erste dieser Art war. Das heute geläufige Wort ist *Detektor.*

7 Deutsch & Deutsch (1963). Siehe auch den Gedankenaustausch zwischen Treisman & Geffen (1967) und Deutsch, Deutsch & Lindsay (1967).

8 Z.B. Shiffrin (1976); Posner & Snyder (1975).

9 Shiffrin & Gardner (1972); Shiffrin & Grantham (1974); Shiffrin, Pisoni & Castaneda-Mendez (1974).

10 Neisser & Becklen (1975). Die ursprüngliche Anregung für unsere Arbeit war ein Nachweis, von dem Kolers (1969, 1972) berichtet.

11 Die Studie des selektiven Sehens unter Fixationsbedingungen ist die von Littman & Becklen (1976). Eine neuere Studie, die die Überlagerung zweier mehr oder

weniger ähnlicher Ballspiele enthält, wurde durchgeführt, ist aber noch nicht völlig ausgewertet.

12 HERNANDEZ-PEON und seine Kollegen (1956) berichteten ursprünglich, daß sich die afferenten Signale im Hörnerv einer Katze, bewirkt durch eine Folge von Knacklauten, verringerten, wenn sich die Katze für eine sichtbare Maus zu interessieren begann. WORDEN (1966) aber hat gezeigt, daß dieses Ergebnis ein Artefakt war. PICTON, HILLYARD, GALAMBOS & SCHIFF (1971) fanden keine Veränderungen in der Aktivität der menschlichen Hörnerven als Folge einer Aufmerksamkeitsveränderung, und ihre Befunde wurden wiederholt bestätigt. Eine neuere Übersicht von HILLYARD & PICTON (in Vorbereitung) zeigt, daß selektive Aufmerksamkeit von mannigfaltigen Veränderungen der evozierten Hirnpotentiale begleitet wird, doch diese Veränderungen sind mit vielen theoretischen Interpretationen vereinbar.

13 MACCOBY & HAGEN (1965), HAGEN (1967), SIEGEL & STEVENSON (1966), HAWKINS (1973).

14 TREISMAN & GEFFEN (1967); TREISMAN & RILEY (1969); GLUCKSBERG & COWEN (1970); KLAPP & LEE (1974).

15 TREISMAN & GEFFEN (1967).

16 UNDERWOOD (1974).

17 SOLOMONS & STEIN (1896).

18 DOWNEY & ANDERSON (1915).

19 SPELKE, HIRST & NEISSER (1976).

20 ALLPORT, ANTONITIS & REYNOLDS (1972).

21 SHAFFER (1975).

22 LEWIS (1970).

23 BRYDEN (1972); TREISMAN, SQUIRE & GREEN (1974).

24 Die M. I. T./Harvard-Studie ist die von LACKNER & GARRETT (1972); siehe auch MACKAY (1973).

25 CORTEEN & WOOD (1972).

26 Es gab eine erfolglose und zwei erfolgreiche Wiederholungen dieses Effektes im Laboratorium von CORTEEN. (Siehe CORTEEN & DUNN (1974). Ich danke Dr. CORTEEN für eine sehr hilfreiche persönliche Mitteilung in dieser Sache.) Ein ähnlicher Effekt wurde früher kurz von MORAY (1970) erwähnt. Andererseits hatten zumindest zwei andere Versuche, dieses Phänomen zu zeigen, keinen Erfolg (WARDLAW & KROLL, 1976: BOWERS, 1976). Siehe auch VON WRIGHT, ANDERSON & STENMAN (1975).

27 NEISSER (1967). Die Definition von *präattentiv*, die ich dort anbot, war weiter als die hier.

28 STROOP (1935); JENSEN & ROHWER (1966); DYER (1973).

29 PRITCHATT (1968).

30 GREENWALD(1970).

31 MANDEL & BRIDGER (1973).

32 LYKKEN (1974).

33 FREUD (1900).

34 ORNE (1962).

35 Die Wirkung der „demand characteristics“ auf die Lebhaftigkeit der Vorstellungen erschien in einer Studie, die Peter SHEEHAN und ich durchführten (SHEEHAN & NEISSER, 1969). Ich habe dieses Problem anderswo etwas genauer behandelt (NEISSER, 1972).

Kapitel 6
Kognitive Landkarten

Menschen bewegen sich. Sie drehen ihren Kopf, wenden ihren Körper, schreiten in den nächsten Raum, gehen in ein Geschäft oder reisen um die Erde. Das Wesen der Wahrnehmung kann man nicht verstehen, ohne daß man die Bewegungen der Menschen in Betracht zieht. Jedes unserer Wahrnehmungssysteme[1] wurde entwickelt, um aus der speziellen Art von Information, die Bewegung verfügbar macht, Nutzen zu ziehen. Wahrnehmen ist oft am wirksamsten während der Bewegung: Wir lokalisieren Töne mit maximaler Genauigkeit, wenn wir unseren Kopf bewegen, während wir hören, und wir fühlen die Form eines Objektes besonders gut, wenn wir sie aktiv mit unseren Händen erkunden. Der Fall des Sehens ist besonders wichtig und wird oft falsch verstanden. Die Bewegung verändert einige, nicht aber notwendigerweise alle verfügbare optische Information: unsere Augen können zum Teil die Kopfbewegung kompensieren, indem sie sich in ihren Höhlen bewegen: So können sie ein Zielobjekt, das sich verschiebt, weiterhin fixieren.

Diese Art Kompensation ist wichtig, weil sie längeres Sehen von Einzelheiten erlaubt, die sonst rasch aus dem Gesichtsfeld gerieten. Dennoch sollte das nicht so verstanden werden, als ob Wahrnehmung ein sich nicht veränderndes Netzhautbild benötige in der Art, wie die Photographie ein ruhiges optisches Bild auf dem Film der Kamera benötigt. Kompensierende Bewegungen bestimmen nur, was in der Fovea ist; sie können nicht verhindern, daß sich das Netzhautbild als ganze Form wesentlich verändert. Diese allgegenwärtigen Veränderungen sollte man sich nicht bloß als ein Ärgernis oder als Quelle von Unklarkeiten denken; sie vermitteln unschätzbare Information über die Anordnung der Umwelt und die Bewegung des Beobachters in ihr. Zudem ist die Information, die durch ausgedehntere Bewegungen, durch Fortbewegung, verfügbar wird, für die räumliche Orientierung in einem weiteren Sinn fundamental. Kurz, der unbewegliche Beobachter mit einem eingespannten Kopf, der in so vielen Wahrnehmungsexperimenten als Versuchsperson dient, befindet sich in einer ungewöhnlichen und bemerkenswert ungünstigen Situation. Die Information, die Bewegung vermitteln würde und die ihm hier fehlt, ist für das normale Sehen entscheidend.[2]

Bewegung verändert die verfügbare Reizinformation in vieler Hinsicht. Sogar eine seitliche Verschiebung des Kopfes genügt, um neue Aspekte naher Objekte zu enthüllen und andere zu verdecken, die vorher sichtbar gewesen sind. Die Muster des Verdeckens und des Entdeckens (occlusion and dis-occlusion)[3], die auf diese Weise geschaffen werden, bestimmen die relative Lage des Beobachters wie auch der Objekte selbst. Ausgedehntere Bewegungen haben dramatische visuelle Konsequenzen. Wenn wir um eine Ecke oder durch eine Türe gehen, kommen wir zu einem völlig neuen Ausblick, der vorher verborgen gewesen ist.[4] Das bedeutet, daß jedes undurchsichtige Objekt – wirklich jede Kante, die etwas verdeckt – einen Bereich definiert, der durch irgendeine Bewegung in das Gesichtsfeld gebracht werden kann. So schließt die normale Umgebung immer wahrnehmungsmäßig bestimmte, mögliche Orte noch nicht sichtbarer Dinge ein. Schemata enthalten diese Tatsache. Was der Wahrnehmende sehen wird, wenn er sich bewegt hat, steht in einer bereits definierten Beziehung („hinter") zu dem, was er jetzt sieht. Die relative Lage der Objekte kennt man, bevor dem Auge spezifische Informationen über sie verfügbar wird. Die Information, die als Folge einer eigenen Fortbewegung aufgenommen wird, ist daher systematisch auf bestehende Schemata bezogen, insbesondere auf eine kognitive Landkarte oder ein Orientierungsschema der näheren Umgebung.

Kognitive Landkarten als Schemata

Der Begriff *kognitive Landkarte* (cognitive map) wurde vor langer Zeit von TOLMAN[5] geprägt. In den letzten Jahren kam er neu in Umlauf, als Psychologen, Geographen, Planer und andere Berufsleute sich zunehmend für die Probleme der räumlichen Orientierung interessierten.[6] Ihr Interesse ist begreiflich; räumliche Schemata haben einen gewaltigen Einfluß auf unsere Vorstellungen. In einem beachtlichen Ausmaß *sind* sie unsere Vorstellungen. Die räumliche Organisation schafft eine wunderbare Vielfalt bildlicher Vergleiche für den Verstand: wir sind „in der Lage", etwas zu wissen, haben eine „weite" oder „tiefe" Kenntnis, beachten „die andere Seite" einer Frage, untersuchen „Bereiche" und „Gebiete" der Psychologie. Eine Person, die kein geeignetes Orientierungsschema hat, ist „verloren" – eine quälende Situation mit ihren eigenen möglichen Vergleichen.[7]

Von kognitiven Landkarten wird oft gesprochen, als wären sie geistige

Bilder der Umgebung, die nach Belieben vom Auge des Verstandes untersucht werden könnten, während der Inhaber des Verstandes sich in seinem Armsessel zurücklehnt. Diese Interpretation scheint im Abschnitt durch, mit dem Kenneth BOULDINGs Buch *The Image* beginnt:

„Wenn ich an meinem Schreibtisch sitze, so weiß ich, wo ich bin. Ich sehe vor mir ein Fenster, und draußen einige Bäume, dahinter die roten Dächer des Campus der Stanford Universität, dann die Bäume und Dachgiebel, die die Stadt Palo Alto angeben, schließlich die kahlen, goldenen Hamiltonhügel. Ich weiß aber mehr, als ich sehen kann. Auch wenn ich nicht hinschaue, weiß ich, daß hinter mir ein Fenster ist, und hinter jenem der kleine Campus des Center for Advanced Study in the Behavioral Sciences, dahinter das Küstengebirge und dahinter der Pazifische Ozean. Wenn ich wieder geradeaus schaue, weiß ich, daß hinter jenen Bergen, die meinen gegenwärtigen Horizont bilden, ein weites Tal liegt, dahinter eine noch höhere Bergkette, dahinter andere Berge, Kette hinter Kette, bis wir zu den Rocky Mountains kommen, dahinter der Mittlere Westen und der Mississippi, dahinter das Alleghenygebirge, dahinter die Ostküste, dahinter der Atlantische Ozean . . .“[8]

Es kann keinen Zweifel daran geben, daß BOULDING eine kognitive Landkarte als Grundlage für diese Bemerkungen verwendete. Dennoch könnte es ungeschickt sein, kognitive Landkarten durch die Fähigkeit zu definieren, solche Beschreibungen abzugeben oder solche Vorstellungsbilder zu haben. Ich werde hier das Gegenteil versuchen und oft den Begriff „Orientierungsschema“ als Synonym für „kognitive Landkarte“ verwenden, um zu betonen, daß es eine aktive, Information aufsuchende Struktur ist. Statt die kognitive Landkarte als eine Art von Bild zu definieren, werde ich vorschlagen (in Kapitel 7), daß räumliche Vorstellung selbst nur ein Aspekt des Wirkens der Orientierungsschemata ist. Wie andere Schemata nehmen sie Information auf und leiten Verhalten. So wie ich ein Objektschema habe, das Information über die Lampe auf meinem Schreibtisch aufnimmt und weitere Erkundungen über die Lampe leitet, so habe ich auch eine kognitive Landkarte meines ganzen Büros und seiner Einrichtung, die Information über das Büro aufnimmt und meine Bewegungen darin leitet. Das Lampenschema ist Teil des weiteren Orientierungsschemas, so wie die Lampe selbst ein Teil der wirklichen Umgebung ist. Der Wahrnehmungszyklus, der in Abbildung 2 dargestellt ist, ist in einen umfassenderen Zyklus von Erkundung und Informationsaufnahme eingebettet, der ein größeres Gebiet abdeckt und mehr Zeit benötigt. Abbildung 4 illustriert diese Beziehung.

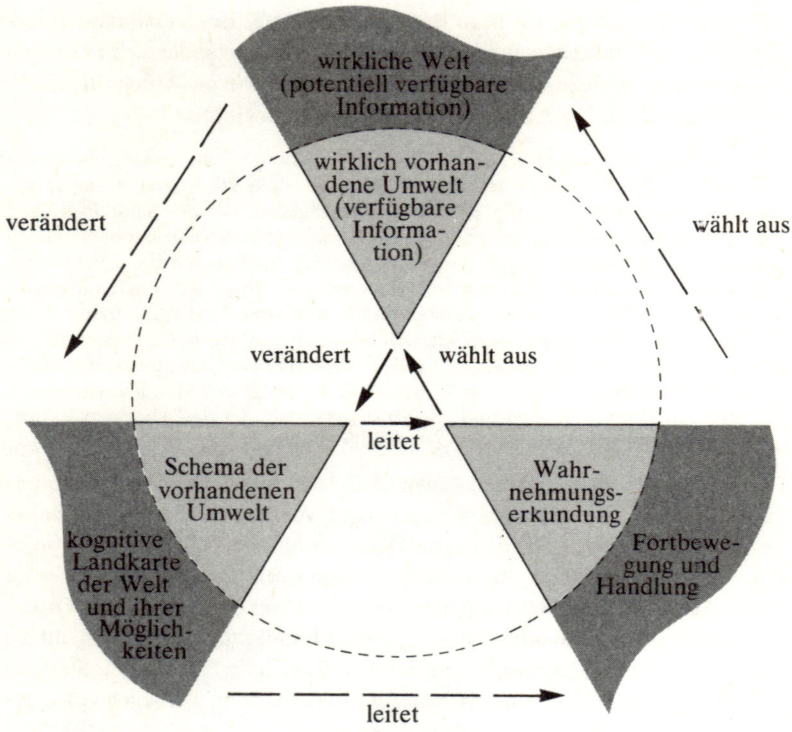

Abbildung 4: Schemata in kognitive Landkarten eingebettet

Kognitive Psychologen haben oft angenommen, daß geistige Aktivität innerlich vom Spezifischen zum Allgemeinen fließe, von den Einzelheiten des Inputmusters zu Kategorien und Abstraktionen. Man sagt, es gebe aufeinanderfolgende *Phasen* oder *Ebenen* der Verarbeitung.[9] Man nimmt an, daß wir beim Sehen eines gedruckten Wortes beispielsweise zunächst die graphischen Merkmale der einzelnen Buchstaben bestimmen, dann die Buchstaben identifizieren, dann das Wort selbst, seine Bedeutung erkennen und es zuletzt vielleicht einer bestimmten Kategorie oder einem semantischen Typ (type) zuordnen. Das Beispiel des Schemas und der kognitiven Landkarte legt ein recht anderes Modell der Beziehung zwischen Aktivitäten verschiedener Ordnung nahe. Sie sind eher *eingebettet* als aufeinanderfolgend. Ihre Beziehung entspricht derjenigen der wirklichen Objekte, mit denen sie es zu tun haben. So wie das Zimmer und die Lampe miteinander existieren, das eine die andere umfaßt, so sind mein Orientierungsschema und mein Schema der Lampe gleichzeitig aktiv, wobei das eine das andere umfaßt. Jedes ist eine Phase einer zyklischen Interaktion mit der Umgebung, beide Interaktionen laufen kontinuierlich ab. Sie können nicht leicht voneinander getrennt werden. Ich könnte die Lampe ohne ein sie umgebendes Zimmer ansehen, doch meine Wahrnehmung wird immer von einer Art allgemeiner kognitiven Landkarte wie auch von einem spezifischen Wahrnehmungsschema geleitet sein. Dem Zimmer könnte die Lampe fehlen, doch es wäre immer ein Gegenstand oder Raum zwischen Gegenständen in dem Teil des Zimmers, in dem sie gewöhnlich gewesen ist. Die alltägliche Wahrnehmung beruht stark auf der gegenseitigen Unterstützung dieser verschiedenen Ebenen der Interaktion mit der Umgebung.[10] Dasselbe gilt übrigens für das Verhalten. Handlungen sind hierarchisch in umfassendere Handlungen eingebettet und werden motiviert durch die antizipierten Konsequenzen auf verschiedenen Ebenen der schematischen Organisation.[11]

Durch Bewegung erzeugte Information

Orientierungsschemata sind nicht nur Ansammlungen von Objektschemata. Sie enthalten Information über die räumlichen Beziehungen zwischen Objekten, über ihre Lage in der Umgebung. Obschon einige Information über räumliche Anordnungen auch von einem ruhenden Beobachter aufgenommen werden kann, wird ihm viel mehr verfügbar, wenn er sich zu bewegen beginnt. Der Akt des Fortbewegens, der mehr Information *erfordert*, wenn er erfolgreich ausgeführt werden soll, *erzeugt* auch weitere Information für den sich bewegenden Wahrnehmenden. Wenn das nicht so wäre, hätte die Evolution kaum sich bewegende Tiere hervorgebracht.

Der sich bewegende Organismus hat zu zweierlei optischer Information besonderer Art Zugang. Eine davon ist die *Parallaxe*, die auf dem Unterschied der optischen Anordnung von verschiedenen Standpunkten aus basiert. Die Verschiebung des Auges von einer Position zu einer anderen erzeugt im allgemeinen ein neues Reizmuster, und die Unterschiede zwischen aufeinanderfolgenden Mustern können die Form, Lage und Anordnung sichtbarer Objekte bestimmen. Es ist auch möglich, solche Information zu erhalten, ohne sich wirklich zu bewegen. Menschliche Wesen und ein paar Tiere können die *binokulare* Parallaxe als wirksamen Ersatz verwenden. Weil unsere Augen an verschiedenen Orten in unserem Kopf sind, erzeugen die meisten Objektanordnungen leicht unterschiedliche Muster auf den beiden Netzhäuten. Dieser Unterschied ist ein Hinweis (cue) auf die Tiefe, das heißt er gibt die wirkliche Form und Anordnung dieser Objekte an. (Das Stereoskop ist eine Vorrichtung, die solche Information vorspiegelt, um illusionäre Tiefe zu erzeugen.) In gewissem Sinn ist das beidäugige Sehen ein kluger evolutionärer Trick, der die Vorteile der Parallaxe bei der Bewegung bringt, ohne daß man sich wirklich bewegen muß.

Die Bewegung des Beobachters vermittelt zudem eine zweite und wichtigere Art von Information, die mit dem Stereoskop nicht simuliert werden kann. Da Bewegung ein kontinuierlicher Prozeß ist, schafft sie kontinuierliche Veränderungen – Fließmuster – in der optischen Struktur, die dem Auge verfügbar ist. Es geraten nicht nur verschiedene Seiten der Objekte in das Gesichtsfeld, wenn sich der Wahrnehmende bewegt, sondern die optisch projizierten Formen dieser Seiten unterliegen systematischen Veränderungen. (Es wäre ein Fehler, diese Veränderungen als „Verzerrung" der Form zu beschreiben. Es geht nicht darum, daß eine augenblicklich gegebene Netzhautprojektion genau ist, während die anderen verzerrt sind, sondern daß die optischen Transformationen, die die Bewegung erzeugt, die wirkliche Anordnung der Umgebung angeben.) Entsprechend verändern sich die Länge und die Richtung nahezu jeder Kante (edge) auf der Netzhaut kontinuierlich während der Bewegung. Es wurde schon erwähnt, daß kinetische Information dieser Art verfügbar wird, wenn sich ein nahes Objekt bewegt. Hier geht es darum, daß die Bewegung des Beobachters ebenso informativ oder noch informativer ist.

Die Bewegung des Beobachters liefert nicht nur Information über seine Umgebung. Die Muster der Veränderung und der Invarianz, die seinem Auge verfügbar sind, beschreiben ebenso seine eigenen Bewegungen. Wenn er sich zum Beispiel nach vorne bewegt, werden die Netzhautprojektionen jeder sichtbaren Oberfläche in der vorderen Hälfte der Umgebung zunehmend größer. Unter normalen Umständen kann keine ausschließlich aus der Umgebung stammende Veränderung dieses besondere optische Fließen schaffen. Es bezeichnet eigene Bewegung und sonst nichts. Überdies ist die Art, in der die Projektionen größer werden, nicht zufällig: jeder projizierte Punkt, mit Ausnahme von einem, bewegt sich stetig gegen außen. Die einzige Ausnahme ist genau der Punkt, auf den hin sich der Beobachter bewegt. So ist nicht nur die Tatsache, daß er sich bewegt, sondern auch die Richtung seiner Bewegung völlig bestimmt.[12]

Die Verfügbarkeit derartiger optischer Information bedeutet, daß man seine eigene Position und seine eigene Bewegung so gut sehen kann, wie die Anordnung in der Umgebung. Solche Wahrnehmung ist nicht indirekt oder inferiert; die Information über einen selbst ist so direkt zu erhalten und so genau bestimmt, wie Information über irgendetwas anderes. J. J. GIBSON hat den Begriff der *visuellen Propriozeption* für die Aufnahme von „selbstspezifizierender" Information geprägt. „Propriospezifische" Information ist nicht einfach die Angelegenheit des Sehens der eigenen Hände und des eigenen Körpers, so wichtig das auch sein mag. (Unter normalen Bedingungen sind die Hände des Wahrnehmenden wahrscheinlich die am häufigsten verfügbaren visuellen Objekte.) Auch wenn keine Körperteile sichtbar sind, befähigen optische Fließmuster (optical flow patterns) den Wahrnehmenden dazu, zu sehen, wo er ist und wohin er geht. Kurz, das physische Ich kann gesehen werden, es muß nicht inferiert werden.

In der alltäglichen Umgebung ist die Information für die visuelle Propriozeption fast immer verfügbar und fast immer warhheitsgetreu. Sie kann nur durch gleichzeitige Manipulation der gesamten optischen Situation vorgetäuscht werden. Ein Film auf Breitleinwand wie in einem Cinerama ist eine Art, dies zu erreichen; für Laboratoriumszwecke kann man einen Experimentierraum bauen, dessen Wände und Decke vom Boden unabhängig beweglich sind. LEE hat einen solchen Raum verwendet, um die Wirksamkeit der durch Bewegung erzeugten optischen Fließmuster zu zeigen.[13] Ein einjähriges Kind, das auf dem Boden dieses Raumes steht, wird umfallen, wenn die Wände lautlos und plötzlich um einige Zentimeter nach vorne bewegt werden, obschon es nicht berührt wird. Das kommt daher, weil die optischen Muster, erzeugt durch die bewegten Wände, normalerweise angeben würden, daß der Betrachter nach hinten fällt. Das Kind kompensiert, indem es nach vorne lehnt, kommt aus dem Gleichgewicht und fällt um. Sogar ein Erwachsener, der die experimentelle Anordnung kennt, kann auf diese Art „umgestoßen" werden, wenn er auf einem schmalen Balken balanciert.

Information über sich selbst, wie alle andere Information, kann man nur mit einem geeignet eingestimmten Schema aufnehmen. Umgekehrt verändert jede Information, die aufgenommen *wird*, also auch propriozeptive Information, ein Schema. Im Fall der Bewegung in der Umgebung ist das ein Orientierungsschema oder eine kognitive Landkarte. Das bedeutet, daß die kognitive Landkarte immer den Wahrnehmenden in der Umgebung enthält. Das Ich und die Welt sind wahrnehmungsmäßig untrennbar.

Verschiedene kognitive Landkarten

Nicht nur reife, sprachgewandte, introspektive Organismen haben kognitive Landkarten. Sogar sehr kleine Kinder bewegen sich in ihrem Heim erfolgreich umher, zumindest in den Zimmern, in die sie oft gehen und in denen sie wichtige Dinge finden können. HUTTENLOCHERS Versuchsperson Craig ist typisch: mit fünfzehn Monaten, als seine einzigen gesprochenen Wörter „di" und „uhuh" waren, konnte man ihn im Wohnzimmer nach einem Plätzchen fragen, und er ging es in die Küche holen. Zudem enthielten seine

Schemata die Bereitschaft, nicht nur die überdauernde, sondern auch die vorübergehende Lage der Dinge wahrzunehmen. „Bei unserem Besuch sind einige Plätzchen auf dem Boden des Wohnzimmers, die Craig offensichtlich verstreut hat. Gegen das Ende unseres Besuchs sind wir vor allem in der Küche, wo ihn seine Mutter fragt: „Willst du ein Plätzchen?“ Er geht aus der Küche und kehrt etwas später mit allen Plätzchen zurück.“[14] Es ist klar, daß Craig neue Information (die verstreuten Plätzchen) in seine kognitive Landkarte des Hauses aufgenommen hat, und daß ihn dieses erweiterte Schema dazu befähigt hat, später die Plätzchen zu finden. Wir haben schon gesehen, daß auch viel kleinere Kinder Information über den momentanen Ort von Gegenständen behalten können, wenn auch für beträchtlich kürzere Zeit.

Craigs Leistung ist nichts Besonderes. Sie ist nicht nur für Menschenkinder, sondern auch für viele Tierarten typisch. Die Fähigkeit, den Weg in der Umgebung zu finden und angestrebte Ziele zu erreichen, muß allgemein verbreitet sein; Tiere ohne diese Fähigkeit hätten die unerbittliche natürliche Selektion kaum überlebt. Ein Beispiel dafür ist MENZELs neuere Studie über die Fähigkeit der Schimpansen, den Ort, wo Futter versteckt worden ist, zu behalten.[15] Die Versuchstiere dieses Experimentes waren eine Schimpansengruppe, die mehr als ein Jahr in einem Gehege mit natürlicher Umgebung gelebt hatten. Zu Beginn des Testversuchs wurde die ganze Gruppe in einen Käfig am Rand des Geheges gesperrt. Ein Tier wurde herausgenommen und in Begleitung eines Experimentators herumgetragen, der Obststücke an achtzehn verschiedene Orte legte. Während dieser Zeit konnte der Schimpanse nichts tun als zusehen und sich tragen lassen. Er wurde danach in die Gruppe zurückgebracht, und nach zwei Minuten wurden alle Tiere befreit. MENZEL beschreibt das typische Ergebnis wie folgt:

> Gewöhnlich rannte das Testtier unbeirrt und in direkter Linie genau zu dem Gras- oder Laubhaufen, dem Baumstrunk oder dem Loch im Boden, in dem verstecktes Futter lag, griff nach dem Futter, hielt rasch an, um zu essen, und rannte auf direktem Weg zum nächsten Ort, unabhängig davon, wie weit weg oder wie sehr verdeckt durch Sichtbarrieren dieser Ort war ... Jedes Tier ging mehr oder weniger nach dem Prinzip der „kürzesten Distanz“ vor, ohne den Weg, den es die Experimentatoren getragen hatten, zu berücksichtigen.[16]

Vergleichende Psychologie ist kein Ziel dieses Buches, deshalb werden die Leistungen der Schimpansen von MENZEL nicht weiter behandelt. Sie wurden bloß erwähnt, um zu betonen, daß kognitive Landkarten durch Informationsaufnahme und Handlung definiert sind, nicht durch sprachliche Beschreibung. Reisen ist eines, Reiseberichte sind ein anderes. Ein Kind kann seinen Weg finden, lange bevor es einen angemessenen Bericht davon geben kann, wo es gewesen ist oder wie es dorthin kam, so wie es viele andere Dinge tun kann, ohne schon gewandt genug zu sein, sie zu beschreiben. Die später auftauchende Fähigkeit, ein Orientierungsschema zu beschreiben, ist auch wichtig, und wir werden sie in Kapitel 8 behandeln. Vorläufig soll sie einfach vorausgesetzt werden, damit wir die Struktur eines komplexen Beispiels etwas genauer betrachten können.

Manchmal kann ein ungewöhnliches Beispiel eine Sache anschaulicher illustrieren als ein alltägliches. Betrachten wir daher das hochentwickelte Orientierungsschema, das Männer in einer fernen Kultur entwickelt haben: die Seefahrer der Puluwat-Inseln im Pazifik. Diese Männer steuern Segelboote Hunderte von Meilen über den offenen Ozean, zu Handelszwecken oder einfach zur Freude. Seit langem wird ihre Geschicklichkeit von allen, die mit ihnen in Berührung kommen, bewundert, von westlichen Seglern und Ethnologen wie von ihren Nachbarn auf den Caroline-Inseln. Zum besseren Verständnis dieser bestimmt außergewöhnlichen kognitiven Leistung verbrachte der Anthropologe Thomas GLADWIN im Jahre 1967 mehrere Monate damit, die Schiffahrt der Puluwataner zu untersuchen. Was er herausgefunden hat, hat er in einem eindrücklichen Buch mit dem Titel *„East is a Big Bird“*[17] beschrieben, auf das sich der folgende Bericht stützt.

Die Navigationsleistung der Puluwataner hat mehrere Komponenten. Einige davon betreffen die Informationsaufnahme aus außerordentlich subtilen Informationsquellen, die GLADWIN *„Meereszeichen“ (seamarks)* nennt. Eine feine Veränderung der Farbe des Wassers weist auf ein Riff tief unten im Wasser hin, dessen Lage bekannt ist; der Rhythmus, in dem das Wasser an den Schiffsrumpf schlägt, kann zu den verschiedenen kreuz und quer verlaufenden Wellenmustern in Beziehung gebracht werden, die für diesen Teil des Pazifiks typisch sind; der Flug der Vögel läßt vermuten, in welcher Richtung eine nahe Insel liegt. Noch interessanter ist hier aber die kognitive Landkarte, in die diese Information eingefüllt wird. Sie basiert auf einer begrifflichen Struktur, die die Puluwataner *Etak* nennen. Obschon elegant und systematisch, ist sie doch anders als alle bekannten westlichen Arten, Bewegung in einer Umgebung darzustellen.

Grundlegende Richtungen im Etak sind durch die Orte am Horizont bestimmt, wo bestimmte Sterne aufgehen. Der Seefahrer kennt den Sternkurs zwischen jedem Inselpaar. (Der ostwärts führende Kurs von Puluwat nach Truk z. B. ist der gegen den Ort des Aufgangs von Atair hin; die Puluwataner nennen ihn den „großen Vogel“.) Unglücklicherweise sind die Sterne selbst nur unzuverlässige Informationsquellen zur Richtungsbestimmung. Man kann sie bei Tag und in bewölkten Nächten nicht sehen, und sogar in klaren Nächten stehen sie nicht unendlich lange über dem Punkt, an dem sie aufgegangen sind. Zudem ist es oft unmöglich, genau auf den

Zielpunkt hin Kurs zu nehmen. Ein ungünstiger Wind nötigt vielleicht zu einigem Kreuzen, fünfzig oder hundert Meilen in falscher Richtung. So muß der Seefahrer sehr genau beachten, wie lange und in welcher Richtung er fährt. Diese Fahrt beschreibt er aber weder in Meilen noch in einer anderen Maßeinheit der linearen Distanz.

Das Boot bewegt sich auf seiner Fahrt relativ zu anderen, nahe gelegenen Inseln. (Nahe gelegen meint in diesem Zusammenhang im allgemeinen 50 bis 100 Meilen weg und weit hinter dem Horizont.) Man könnte also sagen, daß sich die Inseln relativ zum Boot bewegen: genau so sagen es die Puluwataner. Vom Standpunkt des Seefahrers aus gesehen, wechselt eine bestimmte *Bezugsinsel*, die er im Kopf hat, ständig ihre Sternrichtung in bezug auf das Boot. Sie mag beispielsweise „unter Atair" aufbrechen und unter dem kleinen Bären ankommen (siehe Abbildung 5). In der Zwischenzeit „kommt" sie im Verlauf der Reise an einigen anderen Sternen „vorbei". Ihre aufeinanderfolgenden Sternpositionen teilen die Reise in entsprechende Abschnitte oder Etaks. Die Lage und die Distanzen werden so definiert, als ob das Boot selbst unter dem Sternenhimmel stillestehen würde, während die Bezugsinsel (für jede Reise zwischen zwei Inseln gibt es

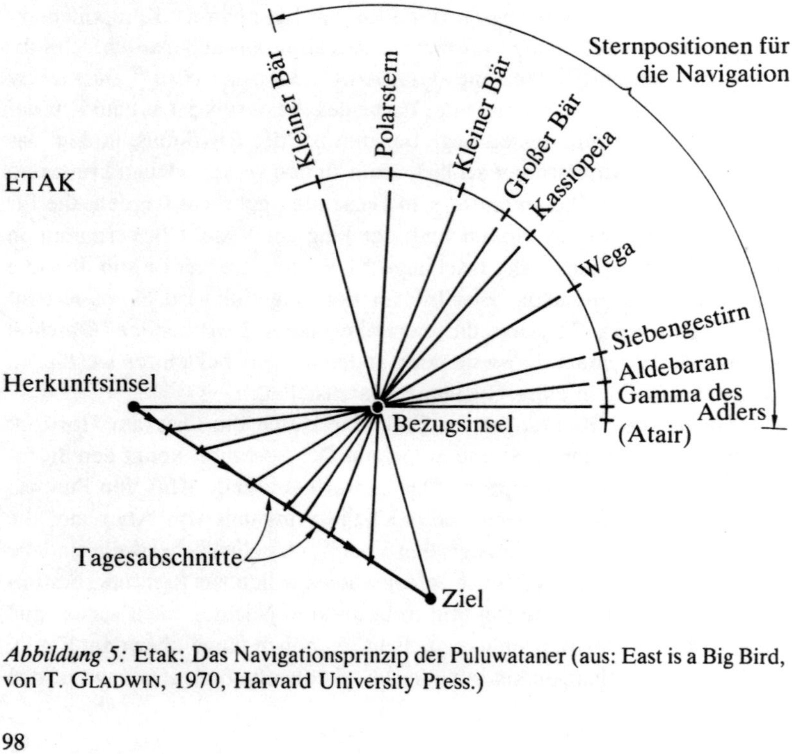

Abbildung 5: Etak: Das Navigationsprinzip der Puluwataner (aus: East is a Big Bird, von T. GLADWIN, 1970, Harvard University Press.)

eine) langsam rückwärts gleiten würde. Diese Methode gilt nicht nur für den Hauptkurs, sondern auch für das Kreuzen; in diesem Fall sagt man von der Ziel-Insel, sie bewege sich langsam um zwei oder drei Sternpositionen zurück, bis der Seefahrer weit genug gefahren ist und die entgegengesetzte Richtung ansteuert.

Etak ist das organisierende Prinzip der kognitiven Landkarte, das die Leistung des Seefahrers ermöglicht. Es dient, wie jedes Orientierungsschema, dazu, Information aufzunehmen und Handlung zu leiten; im vorliegenden Fall leitet es die visuelle Suche nach erwarteten Meereszeichen und bestimmt die Richtung, die das Boot einschlagen muß. Wahrnehmungsschemata sind darin eingebettet, weil Wahrnehmen ein Teil des Segelns ist. Wenn der Seefahrer Puluwat bei Tage verläßt, bestimmt er seinen Kurs, indem er über das Heck auf die Insel zurückblickt: bestimmte Bäume, Felsen usw. müssen in einer Linie liegen, wenn er auf dem richtigen Kurs ist. Er richtet das Boot so lange, bis diese Dinge richtig aussehen, denn dann weiß er, daß er richtig segelt. Dieselben Handlungen dienen sowohl dem Wahrnehmen wie auch dem Fahren.

Das Etak-Prinzip ist hoch abstrakt. Die Bezugsinsel sieht man nie, und die Sternpositionen, unter denen sie sich „bewegt", sieht man kaum je. Der größte Teil der relevanten Information ist berechnet, sie kommt von Meereszeichen, Wellenmustern und Vögeln, doch der Seefahrer bezieht sie auf die imaginäre Bewegung einer fernen Insel unter den Punkten durch, an denen unsichtbare Sterne aufgehen, ohne ein Zeichen zu hinterlassen. Es überrascht nicht, daß westliche Beobachter große Mühe hatten, so ein System zu begreifen. Manchmal zogen sie den Schluß, die Etak-Inseln müßten potentielle Schutzinseln sein, zu denen der Schiffahrer bei einem Sturm segeln könne. Die Art dieses Irrtums gilt es zu beachten: er ist eine allzu konkrete Interpretation der abstrakten Idee des Navigators. Wenn Bewohner ferner Inseln einen solchen Irrtum begingen, wenn sie *unsere* abstrakten Begriffe interpretierten, waren wir allzu oft rasch bereit zu schließen, ihr Denken sei ärmer als das unsrige.

Das Bild der Stadt

Kognitive Landkarten gibt es überall. Wir alle wissen, was wir auf unserem Heimweg nach der nächsten Hausecke zu erwarten haben; wir alle können Ausflüge zu hundert Orten hin planen und unsere Erwartungen dem Weg entlang überprüfen, wenn wir einen unternehmen; wir alle können neue Abkürzungen einschlagen mit einer gewissen Ahnung, wohin sie führen. Diese Fähigkeiten sind uns selbstverständlich, aber sie sind keineswegs uninteressant. Besonders gut dargestellt werden sie im Buch von Kevin LYNCH *The Image of the City* (Das Bild der Stadt).[18] LYNCH interviewte Einwohner von Boston, Jersey City und Los Angeles und fragte sie unter anderem, was ihnen zuerst in den Sinn komme, wenn sie über die Stadt nachdenken würden, was ihnen begegnen würde, wenn sie die Strecke zwischen zwei bestimmten Punkten zurücklegen würden. Auf der Grundlage ihrer Antworten und grober Pläne, die seine Versuchspersonen zeichneten, behandelt er die „Bilder" oder die kognitiven Landkarten, die diese Städte nahelegen.

Solche kognitive Landkarten schließen im allgemeinen bestimmte charakteristische Merkmale ein. *Merkpunkte (landmarks)* wie Türme, ungewöhnliche Bauten oder Denkmäler spielen eine wichtige Rolle, weil man sie aus der Distanz leicht entdecken kann. *Wege (paths)* sind die Routen, meist Straßen, auf denen sich der Stadtbewohner bewegt, und *Knoten (nodes)* sind die wichtigen Punkte, an denen verschiedene Wege zusammentreffen. *Distrikte (districts)* sind Gebiete der Stadt, die durch eine leicht erkennbare kulturelle oder geographische Eigenschaft gekennzeichnet sind. *Umgrenzungen (edges)* schließlich sind die durch etwas Sichtbares gegebenen Grenzen eines Distrikts oder anderer Bereiche: Flüsse, Schnellstraßen und ähnliches. Diese Eigenschaften definieren die Struktur der Stadt, so wie diese Struktur von ihren Einwohnern verstanden und verwendet wird.

Kognitive Landkarten und Wahrnehmungsschema sind in zweifacher Weise aufeinander bezogen; beides kann durch LYNCHs Analyse illustriert werden. Zunächst *ist* eine kognitive Landkarte im wesentlichen ein Wahrnehmungsschema, wenn auch in einem größeren Maßstab; sie nimmt Information auf und leitet die weitere Erkundung. Es sollte uns daher nicht überraschen, wenn wir sehen, daß Objektschemata auch Elemente enthalten, die jenen sehr ähnlich sind, die LYNCH beschreibt. HOCHBERG hat betont, daß dies oft der Fall ist.[19] Aufzeichnungen von Augenbewegungen zeigen, daß auffallende Eigenschaften von Objekten oft als Merkpunkte (landmarks) dienen; sie sind von weit weg zu sehen (d. h. im peripheren Sehen) und die Augen kehren oft zu ihnen zurück. Die Bewegungen unserer Augen werden auch deutlich von Umgrenzungen (edges) bestimmt, vor allem von den wirklichen Kanten der Objekte. Zudem ist es offensichtlich, daß viele natürliche Gegenstände Teilbereiche besonderer Bedeutung haben, die den Distrikten entsprechen: das Gesicht eines Menschen oder der Stamm eines Baumes. Nur Wege und Knoten fehlen, vielleicht, weil die erkundenden Augenbewegungen *ballistisch* sind. Wenn einmal ein Auge auf einen neuen Fixationspunkt hin in Bewegung gesetzt worden ist, kann es seinen Weg nicht verändern, bis es dort angelangt ist; unterwegs wird wenig Information aufgenommen. Daher bieten die Wege, die das Auge zurücklegt, nicht die Art kontinuierlicher Information, die für die Entwicklung eines Schemas wesentlich ist, und sie werden in der Wahrnehmung nicht beachtet.

Merkpunkte und Umgrenzungen kommen in der wirklichen Stadt vor; ähnlich sind die entsprechenden Wahrnehmungsschemata in der kognitiven Landkarte dieser Stadt eingebettet. Die Schemata sind aber nicht bloß Komponenten der Landkarte; auch sie leiten Wahrnehmung und nehmen Information auf. Der Stadtbewohner weiß, wie die kritischen Merkmale *aussehen*; mit anderen Worten, er weiß, wie er sie *ansehen* muß, und etwa, was er sehen wird, wenn er hinschaut. In gewissem Sinn weiß er auch, was er zu sehen erwarten kann, wenn er sich ihnen nähert oder an ihnen vorbeigeht. Genau aus diesem Grund sind sie wesentliche Merkmale für ihn. Das illustriert eine allgemeine Eigenschaft kognitiver Organisation. Einheiten auf verschiedenen „Ebenen" sind nicht bloß sequentiell aufeinander bezogen, so daß die auf der tieferen Ebene den höheren Informationen zuführen; sie sind vielmehr verschachtelt, und jede steht in ihrer eigenen zyklischen Beziehung mit der in der Umgebung verfügbaren Information.

Ein Aspekt der kognitiven Landkarte muß noch nur Sprache kommen, und er könnte sich als der interessanteste von allen erweisen. Der Stadtbewohner benutzt sein Orientierungsschema nicht nur, wenn er sich in der Stadt bewegt; er kann es auch benutzen, wenn er ruhig daheim im Sessel sitzt oder wenn er von einem Stadtplaner interviewt wird. So ein Schema kann von seiner ursprünglichen Funktion gelöst und als unabhängige Informationsquelle verwendet werden. So wie man sie erkunden kann, so kann man sich seine Stadt auch vorstellen. Es ist kein Zufall, daß LYNCH seinem Buch den Titel gab *„Das Bild der Stadt"*. Es gibt eine enge Beziehung zwischen kognitiven Landkarten und Vorstellungsbildern, denen wir uns nun zuwenden wollen.

Anmerkungen

[1] Ich folge GIBSONS (1966) Terminologie, nach der Wahrnehmungssysteme eher durch die Art der Information definiert werden, die sie aufnehmen, als durch ein bestimmtes End-Organ. Das Wahrnehmungssystem des Hörens z. B. schließt die am beweglichen Kopf angebrachten Ohren ein; das haptische System umfaßt die Haut, die Gliedmaßen, die Muskeln, die Gelenke wie auch das Nervengewebe.

[2] Der unbewegliche Beobachter mit dem eingespannten Kopf kann immer noch auf die Augenbewegungen zurückgreifen. Tatsächlich muß er zumindest kleine Augenbewegungen machen können, wenn er weiterhin irgend etwas sehen soll (künstlich stabilisierte Netzhautbilder bewirken rasch ein völliges Verblassen der visuellen Wahrnehmung). Augenbewegungen sind aber kein Ersatz für die echte Erkundung der Umgebung, weil sie keine neue Information über die relative Lage von Objekten vermitteln.

[3] In einer Umwelt von normaler Vielfältigkeit bringt auch die kleinste Kopfbewegung neue Teile von Objektoberflächen in das Gesichtsfeld und verdeckt andere. Das führt zum „Zuwachs (accretion)" oder der „Löschung (deletion)" (KAPLAN, 1969) der Elemente der Mikrostruktur, die zu denselben Objekten gehören, wenn sie von anderen enthüllt oder verdeckt werden. Größere Bewegungen verdecken oder enthüllen ganze Gegenstände oder Ansichten.

[4] J. J. GIBSON (1966, S. 207).

[5] TOLMAN (1948).

[6] DOWNS und STEA (1973) haben neulich eine Sammlung von Texten über kognitive Landkarten zusammengestellt.

[7] Diesen Punkt hat Kevin LYNCH überzeugend dargestellt, dessen Buch *„The Image of the City"* ein Markstein (!) oder Wendepunkt (!) in der Geschichte dieses Bereichs war.

[8] BOULDING (1961, p. 3). Dieser Abschnitt wurde auch von MILLER, GALANTER & PRIBRAM (1960) zitiert.

[9] Dieses übliche kognitive Modell ist in fast jedem Lehrbuch zu finden: LINDSAY & NORMAN (1972), MASSARO (1975), KLATZKY (1975) und auch NEISSER (1967). Es war besonders erfolgreich in bezug auf die Ergebnismuster, die man in tachistoskopischen und Reaktionszeit-Experimenten erhielt (STERNBERG, 1966, 1975; POSNER & MITCHELL, 1967; POSNER, BOIES, EICHELMAN & TAYLOR, 1969). Doch sogar in diesem Bereich traten ernste Schwierigkeiten auf, wenn man kategorisierbares oder sinnvolles Material verwendete (JONIDES & GLEITMAN, 1972; WHEELER, 1970). CRAIK & LOCKHART (1972) haben es auch auf gewisse Gedächtnisphänomene anzuwenden versucht, als sie die Ansicht vertraten, Wörter würden entsprechend ihrer vorgängigen Verarbeitungstiefe erinnert. Auch dieser Ansatz stieß auf Schwierigkeiten (CRAIK & TULVING, 1975).

[10] Neuere, elegante Nachweise der gegenseitigen Unterstützung ablaufender Wahrnehmungsaktivitäten enthalten den „word-superiority-effect" (WHEELER, 1970; JOHNSTON & MCCLELLAND, 1975), einen ähnlichen Effekt mit Konturenzeichnungen und ihren Komponenten, den WEISSTEIN & HARRIS (1974) beschreiben, und einen Effekt der allgemeinen Kohärenz beim tachistoskopischen Sehen natürlicher Szenen (BIEDERMAN, 1972; BIEDERMAN, GLASS & STACY, 1973).

[11] Eine bedeutende neue Technik zur hierarchischen Analyse von Handlungssequenzen wurde kürzlich von NEWTSON (1976) entwickelt; sie benutzt die Fähigkeit eines Beobachters, kohärente Einheiten im Verhalten einer anderen Person aufzufinden.

[12] J. J. GIBSON hob diesen Punkt in *Perception of the Visual World* (1950) hervor und hat ihn seither in verschiedener Hinsicht erweitert. Neuere Untersuchungen der optischen Fließmuster (flow patterns) sind die von JOHNSTON, WHITE & CUMMING(1973), NAKAYAMA & LOOMIS (1974), WARREN (1976).

[13] LEE & ARONSON (1974); LISHMAN & LEE(1973). Noch einfacher ist die Methode der Illusion des „rotierenden Duschvorhanges", die lange Zeit wichtiges Inventarstück der psychologischen Laboratorien war.

[14] HUTTENLOCHER (1974, S. 347).

[15] MENZEL (1973). Natürlich gibt es eine große Anzahl weiterer Beispiele. Die lange Kontroverse um das Ortslernen (place learning) bei Ratten z. B. zeigte schließlich zu jedermanns Zufriedenheit, daß diese Tiere Merkzeichen verwenden, Abkürzungen nehmen, ihren Weg von neuen Startpositionen zu ihren angestammten Zielplätzen finden und sich neue Möglichkeiten der Fortbewegung aneignen, wenn alte unbrauchbar geworden sind usw.

[16] Menzel (1973, S. 943–944).
[17] Gladwin (1970).
[18] Lynch (1960). Dieses Buch führte zu einer Menge weiterer Forschungen über andere Städte und andere Aspekte kognitiver Landkarten. Eine Zusammenfassung dieser Arbeiten bieten Downs & Stea(1973). Lynch selbst hat seine Analyse in „*What Time is This Place*" (1972) ausgedehnt, um die historischen wie auch die geographischen Aspekte des Stadtlebens mit einzubeziehen.
[19] Hochberg (1975).

Kapitel 7
Vorstellen und Erinnern

Lange Zeit betrachtete man sie als allzu ungreifbares, allzu mentalistisches Thema, zu unwichtig, als daß man sich mit ihr befassen müßte – heute ist die Vorstellung als Thema kognitiver Forschung wieder im Schwange.[1] Das führte zu einer Anzahl wichtiger Entdeckungen und Wiederentdeckungen. Die Wirksamkeit von Vorstellungen als Hilfen für das Erinnern wurde wiederholt bestätigt; man hat nachgewiesen, daß Vorstellen und Wahrnehmen miteinander in Konflikt geraten können, zumindest unter gewissen Bedingungen; vom Durchmustern (scanning) oder vom Rotieren von Vorstellungsbildern hat man gezeigt, daß sie einen regelmäßigen und meßbaren Zeitaufwand erfordern.[2] Die eidetische Vorstellung, die gewisse außergewöhnliche Kinder vorweisen, wurde intensiv studiert[3], und man hat Bücher geschrieben über Menschen mit beachtlichen Vorstellungsfähigkeiten.[4]

Ein großer Teil dieser Arbeiten wurde in Begriffen des linearen kognitiven Modells interpretiert, das in Abbildung 1 karikiert ist. Das Modell legt nahe, daß ein visuelles Bild im wesentlichen ein „Wahrgenommenes" („percept") sei, das auf ungewöhnliche Art zustande gekommen sei. Es wird angenommen, daß Wahrgenommenes zwar normalerweise aus einer Verarbeitungssequenz entstehe, die mit einem Reiz beginne, daß es aber auch ohne solchen Auslöser geschaffen werden könne. Eine Kette von Prozessen, die irgendwo in der Mitte des Wahrnehmungsapparates entstehe statt an den Rezeptoren, könne noch immer mit Hilfe des Gedächtnisses ausgearbeitet werden und vielleicht den Ort des Bewußtseins erreichen. Wenn das geschehe, erfahren wir angeblich ein Vorstellungsbild. Um ein Stück Terminologie des neunzehnten Jahrhundert zu verwenden: Vorstellungen seien nichts anderes als „zentral hervorgerufene Empfindungen".

Es gibt gegenwärtig zwei Versionen dieser Theorie, die sich in bezug auf die Frage unterscheiden, ob der Verarbeitungsfluß zu Ende ist, wenn das Bewußtsein erreicht ist. Einige Psychologen vermuten, daß das Vorstellungsbild auch nach diesem Punkt manipuliert, untersucht oder weiter verarbeitet werden kann, wie wenn es ein Bild wäre, das die Person wirklich anschaut.[5] Das stimmt in gewissem Sinn mit unserer introspektiven Erfahrung überein, da wir unsere Vorstellungen anzuschauen scheinen. Andererseits aber hat es offensichtliche philosophische Nachteile: es muß ein völlig neuer Wahrnehmungsapparat angenommen werden, der dieses Anschauen übernehmen könnte. Unter dem Eindruck dieser Schwierigkeit ziehen es andere Theoretiker vor, anzunehmen, daß die ganze Verarbeitung sozusagen hinter den Kulissen geschehe und das bewußte Vorstellungsbild bloß eine epiphänomenale Spur bereits vollendeter Arbeit sei.[6]

Beide Versionen der linearen Theorien haben einige Schwierigkeiten, wenn sie erklären sollten, warum Vorstellungen und Wahrgenommenes nicht systematisch miteinander vermengt werden. Wie weiß die Person, ob der vorliegende Inhalt ihres Bewußtseins ihren Anfang bei einem äußeren Reiz genommen hatte? Tatsächlich wissen wir das fast immer, zumindest wenn wir wach sind. Obschon ein Experiment von PERKY oft zitiert wird als Beweis dafür, daß Wahrgenommenes und Vorstellungen verwechselbar seien, hat es doch schwerwiegende Fehler und konnte bisher nicht wirklich repliziert werden.[7] Die alltägliche Erfahrung weist darauf hin, daß das Gegenteil wahr ist. Obschon das Wahrnehmen und das Vorstellen eines Gegenstandes etwas Gemeinsames haben, sind sie doch leicht unterscheidbare Vorgänge.

Dieses Kapitel wird einen Ansatz zur Lösung dieses Problems anbieten, der direkt aus der Darstellung von Wahrnehmung in den vorangehenden Kapiteln hervorgeht. Vorstellen ist nicht Wahrnehmen, aber Vorstellungen sind wirklich Derivate von Wahrnehmungsaktivität. Genauer gesagt, sind sie die *antizipatorischen Phasen* dieser Aktivität, Schemata, die der Wahrnehmende für andere Zwecke aus dem Wahrnehmungszyklus herausgelöst hat. Vorstellen wird normalerweise nicht mit Wahrnehmen verwechselt, weil letzteres dauernde Aufnahme neuer Information einschließt. Nur wenn diese Aufnahme verzögert oder unterbrochen ist, erscheint die Vorstellung. Weil dies bei der Fortbewegung unvermeidlich ist und regelmäßig geschieht, sind die kognitiven Landkarten die am meisten benutzten und am wenigsten strittigen Vorstellungsbilder.

Vorstellungen als Wahrnehmungsantizipationen

Der Begriff des *geistigen Vorstellens* wird gewöhnlich durch eine lose Sammlung von Vorgängen definiert, unter denen auch die eigenen Introspektionen sind, anderer Leute Berichte über ihre Introspektionen und eine Reihe mehr oder weniger objektiver, experimenteller Verfahren. Die hier vertretene Hypothese soll nicht nur zu den experimentellen Resultaten, sondern auch zu vielen introspektiv gegebenen Phänomenen passen. Ich glaube, daß die Erfahrung, ein Vorstellungsbild zu haben, nur der innere Aspekt der Bereitschaft ist, dieses vorgestellte Objekt wahrzunehmen, und daß die Unterschiede in der Art und der Qualität der Vorstellungen verschiedener Menschen die Unterschiede in der Art der Information, die sie aufzunehmen bereit sind, widerspiegeln. Manche Menschen finden es natürlich zu sagen, sie „sähen" ihre Vorstellungsbilder, wogegen andere diese Worte völlig ablehnen. Es ist schwierig zu merken, inwieweit diese individuellen Unterschiede von der zufälligen Verwendung eines Vergleiches kommen und inwieweit sie wirkliche Unterschiede im visuellen System dieser Menschen wiedergeben. Wenn allerdings Vorstellungen Beispiele von Wahrnehmungsbereitschaften sind, würde man gewiß erwarten, Unterschiede in der Genauigkeit, im Ausmaß und in Einzelheiten der Information, die sie antizipieren, zu finden.

Vorstellen und Sehen sind grundlegend verschieden. Die kognitiven Landkarten und die Objektschemata, die als Vorstellungen erscheinen, wenn sie isoliert vorkommen, haben die Tendenz, sich mit dem Akt der Fortbewegung und der Wahrnehmung zu vermischen, wenn sie während einer laufenden Tätigkeit erscheinen. Sie sind nur Teile des Wahrnehmungszyklus, nicht der ganze Zyklus und nicht sein Objekt. Wenn sie isoliert vorkommen, erfahren wir sie als Vorstellungen, nicht als Gesehenes. Jedermann hat solche Erfahrungen, wie immer er sie auch nennen mag und welche Strukturebene und welche Einzelheiten sie auch immer erreichen mögen. Vorstellungen sind nicht Reproduktionen oder Kopien früherer Wahrnehmungen, weil Wahrnehmen nicht in erster Linie eine Sache des Habens von Wahrgenommenem ist. Vorstellungen sind nicht Bilder im Kopf, sondern Pläne, um mehr Information aus möglichen Umgebungen zu erhalten.

Gemäß dieser Sichtweise sind menschliche Wesen nicht die einzigen Lebewesen, die mit Vorstellungsbildern ausgestattet sind. Jeder Organismus, der die Anordnung von Dingen in seiner Umgebung antizipieren kann, hat kognitive Landkarten; jeder, der die Bereitschaft erstellen kann, Information zur genaueren Erfassung eines bestimmten Objektes aufzunehmen, kann sich dieses Objekt vorstellen. Das muß für sehr viele Tierarten wie auch für sehr kleine Kinder gelten. Es gilt aber auch für sprachfähige Erwachsene, und deren introspektive Berichte stellen der Hypothese einige Probleme. Das erste Problem stellt sich durch die Existenz der Introspektion selbst: wenn Vorstellungen eher Antizipationen sind als Bilder, was geschieht dann, wenn wir sie beschreiben? Diese Frage muß auf das nächste Kapitel verschoben werden, das sich ausdrücklich mit Sprache und Beschreibung befaßt. Das andere Problem drängt mehr und hat den Leser vielleicht schon beschäftigt. Es ergibt sich offensichtlich aus jedermanns Introspektion, daß wir uns Dinge vorstellen können, die wir eigentlich nicht erwarten. Das Wort „vorgestellt, imaginär" (imaginary. Vorstellungen = images) selbst deutet an, daß Vorstellungen alles andere als realistische Antizipationen der Zukunft sind. Wie ist das zu verstehen?

Wenn jemand ein Vorstellungsbild beschreibt, existiert gemäß dieser Hypothese das Ding, über das er spricht, nicht in einem abgesonderten und verschwommenen Bereich des Geistes; es ist ein wirklich oder möglicherweise wahrnehmbares Ding aus dieser Welt. Das bedeutet allerdings nicht, daß es real sein muß. Es ist das Wesen der Antizipationen, daß sie Dinge betreffen, die so geschehen können, die aber nicht schon vorhanden sind. Außerdem ist nicht einzusehen, warum jemand mit einer Vorstellung glauben sollte, der entsprechende Gegenstand sei bloß um die Ecke herum zu finden oder könnte etwa wirklich vor ihm erscheinen. Um sich etwas vorstellen zu können, von dem man weiß, daß es unwirklich ist, ist nur notwendig, daß man seine visuellen Bereitschaften von den allgemeinen Ahnungen davon, was wirklich geschehe, trennt, und sie in Schemata einer anderen Art einbettet. Wenn man sich neben sich ein Einhorn vorstellt – obschon man ganz sicher ist, daß ein Einhorn ausschließlich ein Fabelwesen ist – so macht man sich bereit, die visuelle Information aufzunehmen, die ein Einhorn bieten würde, ungeachtet dessen, daß man sich völlig bewußt ist, daß diese Bereitschaft umsonst ist. Ich weiß nicht, ob Tiere zu solchen schematischen Umordnungen fähig sind, sicher brauchen Kinder recht viel Zeit, um sie zu beherrschen. Jedenfalls scheinen sie Erwachsenen durchaus leicht zu fallen. Entsprechend der vorgeschlagenen Hypothese sind sogar Vorstellungen, die der Wirklichkeit widersprechen, potentiell wirksame Antizipationen. Wenn die richtige Art von Einhorn irgendwie neben einer Person erscheinen würde, die sich eines vorgestellt hat, sähe sie es schneller und leichter, als wenn sie sich etwas anderes vorgestellt hätte. Experimentelle Nachweise, die diese Voraussage unterstützen, werden unten behandelt.

In gewissem Sinne umfaßt das Vorstellen eines Einhorns zwei gleichzeitige und sich widersprechende Antizipationen: es zu sehen und es nicht zu sehen. Während die erste durch visuelle Schemata entwickelt wird, wird die zweite durch tiefere und weniger labile kognitive Systeme aufrechterhalten. Das braucht sich nicht zu widersprechen; die visuellen Schemata sind üblicherweise in andere eingebettet und teilweise durch sie kontrolliert. Wir können uns willentlich Dinge vorstellen, aus Gründen die wenig oder nichts mit unserer wahrnehmungsmäßig gegebenen Umwelt zu tun haben. Manchmal sind die Gründe offensichtlich genug: vielleicht hat uns gar ein Experimentator darum gebeten, eine Vorstellung heraufzubeschwören, weil seine Untersuchung das von uns verlangt. Häufig aber können wir wenig oder nichts darüber sagen, warum uns etwas in den Sinn gekommen ist. Vorstellungsbilder symbolisieren oft Antizipationen oder Wünsche, die vorbewußt oder unbewußt sind, in dem Sinn, wie FREUD diese Worte brauchte. Diese symbolischen Prozesse sollen hier nicht weiter behandelt werden; hier geht es mir eher um das Wesen der Vorstellung als um ihre Zweckbestimmung.[8]

Die Fähigkeit, unsere Antizipationen aufzuteilen, herauszulösen und zu manipulieren, ist außerordentlich wichtig. Ich glaube, sie ist die grundlegende Operation in allen sogenannt höheren geistigen Prozessen. Vorstellungen sind nur ein Beispiel, im nächsten Kapitel werde ich zeigen, daß Sprache ein weiteres ist. Wie kommt es zu diesem Herauslösen? Es gibt da viele Möglichkeiten, die meisten werden uns angeboten – und von uns verlangt – von den Praktiken und den Institutionen der Kultur, in der wir aufwachsen. Die höheren geistigen Prozesse sind im wesentlichen soziale Erscheinungen, die durch kognitive Werkzeuge und typische Situationen, die sich im Lauf der Geschichte herausgebildet haben, ermöglicht wurden. Die Vorstellungsbilder aber sind zumindest teilweise Ausnahmen dieser Regel. Das Herauslösen von Vorstellungsbildern aus der unmittelbaren Umgebung ist zumindest in einer Situation unvermeidlich, die wir alle kennen, in der Fortbewegung.

Kapitel 6 hat betont, daß kognitive Landkarten im wesentlichen Orientierungsschemata sind, in ihrer Funktion ähnlich wie die weniger ausgedehnten Schemata, die uns zur Wahrnehmung von Gegenständen befähigen. Dennoch gibt es zwischen ihnen einen wichtigen Unterschied. Die aufeinanderfolgenden Phasen des Wahrnehmungszyklus folgen sich rasch, oft in Bruchteilen von Sekunden. Wahrnehmung braucht Zeit, aber nicht viel; die Antizipationen, Angleichungen und raschen Blicke, die diese Zeit ausfüllen, sind sehr kurz. Fortbewegung aber ist ein langsames Geschäft. Es ist unvermeidlich, daß es längere Strecken gibt, während derer die sich bewegende Person Gegenstände und Orte antizipiert, die noch nicht in ihrem Gesichtsfeld sind. Das heißt, daß sie oft Schemata aufrechterhält, die ihrer unmittelbaren Umgebung und all dem, was sie gerade tut, recht wenig angemessen sind. Unter diesen Bedingungen muß eine zunehmend losgelöste Verwendung von Orientierungsschemata zum Gemeinplatz werden. Daraus ergibt sich eine bemerkenswerte Übereinstimmung darüber, was kognitive Landkarten sind; weit mehr als darüber, was Vorstellungen im engeren Sinn seien. Eine andere Folge dieser Situation ist, daß jedermann Orientierungsschemata für andere Zwecke als für die Fortbewegung verwenden kann, zumindest wenn man ihn darauf aufmerksam macht. Eine dieser Möglichkeiten ist die Grundlage der ältesten und wirksamsten Gedächtnisstütze.

Die Methode der Orte

Jedes Tier, das seinen Weg in der Welt finden kann, legt gerade dadurch eine wirksame und vielseitige Art von Gedächtnis an den Tag. Wenn es unterwegs ist, antizipiert es zu jedem Zeitpunkt Information, die dann noch nicht verfügbar ist, auf der Grundlage einer kognitiven Landkarte, die es bei einer früheren Gelegenheit entwickelt hat. Dieses Orientierungsschema wird zu jedem Zeitpunkt weiter verändert, und diese Veränderungen werden für das nächste Mal, wenn es verwendet wird, ihre Spuren hinterlassen. Diese Fähigkeit ist für das Anpassungsverhalten von Menschen wie auch von Ratten und Schimpansen grundlegend, doch wir wissen überraschend wenig über sie. Wie werden kognitive Landkarten erworben? Welche Art von Information enthalten sie in verschiedenen Stadien ihrer Entwicklung? Wie werden sie durch Erfahrung verändert? Unter welchen Bedingungen werden sie vergessen? Welche Arten von Ähnlichkeiten führen dazu, daß Orientierungsschemata für verschiedene Umgebungen verwechselt werden? Da es für die wenigsten dieser Fragen experimentelle Antworten gibt,[9] können hier nur ein paar vage Verallgemeinerungen angeboten werden.

Es ist offensichtlich leicht, unseren kognitiven Landkarten neue Informationen beizufügen, wenn wir in der Umgebung eine Veränderung bemerken: daß die Brücke wegen Bauarbeiten gesperrt ist oder daß die Katze auf dem Sofa eingeschlafen ist. Solche Information ist bemerkenswert dauerhaft und kann leicht erinnert werden, wenn auch der Grad an Einzelheiten, die darin enthalten sind, von einem Fall zum nächsten und von einer Person zur andern stark variieren. (Ein Teil der Variation widerspiegelt einfach die Unterschiede darin, wieviel Information am Anfang aufgenommen worden war.) Es ist besonders wichtig, daß wir auch dann unseren kognitiven Landkarten Informationen beifügen können, wenn uns von Situationsveränderungen nur berichtet wird, ohne daß wir sie selbst wahrnehmen. Wir können unsere Wahrnehmungsantizipationen und unsere geplanten Wege auf der Basis von verbaler Information allein ändern. Veränderungen, die auf diese Weise zustande kommen, sind jenen nicht gleichwertig, die direkte Wahrnehmung hervorbringt, weil wir nicht mit den Objekten selbst einen Wahrnehmungszyklus eingegangen sind. Dennoch können diese Veränderungen beträchtlich sein und nachhaltig wirken.

In gewissem Ausmaß sind die kognitiven Landkarten dem Vergessen unterworfen, d. h. ihre Einzelheiten können mit der Zeit verloren gehen. Das Vergessen in diesem Sinn ist allerdings weniger stark, als man annehmen könnte; freudig merken wir manchmal, daß wir noch nach Jahren in einem einst bekannten Gebiet unseren Weg finden können. Was vergessen wird, betrifft eher kleine Details eingebetteter Schemata als die alles umfassende Struktur. Zumindest würde man das aufgrund der Analogie mit den Arbeiten über sprachliches Material voraussagen, bei dem die Gesamtbedeutung eines Satzes oder einer Geschichte weit länger überlebt als die einzelnen Wörter, die sie gebildet hatten.[10]

Die meisten Fehler, die beim Gebrauch kognitiver Landkarten geschehen, sind wahrscheinlich weniger auf ein allgemeines „Vergessen" als auf eine Art Verwechslung oder Interferenz zurückzuführen. Wir haben oft mehr als eine kognitive Landkarte von einer bestimmten Umgebung entwickelt. Als wir sie das letzte Mal sahen, war die Brücke vielleicht für den Verkehr geöffnet und die Katze lag vielleicht auf der Decke. Unter dieser Bedingung müssen wir wissen, welche kognitive Landkarte jetzt die passende ist, um uns richtig zu erinnern; wir müssen also wissen, welche vor kürzerer Zeit entstanden ist. Wenn kein Merkmal der kognitiven Landkarte mehr diesen relativen Zeitpunkt angibt (was oft geschehen wird, wenn einige Zeit verstrichen ist), werden Fehler vorkommen. Das Finden und Erinnern von Routen ist daher vor allem dann für Fehler anfällig, wenn sich eine Situation oft verändert (wie der Standort einer Katze), und am wenigsten dann, wenn eine Situation relativ stabil ist (wie der Standort eines Bauwerks).

Die Tatsache, daß kognitive Landkarten relativ lange erhalten bleiben und doch leicht verändert werden können, macht sie für Gedächtnisaufgaben geeignet. Die Methode der Orte, die die Griechen in alten Zeiten erfunden haben, nutzt diese Tatsachen. Wer nach dieser Methode vorgeht, macht sich zuerst mit einer Reihe bestimmter Punkte auf einer Route oder einem Weg vertraut. (In der Antike war das oft ein Gang durch einen großen Tempel, der viele verschiedene Nischen und Statuen hatte; heute mag das Universitätsgelände geeigneter sein.) Wenn eine solche kognitive Landkarte einmal gelernt ist, kann sie immer wieder für Gedächtnisaufgaben benutzt werden. Um sich eine zufällige Reihe von Dingen im Gedächtnis einzuprägen, muß man sich die aufeinanderfolgenden Dinge nur vorstellen, als ob sie sich an den aufeinanderfolgenden, bereits bekannten Orten befinden würden. Um sie ins Gedächtnis zurückzurufen, muß man nur auf diesem Weg geistig spazierengehen; die Dinge werden alle wohlbehalten an ihrem Ort anzutreffen sein.[11]

Es gibt keinen Zweifel an der Wirksamkeit dieser Methode. Sie erlaubt dem, der sie anwendet, sich eine Liste irgendwelcher Länge in einem einzigen Durchgang zu merken, vorausgesetzt, daß er vorher eine kognitive Landkarte mit genügend verschiedenen Orten aufgebaut hat. Sie wirkt bei jedermann, sogar bei Menschen, die zu Beginn bestreiten, überhaupt Vorstellungsbilder zu haben. Nach vielen Demonstrationen vor Studenten suche ich noch immer den Studenten, der sie nicht verwenden könnte. Vor einigen Jahren entwickelte eine Gruppe meiner Studenten einen Kurs über Gedächtnis und Vorstellung und führten ihn mit 12- bis 15jährigen Schülern durch. Jeder Schüler verstand und verwendete die Methode der Orte.[12]

Die allgemeine Wirksamkeit dieses Gedächtnissystems ist leicht zu erklären. Unsere Vorstellung eines Objektes an einem bestimmten Ort ist einfach die Bereitschaft, Information zur genaueren Bestimmung dieses Objekts aufzunehmen, wenn wir zu diesem Ort kommen. Jedermann hat von einer ihm vertrauten Umgebung eine kognitive Landkarte, in die die Schemata vieler einzelner Orte eingebettet sind, und er kann antizipieren, was er an jedem dieser Orte nacheinander sehen würde. Jeder, der eine kognitive Landkarte aufgrund von verbaler Information verändern kann und später die verbale Beschreibung dessen geben kann, was er zu sehen bereit ist, kann die Methode der Orte verwenden, um Zufallslisten zu gliedern und ins Gedächtnis zurückzurufen.

Assoziation, Vorstellung und Gedächtnis

Auch auf andere Weise benutzt man Vorstellungen, um sich an Dinge zu erinnern. Im experimentellen Vorgehen, das man „Paarassoziation“ nennt, lernt die Versuchsperson eine große Anzahl Wortpaare (zum Beispiel *Hai-Krippe*) so lange, bis sie das zweite Glied jedes Paares aus dem Gedächtnis nennen kann, sobald man ihr das erste zeigt. Eine Liste von zwanzig solchen Paaren muß viele Male wiederholt werden, wenn man sie mit gewohnten Mitteln lernen will. Das Lernen geht viel rascher, wenn der Versuchsperson gesagt wird, sie solle sich Vorstellungsbilder dieser Objekte in einer Interaktion ausdenken: sie solle sich den Hai *in* einer Krippe oder beim *Verschlingen* einer Krippe vorstellen. Diese Methode wird nicht funktionieren, wenn man sich die Objekte nur unverbunden nebeneinander vorstellt, sie müssen in einer Beziehung stehen. Zudem nützt sie wenig, wenn die Paare, die gelernt werden sollen, aus abstrakten Wörtern wie *Gerechtigkeit* oder *Resultante* bestehen, sie müssen konkret sein.[13]

Diese Gedächtnisstütze beruht auf Objektschemata, so wie die Methode der Orte auf Orientierungsschemata beruht. Wahrnehmung ist wie Fortbewegung eine zyklische Aktivität, die Antizipation und Informationsaufnahme einschließt. Jede Verzögerung zwischen der Antizipation und der Aufnahme führt zu einem Zustand unerfüllter Wahrnehmungsbereitschaft, und der innere Aspekt dieses aktiven Schemas ist ein Vorstellungsbild. Ein Vorstellungsbild eines Haifischs in einer Krippe heraufzubeschwören heißt nichts anderes, als man sich dazu bereit macht, die Information aufzunehmen, die so ein unwahrscheinlicher Anblick bieten würde.

Es ist wichtig zu beachten, daß ein wirklicher Hai in einer wirklichen Krippe andere Information bieten würde als ein Hai, den man allein sähe. Die Stäbe würden Teile seines Körpers verdecken, obschon eine kleine Kopfbewegung des Betrachters genügen würde, sie in Sicht zu bringen. Wenn zwei Objekte in einer engen räumlichen Beziehung stehen, nimmt der Wahrnehmungszyklus einen anderen Verlauf, als wenn beide einzeln gesehen werden. Entsprechend wird unser Schema eines gegebenen Objekts verändert, wenn wir antizipieren, es in einem bestimmten Kontext zu sehen. Wir alle nehmen täglich solche Veränderungen vor. Der Umstand, daß ich meine Lieblingspfeife im Aschenbecher im Wohnzimmer liegengelassen habe, bedeutet, daß meine jüngsten Pläne, sie zu sehen, einschließen, den Aschenbecher (oder um ihn oder durch ihn) zu sehen. Wenn ich nun versuche, mich zu erinnern, wo ich sie gelassen habe, spiegelt mein Schema der Pfeife diese Wahrnehmungspläne wider, d. h. es ist ein Vorstellungsbild der Pfeife im Aschenbecher. Wenn ich nur eine Pfeife hätte und sie nur einmal liegengelassen hätte, könnte ich es mit diesem Vorstellungsbild unmöglich verfehlen, mich daran zu erinnern, wo sie ist.

Aber natürlich irre ich mich darin oft. Die Methode hat nur dann Erfolg, wenn ich mir das richtige Schema in Erinnerung rufe: meine Pfeife in jenem besonderen Aschenbecher, den Hai in der Krippe und nicht die Filmreklame für den „Weißen Hai“. Wenn viele Schemata vorhanden sind, was zeichnet das richtige aus? Oft dient der dazugehörige Kontext (Schemata, in die es eingebettet ist) diesem Zweck, wenn ich mich etwa daran erinnere, daß ich Pfeife geraucht habe, wie ich mich am frühen Abend mit meiner Frau unterhalten habe. Auch ist es gewöhnlich leicht, ein vor kurzem entwickeltes Schema von älteren zu unterscheiden, vielleicht weil etwas von seinem inneren Kontext – zugrundeliegende Einstellungen, Pläne, Gefühle – in die Zeit hineinreicht, in der man sich zu erinnern sucht. Wenn Information dieser Art fehlt, wird man wahrscheinlich vergessen. Vielleicht raten deswegen professionelle Gedächtniskünstler eher zu bizarren, unüblichen Vorstellungsbildern als zu alltäglichen. Obschon einige neuere Experimente keine Überlegenheit der bizarren Bilder als Gedächtnisstützen nachweisen konnten,[14] traue ich diesen Ergebnissen nicht recht. Solche Experimente macht man üblicherweise mit naiven Versuchspersonen, für die die ganze Situation notwendigerweise einen außerordentlichen Kontext schafft, und gewöhnlich prüft man die unmittelbare Gedächtnisleistung, nicht die nach einiger Zeit.

Diese Interpretation des Erinnerns mit Vorstellungsbildern erklärt, weshalb die in Frage stehenden Objekte in einer Interaktion vorgestellt werden müssen und nicht einfach nebeneinander stehend. Zwei Objekte stehen in einer Interaktion – im hier gemeinten Sinn –, wenn ihre räumliche Beziehung einen Unterschied dafür ausmacht, wie sie aussehen und wie wir sie ansehen würden. Es ist besser, sich den Hai in der Krippe drin vorzustellen als nur neben ihr, weil nur die erste dieser Beziehungen unser Schema für das Sehen von Haifischen verändert. Die Hypothese erklärt ebenso, warum die Wörter in der Assoziationsaufgabe eher konkret sein sollten als abstrakt. Genauer gesagt bietet sie eine Definition von *konkret*, die für diese Aufgabe anzuwenden ist. Ein Wort ist dann und nur dann konkret, wenn es etwas nennt, das man wahrnehmen kann, d. h. etwas, das sensorische Information in einer Art vermittelt, daß man sie antizipieren kann. (Natürlich können wir uns mit Vorstellungsbildern auch bei abstrakten Wörtern erinnern, wenn wir sie irgendwie zu konkreten in Beziehung bringen, indem wir uns etwa „Gerechtigkeit – Resultante" so merken, daß wir uns einen auf einem Reh reitenden Sultan auf einer Waage bildlich vorstellen.)

Es gehört zum Wesen des Schemas, daß es Dinge darstellen kann, die vorübergehend verborgen sind. Obschon mein Mantel jetzt im Schrank hängt, kann ich einen Teil der Information antizipieren, die dann verfügbar würde, wenn ich zum Schrank gehen und ihn öffnen würde. Auf diese Weise kann man sich Objekte vorstellen, die in einem anderen Objekt verborgen oder durch ein anderes verdeckt sind, so gut wie man sich Objekte in einer völlig sichtbaren Interaktion vorstellen kann. Wenn Vorstellungen geistige Bilder wären, ginge das nicht; kein gewöhnliches Bild kann ein Objekt in einem anderen drin zeigen. Wenn sie aber Antizipationen sind, brauchen sie nicht auf das beschränkt zu sein, was man von einem einzigen Standpunkt aus sehen kann. Das bedeutet, daß es dem Gedächtnis ebensoviel helfen sollte, wenn man sich eine verdeckende, nicht abzubildende Beziehung zwischen zwei Dingen vorstellt, wie wenn sie abgebildet werden könnte. Nancy KERR und ich konnten vor einigen Jahren zeigen, daß das so ist.[15] Obschon unsere Versuchspersonen introspektiv meinten, ihre Vorstellungen der verdeckten Objekte seien weniger „lebendig" („vivid") oder weniger „gut" als andere Vorstellungen, waren sie als Gedächtnisstütze nicht weniger wirksam.

Die bewußte Verwendung von Vorstellungsbildern ist nur eine Art, sich an Dinge zu erinnern, doch die Prinzipien, womit ich sie zu erklären versuchte, sind ziemlich allgemeingültig. Man ist versucht, sich auszudenken, daß man eine vollentwickelte Gedächtnistheorie diesen Leitlinien entlang konstruieren könnte. In einer solchen Theorie würde die wiederholte Darbietung desselben Materials eher eine zu entdeckende Regelmäßigkeit als eine Methode zur Verstärkung einer einzelnen Gedächtnisspur darstellen. Da Schemata nicht verschwinden, könnten sie (herausgelöst oder nicht) für das Erinnern verantwortlich sein; zum Vergessen käme es immer dann, wenn der vorliegende Input nicht spezifisch genug wäre, um ein Schema eindeutig zu spezifizieren. Mit einigen zusätzlichen Hypothesen (besondere Eigenschaften verbaler Schemata wären z. B. nötig, um das Kurzzeitgedächtnis im Laboratorium zu erklären) könnte diese Auffassung wohl zu vielen bekannten experimentellen Phänomenen passen: Wirkungen des Kontextes, die Spezifität der Enkodierung, proaktive Hemmung und ihre Lösung, Kategorienbildung und ähnliches. Der Versuchung soll hier aber nicht nachgegeben werden. In diesem Buch wird keine Gedächtnistheorie angeboten.

Tatsächlich ist unser systematisches Wissen über das Erinnern, wie es im alltäglichen Leben vorkommt, gering. Fast alle Phänomene, die heute eine Theorie erklären muß, sind äußerst künstlich: Aufsagen von Listen sinnloser Silben aus dem Gedächtnis, Wiedererkennen von Photographien aus einer langen Reihe, die man vorher der Versuchsperson aufgedrängt hatte, und so weiter. BARTLETT erkannte dieses Problem vor vielen Jahren,[16] doch seine Forderung nach genauer Wiedergabe seitenlanger „Geschichten", die man bei früherer Gelegenheit gelesen hatte, war fast ebenso unrealistisch. Heutige Neo-BARTLETTianer stellen ihren Versuchspersonen wieder die Aufgabe, kurze Texte zu behalten,[17] doch der Scharfsinn ihrer Methoden ändert nichts daran, daß keine gewöhnliche Person so etwas täte, wenn sie nicht müßte. (Die Leute lesen natürlich Bücher, aber Psychologen haben kaum untersucht, was sie danach wissen.[18] Schauspieler lernen ein Stück Linie für Linie, aber nicht mit den Methoden, die in jenen Experimenten verwendet worden sind.) Neuerdings interessiert man sich dafür, wie Kinder Behaltensfertigkeiten entwickeln,[19] doch das Hauptgewicht liegt auf künstlichen Aufgaben, die hochspezifische Strategien erfordern. Kulturvergleichende Untersuchungen haben klar gemacht, daß diese Strategien eine Art Nebenprodukt der formalen Erziehung sind,[20] aber wir wissen noch immer nicht, wie oder warum. Noch wichtiger ist, daß wir noch immer kaum systematische Kenntnis davon haben, wie sich jemand an Ereignisse erinnert, die er miterlebt hat (obschon nun einige Forschungsarbeiten zu dieser Frage zu erscheinen beginnen[21]), an Menschen, die er kennengelernt hat, an Mitteilungen, die er ausrichten soll oder daran, wo er seine Pfeife liegengelassen hat. Solange wir nicht mehr wissen über das Gedächtnis in seinem natürlichen Kontext, in dem es sich entwickelt und normalerweise gebraucht wird, muß das Theoretisieren unreif bleiben.

Tastsinn und Geschmack

Bis hierhin hat sich unsere Behandlung von Vorstellungsbildern und Gedächtnis vor allem auf visuelle Vorstellungen und Antizipationen beim

Schauen konzentriert. Das ist wohl angemessen, weil visuelle Vorstellungen die am besten untersuchten und wahrscheinlich die am häufigsten benutzten Gedächtnishilfen sind. Dennoch sind wohl hier einige Bemerkungen über andere Sinnessysteme nicht fehl am Platz.

Ein großer Teil der Information über unsere Umgebung, die wir üblicherweise durch das Sehen aufnehmen, könnte auch durch haptische Exploration erreicht werden. Viele Eigenschaften nahe gelegener Objekte und ihre Lage können wir erfassen, wenn wir sie betasten und befühlen. Da solche Information antizipiert werden kann, kann sie in kognitiven Landkarten und Vorstellungen enthalten sein. Ich meine nicht, daß haptische Information irgendwie in einer visuellen Form rekodiert werde, sondern daß Schemata Explorationen in verschiedenen Sinnesmodalitäten gleichzeitig leiten und relevante Antizipationen für sie alle entwickeln. Gewiß bestimmen wir als sehende Wesen vor allem durch unsere Augen, wo etwas liegt, weil das Sehen die am leichtesten zugängliche und genaueste Information über räumliche Beziehungen liefert. Mit den Händen aber entdecken wir die Zusammensetzung, die Oberfläche und das Gewicht eines Objektes und seine Reaktion auf unser Betasten und Drücken. Alle diese Eigenschaften können in Vorstellungsbildern repräsentiert sein, ungeachtet ihres sensorischen Ursprungs. Unsere Antizipationen sind so durch und durch integriert, daß Dinge hart oder rauh oder schwer aussehen können (obschon das Betasten die endgültige Information über diese Eigenschaften liefert) und sich zwei Zentimeter breit anfühlen können (obschon Experimente gezeigt haben, daß im Zweifelsfall die visuelle Information über Größe und Lage entscheidend ist[22]). Der grundlegende Prozeß ist die Wahrnehmung von Objekten und Ereignissen, und dazu wird alle irgendwie verfügbare Information verwendet.

Diese Überlegungen lassen vermuten, daß kognitive Landkarten nicht visuell zu sein brauchen, auch wenn sie eine Art Vorstellungsbilder sind. Auch Blinde können Orientierungsschemata haben, ja sind auf sie angewiesen, wenn sie umhergehen wollen. Sie haben bestimmt auch Vorstellungen einzelner Objekte, d. h. Antizipationen der Information, die sie erhalten würden, wenn sie diese Objekte haptisch erkunden würden. Daraus folgt, daß sie auch fähig sein sollten, Vorstellungsbilder als Hilfe für das assoziative Gedächtnis zu verwenden, wie das Sehende tun. Neuere Forschungsarbeiten mit Versuchspersonen, die von Geburt an blind waren, zeigen, daß das so ist.[23]

Bevor ich dieses Thema verlasse, will ich ein wenig über die Rolle eines weiteren Sinnessystems für das Gedächtnis spekulieren, über die Rolle des Geschmacks. Möglicherweise ist der Geschmackssinn passiver als der Gesichts- und der Tastsinn. Wenn eine Substanz einmal im Mund ist, ist die

Information durch den Geschmack wohl ziemlich die gleiche, was der Schmeckende auch tun mag. Auch wenn man verfeinerte Antizipationen eines Geschmacks entwickeln kann (ein guter Küchenchef weiß, wie seine Zutaten in einer neuen Kombination schmecken werden), ist doch die Geschmackserfahrung selbst nicht sehr beeinflußbar. Das mag erklären helfen, warum einem das, was man nach langer Zeit wieder einmal schmeckt, eigenartig nahe und vertraut sein kann, so daß es eine Flut von Erinnerungen herbeizubringen vermag.[24] Weil das Sehen von der durch das Schema geleiteten Exploration abhängt, sehen wir kaum zweimal dasselbe Objekt auf die genau gleiche Weise. Wenn sich die zweite visuelle Begegnung lange nach der ersten ereignet, werden sich die relevanten Schemata in der Zwischenzeit fast sicher verändert haben; wir werden die Objekte anders anschauen und werden zumindest ein wenig andere Information aufnehmen. Wenn aber ein Geschmack passiver aufgenommen wird, können zwei zeitlich weit auseinanderliegende Geschmackserfahrungen derselben Substanz nahezu identisch sein und dadurch ein besonders lebendiges Wiedererkennen hervorrufen.

Das Vorstellungsbild manipulieren

Wenn Vorstellungsbilder Antizipationen sind, sollten sie die folgende Wahrnehmung erleichtern. Die Wahrnehmungsbereitschaft ist nicht ein Nebenprodukt der Vorstellung, sondern ihr Wesen. Eine Wahrnehmungseinstellung (set) für eine Sache zu haben heißt, ein Vorstellungsbild zu haben. Je präziser das Vorstellungsbild die kommende Information spezifiziert, desto wirksamer wird die Einstellung sein. Das ist oft nachgewiesen worden; besonders eindrücklich haben es kürzlich Michael POSNER und seine Kollegen demonstriert.[25] Eine Versuchsperson, die eben einen bestimmten Buchstaben – sagen wir A – gesehen hat, wird ein anderes A rascher als denselben Buchstaben identifizieren, wenn es in der genau gleichen Form erscheint wie vorher, langsamer aber dann, wenn es als Kleinbuchstabe erscheint. Ähnlich erleichternd wirkt es, wenn man der Versuchsperson nicht zeigt, sondern nur *sagt*, welcher Buchstabe kommen wird, so daß sie sich diesen im voraus vorstellen kann.

POSNER erklärt dieses und ähnliche Ergebnisse dadurch, daß er eine kognitive Struktur postuliert, die er den „visuellen Kode" des Buchstabens nennt.[26] Buchstaben werden identifiziert, indem sie mit solchen Kodes verglichen werden, und eine geeignete Vorgabe kann einen bestimmten Kode in Bereitschaft setzen. Offensichtlich haben die Begriffe *Kode* und *Schema* vieles gemeinsam, und es mag schwierig sein, zwischen ihnen in derartigen Experimenten zu unterscheiden. Der Vorteil von *Schema* ist, daß es sich leicht auf das natürliche, kontinuierliche Sehen generalisieren läßt, bei dem der Sehende selbst aktiv über gewisse Zeit hin nach Information sucht. Tatsächlich wurde dieser Begriff ja eingeführt, um solche, aktive Wahrnehmung zu erklären. Im Gegensatz dazu scheint ein Kode eine passive Entdeckungsvorrichtung zu sein; wer einen Kode hat, kann nur geduldig darauf warten, daß die richtige Reizkonfiguration erscheint. Ich vermute, daß sich die besonderen Eigenschaften von Kodes, die man aus Experimenten mit Reaktionszeiten erschlossen hat – ihre Latenz, ihre Organisation in seriellen oder parallelen Strukturen –, als wenig generell erweisen werden.

Wenn Vorstellungsbilder antizipatorische Schemata sind, sollten sie von antizipatorischem Verhalten begleitet sein. Insbesondere wäre es nicht erstaunlich, wenn man herausfinden würde, daß Menschen ihre Augen in einer Art bewegen, die geeignet wäre, um Information über vorgestellte Objekte oder Ereignisse aufzunehmen. Es ist nicht leicht, diese Behauptung mit alltäglichen Vorstellungsbildern zu überprüfen, weil die Augenbewegungen, die wir beim Betrachten der meisten Dinge machen, nicht bestimmt sind. Wer einen Stuhl anschaut, fixiert vielleicht die Sitzfläche, schaut der Rücklehne entlang und sieht sich ein Bein nach dem anderen an, oder er führt viele andere Arten visueller Exploration aus. Sogar wenn es einen natürlichen Ablauf der Durchmusterung (scanning) gibt, braucht ihm der nicht zu folgen, der im Vorstellen geübt ist. Obschon er gewissermaßen bereit ist, das Objekt zu sehen, weiß er bestimmt, daß es nicht erscheinen wird. Welche Antizipation seine Augenbewegungen wirklich kontrolliert, wird von vielen Faktoren abhängen: von seinen allgemeinen Plänen und Intentionen, von seinen Erfahrungen mit Vorstellungen, die der Wirklichkeit widersprechen, von der Dominanz eines bestimmten Durchmusterungs-Ablaufs für die fraglichen Ereignisse, usw. Experimentell konnte gezeigt werden, daß Personen, die sich systematische *Bewegungen* vorstellen wie beispielsweise die eines Tischtennisspiels, dazu tendieren, ihre Augen im erwarteten Muster zu bewegen.[27] Dasselbe Prinzip, so kann man annehmen, gilt für Träumende. Obschon es offensichtlich auch andere Ursachen für die raschen Augenbewegungen (rapid eye movements) im Traum gibt (sie sind bei Neugeborenen, decortizierten Katzen und blind geborenen Personen beobachtet worden), konnte man manchmal herausfinden, daß diese Bewegungen dem vorstellungsmäßigen Inhalt des Traums entsprach.[28] Selbstverständlich sieht der Träumende nicht zuerst ein imaginäres Objekt und bewegt dann seine Augen, um es zu betrachten. Er antizipiert, etwas zu sehen, plant, es zu betrachten, und führt dann so viel von seinem Plan aus, wie er kann.

Diese Überlegungen erklären, weshalb Vorstellungsbilder manchmal die Wahrnehmung stören und umgekehrt. Sich eines vorzustellen und das andere anzuschauen ist so schwierig, wie zwei Dinge gleichzeitig anzuschauen – was, wie wir in Kapitel 5 gesehen haben, wirklich schwierig sein kann. Derartige Interferenzen wurden zuerst von BROOKS[29] nachgewiesen, der zeigte, daß es Versuchspersonen schwer fällt, eine visuell geleitete Reaktion zu produzieren, während sie aus dem Gedächtnis eine visuelle Form beschreiben, so wie es ihnen auch schwer fällt, ein Vorstellungsbild zu manipulieren, während sie Anweisungen lesen. Seine Befunde sind wiederholt bestätigt worden.[30] Es gab auch ein paar (umstrittene) Nachweise dafür, daß geleitete visuelle Aktivität mit der Verwendung von Vorstellungsbildern als Gedächtnishilfe interferiert.[31] Solche Ergebnisse werden meist so gedeutet, daß Vorstellen etwas aus dem gleichen „Mechanismus" braucht wie Wahrnehmen. Die vorliegende Hypothese spezifiziert diese Interpretation. Wahrnehmen ist eine zyklische Aktivität, die eine antizipatorische Phase einschließt; Vorstellen ist Antizipation, die allein geschieht.

Die Antizipationshypothese erklärt ein anderes interessantes, experimentelles Ergebnis. KOSSLYN[32] hat gemessen, wie rasch Personen über unbedeutende Einzelheiten eines vorgestellten Objekts Auskunft geben können; er fand raschere Antworten für Objekte, die man sich groß oder nahe vorstellte, als für jene, die man sich weit weg oder klein vorstellte. Er interpretiert seine Ergebnisse so, daß ein großes Vorstellungsbild im wesentlichen wie ein großes (und daher leicht zu untersuchendes) Bild sei, wogegen ein kleines Vorstellungsbild wie ein kleines Bild zuerst vergrößert werden müsse, bevor man es brauchen könne. Das ist keineswegs die einzig mögliche Interpretation. Mir scheint, daß Pläne für das Anschauen ferner oder kleiner Objekte notwendigerweise anders sein müssen, als die für das Betrachten von Dingen, die groß und in der Nähe sind. Die Suche nach kleinen Einzelheiten verträgt sich mit Plänen der zweiten Art, nicht aber mit jenen der ersten Art. Versuchspersonen, die sich kleine Einzelheiten vorstellen sollen, während sie sich ein winziges, in der Ferne liegendes Objekt vergegenwärtigen, sind in einer eigentlichen Interferenzsituation, wie diejenigen bei BROOKS.

Bevor wir dieses Kapitel abschließen, müssen wir eine letzte Reihe von Vorstellungsexperimenten betrachten, die vielleicht die scharfsinnigsten von allen sind. Es sind die Studien der mentalen Rotationen, die SHEPARD, COOPER und ihre Mitarbeiter durchgeführt haben. In der ersten dieser Untersuchungen wurden den Versuchspersonen zwei Bilder geometrischer Objekte gezeigt, und sie wurden gefragt, ob in beiden ein gleiches Objekt abgebildet sei. Die beiden Objekte waren oft in verschiedener räumlicher Lage abgebildet, so daß die Versuchsperson eines davon im Geist rotieren mußte, bevor sie bestimmen konnte, ob es mit dem anderen identisch sei. Es ergaben sich Reaktionszeiten in linearer Abhängigkeit vom Ausmaß der Rotation: je größer der Unterschied in der Lage der beiden Objekte war, desto später kam die Antwort.[33] Die Versuchspersonen führten offensichtlich die mentalen Rotationen mit einer gleichmäßigen Geschwindigkeit durch.

Die folgenden Untersuchungen gingen diesen Prozeß der mentalen Rotation anders an. Darin ist der Reiz ein Großbuchstabe (oder eine spezifische, aber bedeutungslose Form), den die Versuchsperson zum voraus kennt. In jedem Versuchsdurchgang muß die Person nur sagen, ob er in der normalen oder in einer spiegelbildlichen Form gezeigt wird. Die Antwort ist dadurch erschwert, daß er in jeder Lage, von 0° bis 360° rotiert, dargeboten werden kann. Zu Beginn eines jeden Durchgangs entwickelt die Versuchsperson ein Vorstellungsbild der normalen Form und beginnt, sie mit einer gleichmäßigen Geschwindigkeit geistig zu rotieren, die wirkliche Form wird dann in einem nicht vorausbestimmten Augenblick dargeboten. Es zeigt sich, daß die Zeit bis zur Entscheidung davon abhängt, wie sehr die wirkliche Lage der plötzlich gezeigten Form von der Lage abweicht, die das Vorstellungsbild in demselben Augenblick erreicht hat.[34]

Um diese Ergebnisse zu verstehen, müssen wir in Betracht ziehen, wie wirkliche, rotierende Objekte wahrgenommen werden. Nehmen wir beispielsweise an, daß wir das Gesicht eines Akrobaten anschauen wollen, der einen Salto macht. Dazu benötigen wir ein Schema, das Information über die Geschwindigkeit und die Richtung seiner Drehung aufnimmt, und das die Informationsaufnahme hinsichtlich des Ortes leitet, an dem sein Kopf im nächsten Augenblick sein wird. Jeder Wahrnehmende, der dies erfolgreich tun kann, wird auch imstande sein, sich eine solche Drehung nur dadurch vorzustellen, daß er seine antizipatorischen Schemata aktiviert, ohne daß ein Akrobat da sein muß. Seine Vorstellung besteht dann aus der Bereitschaft, gewisse Arten von Information von einem gegebenen Teil eines sich bewegenden Körpers aufzunehmen. Diese Bereitschaft ist genau das, was in diesen Experimenten demonstriert wird: Personen nehmen Informationen am raschesten in derjenigen Lage auf, die sie schon im Kopf haben. Wie es COOPER gesagt hat: „. . . während einer mentalen Rotation durchläuft der innere Prozeß eine Reihe von Phasen, und in jeder dieser Phasen ist die Versuchsperson besonders darauf vorbereitet, daß ihr ein bestimmtes äußeres Objekt in einer bestimmten Lage dargeboten wird."[35]

Weniger sicher bin ich darin, weshalb die Rotation der Erwartung in jenen Untersuchungen mit einer so geringen und gleichmäßigen Geschwindigkeit vor sich gehen sollte. Im allgemeinen können wir unsere Vorstellungsbilder ohne Rücksicht auf wirkliche Distanzen nach Belieben um uns verschieben: ich benötige nicht mehr Zeit dazu, mir ein Haus vorzustellen, das ich einmal in England gesehen habe, als eines meiner Heimatstadt. Der Grund für die konstante Geschwindigkeit muß irgendwie in der Anforderung liegen, daß ein Vorstellungsbild erhalten bleiben muß, während es verändert wird: *dieser* Buchstabe oder *dieses* Objekt muß in eine neue Lage rotiert werden. Vielleicht wird künftige Forschung dieses Problem klären.

Anmerkungen

1 Eine Anzahl neuerer Bücher bestätigt dieses Interesse: RICHARDSON (1969), HOROWITZ (1970), SEGAL (1971 b), PAIVIO (1971), SHEEHAN (1972), CHASE (1973).

2 Genauere Hinweise auf diese Untersuchungsergebnisse folgen weiter unten in diesem Kapitel.

3 Die eidetische Vorstellung bei Kindern – die Aussage des Kindes, daß es ein Bild eine Minute oder so weiterhin sieht, nachdem man es aus dem Gesichtsfeld entfernt hat – bleibt kontrovers. HABER & HABER, die das Studium der eidetischen Vorstellung mit ihrem Paper von 1964 wiederbelebt hatten, haben einige ihrer Ansichten aufgrund neuer Beweise revidiert (LEASK, HABER & HABER, 1969). Verschiedene Untersuchungen haben sehr verschiedene Ergebnisse gebracht über so grundlegende Fragen wie das Vorkommen eidetischer Vorstellung, seine Genauigkeit und das Ausmaß, in dem sie wirklich gleich wie die Erfahrung des Sehens ist. GRAY & GUMMERMAN (1975) bieten eine nützliche Zusammenfassung dieser Arbeiten. Was mich betrifft, so denke ich am ehesten, daß eidetische Kinder Vorstellungsbilder wie andere Menschen haben, aber dabei an anderen Aspekten interessiert sind und dazu gekommen sind, eine andere Art von introspektiver Beschreibung und von Metaphern zu verwenden. Das Phänomen konnte offensichtlich nie bei Erwachsenen gefunden werden, außer bei kulturvergleichenden Testsituationen, bei denen die Probleme der Übersetzung, der Kriterien, der sozialen Erwartungen und der verschiedenartigen Metaphern wahrscheinlich für die beachtliche Verschiedenheit und Inkonsistenz der Ergebnisse verantwortlich sind (DOOB, 1964, 1965, 1966, 1970; FELDMAN, 1968). Erstaunliche visuelle Erinnerungen fand man gelegentlich bei erwachsenen Personen, wo diese Kommunikationsprobleme keine Rolle spielten (z. B. LURIA, 1968; STROMEYER, 1970; STROMEYER & PSOTKA, 1970; GUMMERMAN & GRAY, 1971), doch sie scheinen sehr verschieden zu sein von der eidetischen Vorstellung bei Kindern, wie auch sehr verschieden untereinander. Die Vorstellungsbilder solcher Personen überdauern nicht nur den Reiz um ein paar Sekunden, um dann zu verblassen, sondern können willentlich wieder hervorgerufen werden. Ich kann keine vernünftige theoretische Darstellung dazu anbieten.

4 LURIA (1968).

5 Z. B. KOSSLYN (1975). Die meisten Theoretiker scheuen sich davor, die Bildtheorie gerade heraus zu vertreten, doch sie ist oft implizit.

6 Z. B. PYLYSHYN (1973). BOWER, der einst etwas wie eine Auffassung des Bild-Anschauens hatte (BOWER, 1972), hat sie nun offensichtlich aufgegeben und nimmt

an, daß die wirklichen kognitiven Mechanismen anderswo sind (ANDERSON & BOWER, 1973).

[7] PERKY (1910) ließ naive Versuchspersonen ein bestimmtes Vorstellungsbild auf eine Leinwand „projizieren", auf der ein wirkliches optisches Bild desselben Objekts heimlich dargeboten wurde. Viele beschrieben dieses wirkliche Bild als ihr eigenes Vorstellungsbild, doch der Anforderungscharakter der Situation ließ ihnen wenig Spielraum. (Versuchspersonen, die den Trick ahnten, wurden ausgeschlossen.) SEGAL (1971 a, 1972), der wiederholt PERKYs Ergebnisse zu replizieren versuchte, fand gelegentlich Fälle von Reiz-„Einverleibung" in das Vorstellungsbild, doch es gab wenig oder keine Versuchspersonen, die ein wirkliches Bild für ein vorgestelltes hielten.

[8] Die symbolischen Funktionen der Vorstellung werden im Kapitel 6 der *Kognitiven Psychologie* (1967) kurz diskutiert.

[9] Die Forschungen zu den kognitiven Landkarten wurden kürzlich von SIEGEL & WHITE (1975) zusammengestellt; verschiedene wichtige Untersuchungen haben PICK und seine Mitarbeiter beigetragen (KOSSLYN, PICK & FARIELLO, 1974; ACREDOLO, PICK & OLSEN, 1975). Ein Teil der durch Kevin LYNCHs Arbeiten angeregten Forschung (Kapitel 6, Anmerkung 18) ist auch hier relevant. Studien zum Gedächtnis für „Mikroumgebungen" – Anordnungen von Spielzeug oder Bilder davon – mögen etwas anzubieten haben (MANDLER & STEIN, 1974; MANDLER & PARKER, 1976; DIRKS & NEISSER, 1977), und es gibt auch ältere Literatur zu „Fingerlabyrinthen".

[10] SACHS (1967, 1974) zeigte, daß Versuchspersonen die Details einzelner Sätze fast sofort vergessen, während sie ihren semantischen Gehalt behalten; BRANSFORD und seine Kollegen zeigten, daß man ein Szenario, das eine Reihe von Sätzen dargestellt hatte, eher wiedererkennt, als die Sätze selbst (BRANSFORD & FRANKS, 1971; BRANSFORD, BARCLAY & FRANKS, 1972); TULVING & THOMSON (1973) zeigten, daß sogar das Wiedererkennen isolierter Wörter davon abhängen kann, daß man den bestimmten geistigen Kontext wiederherstellt, in dem sie gelernt worden waren.

[11] YATES (1966) übermittelt die faszinierende Geschichte der Methode der Orte von den Zeiten der Klassik bis in die Gegenwart. ROSS & LAWRENCE (1968) lieferten den ersten modernen, experimentellen Beweis ihrer Wirkung. BOWERS „Analyse einer Gedächtnismethode" (1970) bietet eine sehr lesenswerte Behandlung neuerer Forschung zu dieser Methode und zu ähnlichen Gedächtnismethoden mit einigen Spekulationen zu ihrer neurophysiologischen Basis. Jedes Buch, das zu besserem Gedächtnis verhelfen will, enthält entweder die Methode der Orte selbst oder eine Modifikation davon (z. B. FURST, 1948; LORAYNE & LUCAS, 1974).

[12] Eine kurze Behandlung dieses Kurses ist in NEISSER (1975) zu finden.

[13] Ein allgemeiner Überblick über diese Arbeiten erscheint bei PAIVIO (1971) und bei BOWER (1972). Besonders überzeugende Nachweise der Wirksamkeit von Vorstellung beim Lernen von Paarassoziationen sind die von BOBROW & BOWER (1969) und AIKEN (1971). Siehe ATKINSON (1975) für eine interessante Anwendung auf das schulische Lernen.

[14] COLLYER, JONIDES & BEVAN (1972); WOLLEN, WEBER & LOWRY (1972); NAPPE & WOLLEN (1973).

[15] NEISSER & KERR (1973).

[16] BARTLETT (1932).

[17] Unter den wichtigen modernen Studien zum Gedächtnis für Prosa sind die von SACHS (1967, 1974), DOOLING & LACHMAN (1971), BRANSFORD & FRANKS

(1971), BRANSFORD & JOHNSON (1973), PARIS & CARTER (1973). Alle folgen BARTLETTS Betonung der Wichtigkeit von Bedeutung und Verstehen für das Gedächtnis. JENKINS (1974) hat eine eindrückliche Darstellung einer „kontextuellen“ Theorie vorgelegt, in der er diese Arbeiten zu integrieren sucht. RUMELHART hat eine recht präzise Schematheorie darüber ausgearbeitet, wie kurze Geschichten verstanden und erinnert werden (RUMELHART, 1977; RUMELHART & ORTONY, 1977).

18 Eine neuere Studie aus Cornell (NEISSER & HUPCEY, 1975) ist ein Versuch in dieser Richtung.

19 Siehe z. B. FLAVELL (1970); BROWN (1975); KREUTZER, LEONARD & FLAVELL (1975).

20 COLE, GAY, GLICK & SHARP (1971); SCRIBNER & COLE (1973); SCRIBNER (1974).

21 LOFTUS & PALMER (1974); LOFTUS (1975).

22 Das ist das Ergebnis der meisten Experimente zur visuellen „Verwirrung“ („disarrangement“) (z. B. HARRIS, 1967; ROCK & HARRIS, 1965).

23 JONIDES, KAHN & ROZIN (1975).

24 Obschon PROUST diese Eigenschaft des Geschmacks vor langer Zeit gerühmt hat, gibt es keine Experimente, die sie bestätigen. Ich kenne aber Menschen, die von solchen Erfahrungen berichten.

25 Die grundlegenden Bedingungen für diese Art von Wahrnehmungssets wurden durch POSNER, BOIES, EICHELMAN & TAYLOR (1969) erforscht; eine wichtige Abänderung brachte BELLER (1971). Für einen Überblick über die Arbeiten mit dieser und ähnlichen Methoden siehe POSNER (1973 b). Natürlich war das Groß-Kleinbuchstabe-Paradigma keineswegs der erste Nachweis des Einstellungssets: solche waren jahrelang die Hauptbeschäftigung psychologischer Laboratorien. Vgl. HABER (1966) und mein Buch „Kognitive Psychologie“.

26 POSNER (1973 a).

27 ANTROBUS, ANTROBUS & SINGER (1964).

28 KOULACK (1972) hat kürzlich die experimentellen Beweise für eine Korrespondenz zwischen Augenbewegungen und Trauminhalt zusammengefaßt.

29 BROOKS (1967, 1968).

30 SEGAL & FUSELLA (1970), BYRNE (1974), SALTHOUSE (1974, 1975).

31 Der ursprüngliche Nachweis dafür von ATWOOD (1971) konnte nicht immer leicht repliziert werden. JANSSEN (1976) hat aber kürzlich unter anscheinend gut kontrollierten Bedingungen mehrmals ein ähnliches Ergebnis erhalten.

32 KOSSLYN (1975).

33 SHEPARD & METZLER (1971); METZLER & SHEPARD (1974). JUST & CARPENTER (1976) haben kürzlich gezeigt, daß Versuchspersonen häufiger zwischen den beiden Figuren hin und her schauen, wenn die Winkelunterschiede größer sind. Das ist genau die Art von explorativer Aktivität, die nach der vorliegenden Ansicht erwartet werden müßte. Dennoch zweifle ich daran, daß Augenbewegungen wesentliche Aspekte der mentalen Rotation sind; wie Augenbewegungen in anderen Arten von Vorstellungsbildern sind sie eher das Produkt der Schemaaktivität als ihre Ursache.

34 COOPER & SHEPARD (1973); COOPER(1975, 1976); COOPER & PODGORNY, 1975). HOCHBERG & GELLMAN (1976) haben gezeigt, daß solche Geschwindigkeiten bei der mentalen Rotation von der Verfügbarkeit von Merkpunkten (landmarks im Sinne von LYNCH) in den Darbietungen abhängen, obschon sie nicht notwendigerweise mit der Komplexität der Form variieren.

35 COOPER (1976, S. 296).

Kapitel 8
Sprachwahrnehmung und Sprechen

Ich nähere mich dem Thema Sprache mit beachtlichem Zögern. Die Linguistik kann einen das Fürchten lehren, und sogar ihr Stiefkind „Psycholinguistik" hat bereits eine überwältigende Menge an Forschung und Theorie hervorgebracht. Obschon ich es nicht wagen würde, eine dieser Disziplinen zusammenfassend darzustellen, kann ich ihren Gegenstand nicht völlig ignorieren. Zwei Aspekte der Sprachfertigkeit sollen hier behandelt werden. Erstens: da Sprechen etwas ist, was wahrgenommen werden kann, werden wir uns überlegen, welche Art von Information es dem vorbereiteten Zuhörer liefert. Zweitens: da sich Sprechen nicht nur auf wirklich vorhandene Ereignisse beziehen kann, sondern auch auf Vorstellungen und andere introspektiv gegebene, werden wir uns überlegen, wie diese Bezugsfunktion (referential function) entstehen könnte und wie sie auf Wahrnehmungsantizipationen ausgedehnt werden könnte.

Sprache als Ereignis

Laute informieren uns über Ereignisse. Während uns der Gesichts- und der Tastsinn befähigen, die gleichbleibende Umgebung zu erkunden, informiert uns der Hörsinn nur über Bewegung und Veränderung. Mit einigen wenigen Ausnahmen wie dem Donner werden natürliche Laute immer durch Objekte produziert, die in Bewegung sind (Echos sind ein Spezialfall). Dinge vibrieren, schlagen aufeinander oder reiben aneinander; wir hören Fußtritte und das Schlagen von Flügeln, Poltern und Reißen, Plätschern und Klirren. Die Laute *spezifizieren* diese Ereignisse. Das akustische Muster, das das Ohr erreicht, ist spezifisch für die Art, den Ort, die Bewegung und die Bedeutung der tönenden Objekte, so wie die optische Anordnung für die Objekte spezifisch ist, die das Licht reflektieren. Diese akustische Information kann von einem Wahrnehmenden aufgenommen werden, wenn er sie zu hören gelernt hat, d. h. wenn er geeignet eingestimmte und sich andauernd anpassende Schemata hat, die die Information aufnehmen können, wenn sie verfügbar wird, und sich auf das Kommende einstellen können.

Wenn das für natürliche Laute allgemein gilt, so muß es auch für Sprachlaute gelten. Sie stellen Information dar – doch worüber?

Es gibt eigentlich zwei Antworten auf diese Frage, weil Sprechen in bezug auf zwei verschiedene Klassen von Ereignissen informativ ist. Erstens gibt es Dinge, über die der Sprechende spricht. Das Sprechen übermittelt sicher Information über diese Dinge, das ist seine primäre Funktion. Zweitens aber (und ontogenetisch zuerst) gibt es die physikalischen Ereignisse, die die Sprachlaute selbst entstehen lassen. Sie sind nicht im geringsten rätselhaft; ein ganzer Wissenschaftszweig – die Phonetik des Artikulierens – widmet sich ihrem Studium. Die Sprachlaute werden im Mund der Menschen durch die Bewegung gewisser Organe gebildet, die man *Artikulatoren* nennt, vor allem durch die Zunge, die Wangen und die Lippen.

Gewiß, das ist eine allzu starke Vereinfachung. Der Laut entsteht tiefer unten im Stimmtrakt, durch den Ausstoß von Luft und ihren Weg zwischen den vibrierenden Stimmbändern. Wenn er aber die Welt außerhalb des Mundes erreicht, ist er durch die veränderbare Stellung der Artikulatoren „geformt" worden, die ihrerseits (hier schon eher buchstäblich) durch die Muskelaktivität des Sprechenden geformt worden sind. Sprechen heißt fein kontrollierte Bewegungen in gewissen Teilen unseres Körpers machen, mit dem Erfolg, daß die Information über diese Bewegungen in der Umwelt verbreitet wird. Aus diesem Grund werden die Sprechbewegungen etwa *artikulatorische Gesten (articulatory gestures)* genannt.

Eine Person, die Sprache wahrnimmt, nimmt daher Information über eine bestimmte Klasse wirklicher, physikalischer, berührbarer (wie wir sehen werden) Ereignisse auf, die in jemandes Mund geschehen. Natürlich sind das nicht Zufallsereignisse: sie haben eine Bedeutung. Der Sprecher bewegt seine Artikulatoren, wenn er Wörter oder, auf einer anderen Ebene, Ideen ausspricht, und erst in diesem weiteren Kontext werden ihre Bewegungen vorhersagbar oder kohärent. Nur diese Ebene der Kohärenz kann erklären, warum der Zuhörer Wörter und Bedeutungen zu hören scheint und nicht die Artikulationsereignisse selbst; die ersteren prägen seine Antizipationen. Eine ähnliche Situation haben wir schon beim Sehen betrachtet. Die Wahrnehmung eines visuell spezifizierten Ereignisses wie des Lächelns hängt von dem bestimmten Wahrnehmungszyklus ab, in den der Wahrnehmende eingetreten ist. Es ist eine Sache, Bereitschaften auf der Grundlage der Bedeutung des Lächelns zu entwickeln (vielleicht auf weitere Zeichen einer freundlichen Laune zu achten), ganz eine andere Sache aber, mehr Information über die derzeitige Geometrie des Gesichts des Lächelnden aufzusuchen. Anscheinend ist das erstere viel leichter als das letztere. Dasselbe Prinzip gilt für das Sprechen. Es ist viel natürlicher, Antizipationen über Artikulationsereignisse in Begriffen ihrer Syntax und ihrer Bedeutung zu entwickeln als in Begriffen ihrer Kinematik; so natürlich eigentlich, daß es fast banal wirkt, das andere überhaupt zu erwähnen.

Und doch hat der Umstand, daß Sprechen ein reales physikalisches Ereignis ist, wichtige Konsequenzen für die Art, wie wir es erfahren. Die grundlegenden aufeinanderfolgenden Einheiten, aus denen das Sprechen zusammengesetzt ist, die *Phoneme*, können besser durch die Bewegungen der Artikulatoren definiert werden als durch irgendeine einfache akustische Eigenschaft. Das Standardbeispiel um diese Tatsache zu illustrieren, ist das der Verschlußlaute: /d/, /t/, /b/ usw. Obschon Zuhörer diese Konsonanten leicht identifizieren können, ungeachtet des Vokals, der ihnen dann folgt, ist es gar nicht leicht, sie in akustischen Begriffen zu definieren. „Dig“ und „Do“ zum Beispiel hört man eindeutig mit demselben Phonem /d/ am Anfang. Wenn wir aber die akustischen Wellenformen oder die Spektogramme dieser Wörter untersuchen, ist es nicht im mindesten klar, was bei ihnen gleich sein soll; sie beginnen ziemlich verschieden. Auch können wir das Wesen des /d/ nicht mit einem Tonband fassen, wenn wir Wörter aufnehmen und vom Ende her abschneiden, bis nur noch /d/ bleibt; wenn einmal die Vokale weg sind, ist nichts mehr übrig auf dem Band als eine Menge seltsam tönender Zirplaute.[1] Es ist viel leichter zu verstehen, was ein /d/ sein könnte, wenn wir die Artikulationsbewegung betrachten, die es zu seiner Äußerung braucht: die Zunge des Sprechers berührt in jedem Fall ungefähr dieselbe Stelle in seinem Gaumen. Phoneme, die akustisch schwer zu charakterisieren sind, können leichter durch das Sprechereignis definiert werden.[2]

Diese Tatsache ist seit relativ langer Zeit bekannt, aber es scheint mir, sie sei oft falsch interpretiert worden. Einerseits konnte sie einige Psychologen beinahe von einer merkwürdigen Hypothese überzeugen, die man die „motorische Theorie der Sprachwahrnehmung“ nennt.[3] Entsprechend der motorischen Theorie können wir Sprache nur wahrnehmen, indem wir mit unserer Zunge und anderen Sprechorganen kleine Bewegungen in Übereinstimmung mit denen des Sprechers machen und dann diese Bewegungen kinästhetisch erfassen. Wie sonst sollten wir wissen können, was die Artikulatoren des Sprechers tun?

Aus vielen Gründen kann die motorische Theorie unmöglich richtig sein; ich habe sie anderswo besprochen[4], und es besteht kein Anlaß, es hier nochmals zu tun. Ich erwähne sie hier nur deshalb, weil oft die Auffassung, daß wir artikulatorische Bewegungen wahrnehmen, in diesem Sinn mißverstanden wird. Wenn nichts anderes als Schallwellen unsere Ohren erreichen, so hört man etwa fragen, wie könnten wir dann die Bewegungen kennen, die sie entstehen ließen, ohne einen speziellen Imitationsmechanismus? Betrachten wir einen entsprechenden visuellen Fall, um den Trugschluß in dieser Frage zu erkennen. Niemand (oder zumindest fast niemand) würde behaupten, daß wir die Bewegungen eines Tänzers nicht sehen können, ohne selbst zu tanzen, oder daß wir unser Gesicht verziehen müssen, um die Grimasse eines anderen wahrzunehmen. Warum sollte es nötig sein, unsere Lippen oder unsere Zunge zu bewegen, wenn wir die Artikulationsbewegungen eines anderen wahrnehmen wollen? In all diesen Fällen werden diese Ereignisse spezifiziert durch Ereignisse aus der Umgebung und optische oder akustische Informationen. Es besteht kein Grund, einen speziellen Mechanismus zu postulieren, wenn die Spezifikation akustisch und nicht wenn sie optisch ist. Unsere Sprache ist darin irreführend: sie erlaubt uns zu sagen, daß wir einen *Ton* hören, wenn wir in Wirklichkeit Ereignisse hören, läßt es aber unsinnig erscheinen zu sagen, daß wir *Licht* sehen, wenn wir eigentlich Dinge sehen. Tatsächlich sind diese beiden Fälle genau analog. Wir sehen Ereignisse (oder Dinge) mittels der Information, die im Licht verfügbar ist, und hören sie mittels der Information, die im Schall verfügbar ist. Obschon die schwierige Aufgabe noch nicht gelöst ist, eine wissenschaftliche Darstellung dieser Information zu geben, sollten wir sie nicht erschweren, indem wir einen unnötigen und mysteriösen Imitationsvorgang postulieren.

Dasselbe Argument entkräftet auch eine andere, heute noch bekanntere Hypothese. Die Komplexität eines Sprachsignals – die Tatsache, daß es keine offensichtlichen Entsprechungen zwischen einzelnen Phonemen und einzelnen Kombinationen von Schallwellen gibt – hat viele Theoretiker davon überzeugt, daß Sprachwahrnehmung irgendwie einzigartig sei. Sie wird anscheinend durch einen speziellen Mechanismus oder ein Nervenzentrum ermöglicht, die den kniffligen Kode des Signals mit Methoden knakken, die dem übrigen Nervensystem unbekannt sind.[5] In Wirklichkeit sind aber komplexe Informationsmuster, die in der Zeit übermittelt werden, in jeder Sinnesmodalität die Regel und nicht die Ausnahme. Die Freundlichkeit einer Bewegung ist in der veränderlichen optischen Anordnung ebenso tief „enkodiert" wie ein Wort in der akustischen Schallwelle. Sprachwahrnehmung ist eine knifflige Sache, doch sie braucht sich im Prinzip nicht von Wahrnehmungsvorgängen anderer Art zu unterscheiden.

Es mag weither geholt scheinen, Sprache als Artikulationsbewegungen zu beschreiben und Sprachwahrnehmung mit Bewegungswahrnehmung anderer Art zu vergleichen. Ich will damit nicht leugnen, daß Sprachwahrnehmung etwas sehr Spezielles ist. Wenn auch andere Bewegungen ebenso wahrnehmbare Bedeutungen haben, so formen sie doch nicht Sätze, machen sie keine Aussagen, unterscheiden keine Zeitformen und machen keine feinsinnigen Vergleiche (wobei man natürlich die Zeichensprache außer Acht lassen muß). Der Sprecher strukturiert die Ereignisse seines Sprechens willentlich, um eine bestimmte Bedeutung auszudrücken. Wenn wir das geeignete Schema haben, können wir diese Struktur recht direkt aufnehmen und dabei aus ihren verschiedenen Organisationsebenen einen Nutzen ziehen. Das heißt, wir hören sowohl das, was der Sprecher sagte, wie auch das, was er meinte. Die Bildung von Sprachstrukturen hat ihre eigenen, komplexen Regeln, die das eigentliche Objekt der Linguistik sind. Ihre Komplexität impliziert aber nicht, daß ihre Wahrnehmung völlig anders verläuft als die Wahrnehmung andersartiger Ereignisse.

Visuelle Information für die Sprache

Bei der Sprachwahrnehmung nehmen wir Ereignisse wahr, nicht bloß Schall. Das weist unmittelbar auf die Möglichkeit hin, daß andere Informationsquellen über diese Ereignisse hilfreich sein könnten. Die Tatsache, daß wir Sprache durch Schallwellen allein wahrnehmen können (wie am Telefon), heißt nicht, daß wir andere Information nicht verwenden würden, wenn sie verfügbar wäre. Sie ist es ja häufig. Obschon einige Sprachereignisse (z. B. Zungenbewegungen) im Kopf des Sprechers verborgen sind, sind noch andere (vor allem Lippenbewegungen) für alle leicht sichtbar, die sein Gesicht sehen können. Geübte Ableser können aus dieser visuellen Information einen guten Teil dessen erschließen, was gesprochen ist, auch wenn sie völlig taub sind. Interessanterweise benutzen auch gewöhnliche Zuhörer diese Information mit der akustischen zusammen, wenn sie verfügbar ist; Sprachwahrnehmung in einer lärmigen Umgebung verbessert sich merklich, wenn der Zuhörer den Sprecher sehen kann.[6] Obschon wir uns gewöhnlich nicht bewußt sind, daß wir bei der Sprachwahrnehmung verschiedene Sinnesmodalitäten benutzen, kann es doch in einem fremdsprachigen synchronisierten Film oder in einem, bei dem Ton und Bild nicht ganz übereinstimmen, offensichtlich werden. Es ist oft wie ein Bruch, wenn wir eine solche Nicht-Übereinstimmung bemerken. Was auseinanderbricht, ist die normale Kohärenz der Information, die in zwei Modalitäten über dasselbe Ereignis vermittelt wird.

Es ist bemerkenswert, daß die Sprachereignisse auch einer anderen Modalität zugänglich sind, dem Tastsinn, wenn der „Zuhörer" seine Hand auf die Lippen und die Wangen des Sprechers legt. Diese Möglichkeit wird in der Tadoma – Kommunikationsmethode mit Gehörlosen ausgeschöpft, die ein wenig Sprachverständnis vermitteln kann, wenn Hören und Sehen fehlen.[7] Um Sprache wahrzunehmen, müssen wir Information aufnehmen, die die Artikulationsbewegungen spezifiziert. Jede Sinnesmodalität, die das zustandebringt, kann man dazu verwenden.

Da Artikulationsbewegungen Bewegungen gewisser Körperteile sind, hat Sprachwahrnehmung etwas mit der Wahrnehmung anderer Körperbewegungen zu tun, mit jenen von Tänzern und Athleten etwa. Besonders die Wahrnehmung des Gesichtsausdrucks, nichtverbaler Hinweisreize (cues), der „Körpersprache“ und ähnliches muß damit übereinstimmen. Es deutet alles darauf hin, daß Sprachwahrnehmung nur als ein Aspekt der Wahrnehmung von Bewegungen anderer Menschen beginnt, und daß sie ein Kind nicht scharf davon unterscheidet, bis es den denotativen und propositionalen Charakter der Sprache begreift. Bis dahin besteht der einzige Unterschied darin, daß bei Sprachereignissen relativ mehr Information durch den Schall übermittelt wird (weil viele Sprachereignisse im Mund stattfinden und man sie nicht sehen kann), während bei äußerlichen Körperbewegungen mehr Information optisch zugeführt wird. In Kapitel 9 werde ich die Meinung vertreten, daß wir wahrscheinlich mit Schemata geboren werden, die für den Ausdruck von Gefühlen und Absichten empfänglich sind; die Schemata der Sprachwahrnehmung entwickeln sich wohl aus solchen Anfängen heraus.

Der Fall des Films, der aus einer fremden Sprache in die unsrige synchronisiert wird, ist aus einem anderen Grund interessant. Ob wir den Unterschied zwischen den beiden verfügbaren Informationsquellen beachten oder nicht, was wir als Sprache wahrnehmen ist das, was wir hören, nicht was wir sehen. Also *überstimmt* in diesem Beispiel offensichtlich das Hören das Sehen. Der Grund liegt auf der Hand: das akustische Signal vermittelt weit geeignetere Information über Sprachereignisse als der optische Bereich. Für einen teilweise tauben Ableser wäre es sicherlich anders.

Obschon das Hören das Sehen überstimmt, wenn es darum geht, Artikulationen zu bestimmen, gilt doch das Gegenteil für einen anderen interessanten Aspekt der Sprache: ihre Lokalisierung in der Umwelt. Menschen können zwar Laute recht genau lokalisieren, wenn es wichtig ist (vor allem aufgrund der Zeit- und Intensitätsunterschiede in den beiden Ohren), aber diese Lokalisation ist unsicher und kann leicht durch andere Faktoren beeinflußt werden. Ganz gleich, wo die Lautsprecher im Kino sind, tendieren wir normalerweise dazu, das Gesprochene so zu hören, als käme es von den Schauspielern auf der Leinwand. Das ist weniger eine Angelegenheit einer unvermeidlichen Wahrnehmungstäuschung (wir können den Lautsprecher wohl richtig lokalisieren, wenn wir uns darum bemühen), als davon, was uns am natürlichsten erscheint.[8] Bauchredner nutzen das aus; ihr Publikum schreibt das Gesprochene noch so gern der Puppe zu und nicht dem Bauchredner, denn ihr Mund bewegt sich und seiner nicht. Der

Schall schleicht sich in Wahrnehmungszyklen gern dort ein, wo er gar nicht wirklich hingehört, und läßt sich gern auf andere Ereignisse „beziehen" als auf die, die ihn wirklich entstehen ließen. Diese Eigenschaft mag beim Spracherwerb wichtig sein.

Konkrete Referenten: eine Spekulation

Babys mögen es, wenn man mit ihnen spricht, und glücklicherweise sprechen Leute gern mit ihnen. Die Sprache interessiert Kinder gewaltig, und sie zeigen ihr Interesse, indem sie sie anschauen – das heißt, indem sie das Gesicht des Sprechenden anschauen. Jede Bewegung ihrer Mutter (oder einer anderen Person) interessiert sie: Annäherung, Lächeln, Mimik, Nikken und auch die Bewegungen der Artikulatoren, die wir Sprechen nennen. Am Anfang können sie nicht wissen, daß Sprache irgendeine Referenzfunktion hat, sie ist nur irgend etwas anderes, was ihre Mutter tut. Sie nehmen so viel Information darüber auf, wie sie können, und benutzen dazu jede Sinnesmodalität. Sie schauen hin, hören hin und langen vielleicht spielerisch hin, um es mit der Hand betasten zu können. Gewiß benötigen diese Aktivitäten anfänglich ein Schema, das sie anlaufen läßt; der Wahrnehmungszyklus muß ablaufen, bevor er sich entwickeln kann. Die Spezifität des anfänglichen Schemas (d. h. das Ausmaß, in dem menschliche Wesen von Geburt an mit speziellen Fähigkeiten zur Sprachwahrnehmung ausgestattet sind) bleibt eine offene Frage.[9] Wie sie auch immer beginnen mögen, diese gerichteten Wahrnehmungsaktivitäten bilden bald einmal Schemata heraus, die spezifisch sind für die Artikulationsmuster, die in der Sprache der Familie dieses Kindes üblich sind. Mit der Zeit kann es diese Muster auch dann als bekanntes Muster wiedererkennen, wenn es den Sprecher nicht sehen kann und allein die akustische Information hört.

Ich weiß eigentlich nicht, wie wichtig die visuelle Information in der eben beschriebenen Entwicklung ist. Sie ist sicher nicht notwendig, denn blinde Kinder lernen auch sprechen. Auch für sie müssen die Sprechlaute zunächst Information über die Aktivität der Sprechorgane sein; sie erhalten über diese Aktivität weniger Information als sehende Kinder, aber es scheint zu genügen. (Es hätte keinen großen Sinn, das Alter blinder und sehender Kinder, wenn sie zu sprechen beginnen, zu vergleichen, da die Eltern der ersteren sicher häufiger oder zumindest anders mit ihnen sprechen.) Es geht hier nicht in erster Linie darum, daß das Visuelle zur Verständlichkeit beiträgt, sondern daß jedes Kind auf eine ziemliche Menge von Sprache achtet, bevor es eine Ahnung davon hat, daß diese sich auf ein Objekt oder ein Ereignis bezieht. Auf diese Weise entwickelt es Wahrnehmungsschemata, die linguistische Unterschiede entdecken und linguistische Strukturen antizipieren können.

Kinder hören nicht nur auf Sprachlaute, sie versuchen sie auch zu bilden. Am Anfang sind sie darin nicht sehr erfolgreich, doch sie geben nicht auf. Sogar bevor sie die Geräusche von jemand anderem imitieren können, machen sie eine Menge eigene. Laute-von-sich-Geben ist wahrscheinlich genau so interessant für sie wie Objekte anschauen. In gewisser Hinsicht sind diese beiden Aktivitäten tatsächlich recht ähnlich. In beiden Fällen führt der Wahrnehmende bestimmte Muskelbewegungen und Anpassungen aus und erreicht damit, daß gewisse Informationsarten für ihn verfügbar werden. Wenn er Laute von sich gibt, sind die Bewegungen die der Artikulatoren, und was er produziert, ist neue auditorische Information. Wenn er sieht, sind die Bewegungen die des Kopfes und der Augen, und was sie „produzieren“ (verfügbar machen), ist neue optische Information. Diese strukturelle Ähnlichkeit macht es wohl leicht, die Artikulationsaktivität in den Wahrnehmungszyklus einzubeziehen, wenn das Benennen (naming) beginnt.

Wenn sich Kinder nur für Artikulationsereignisse interessieren würden – für ihre eigenen oder die anderer Leute –, würden sie nie zu sprechen lernen. Aber nahezu alles andere in ihrer Umgebung interessiert sie ebenso: Spielzeug und Essen, Tiere und Menschen, Spiele und Verse, das Kommen und Gehen. (Wie nun schon mehrmals erwähnt, könnten sie unmöglich eine Sprache über diese Dinge erwerben, wenn sie sie nicht zuerst wahrnehmen könnten.[10]) Stellen wir uns nun ein Baby vor, das auf ein Objekt oder ein Ereignis achtgibt. Oft wird es geschehen, daß auch seine Mutter dieses Objekt beachtet; Mütter interessieren sich im allgemeinen dafür, was ihre Babys tun, und Babys ihrerseits folgen oft der Blickrichtung der Mutter.[11] In vielen Fällen wird sie nicht nur das vom Kind fixierte Objekt beachten, sondern das passende Wort sagen: „Hund“ vielleicht. Was soll das Kind nun mit der angebotenen akustischen Information tun?

In einem solchen Moment ist das Kind an zwei Wahrnehmungszyklen aufs Mal beteiligt. Es nimmt Information über seine Mutter auf (sie spricht) und über den Hund (er kam eben ins Zimmer). Es interessiert sich, so können wir annehmen, im Augenblick eher für den Hund. Die neue Information ist akustisch, das heißt, daß sie recht zwanglos in irgendeinen ablaufenden Wahrnehmungszyklus aufgenommen werden kann. Was ist natürlicher, als daß es dazu kommt, den Laut als eine Art Attribut des Hundes anzusehen? Gewiß ist es nicht ein konsistent verfügbares Attribut; niemand sagt wie ein Uhrwerk „Hund“, wenn so ein Tier erscheint. Aber das ist kein ungewöhnlicher Tatbestand, denn die meisten Attribute von Objekten sind nur sporadisch verfügbar. Wir können den Schwanz des Hundes nicht immer sehen, noch ständig sein Bellen hören, und dennoch hält uns diese Unregelmäßigkeit nicht davon ab, beides als unveräußerliche Merkmale eines Hundes zu betrachten. Auf diese Weise werden die *Namen* der Objekte – die Wörter, die am häufigsten verwendet werden, um sie zu benennen – in die antizipatorischen Schemata einverleibt, mit denen man die Objekte selbst wahrnimmt.[12]

Diese Idee ist nicht neu. Andere Autoren haben angenommen, daß kleine Kinder die Namen von Objekten behandeln, als ob sie deren intrinsische Eigenschaften wären.[13] Ohne eine Hypothese dieser Art, so glaube ich, wäre es wohl unmöglich, zu erklären, wie Wörter überhaupt auf Objekte bezogen werden (und tatsächlich ist die Hypothese ja nicht viel mehr als eine Wiederholung dieser Tatsache). Dennoch sollte man sie nicht zu wörtlich verstehen. Der Name gehört nur in einem bestimmten Sinn zum Objekt; das Kind weiß genau, daß „Hund“ nicht um den Hals des Hundes gehängt oder in seinem Fell versteckt ist. Es weiß wirklich, daß das etwas ist, *was seine Mutter gesagt hat*; schon vor langer Zeit hat es Wahrnehmungsschemata entwickelt, die diese Information automatisch aufnehmen. Ein Name ist eine Eigenschaft einer Sache, die eine Person äußern muß; sein Reiz und seine Macht liegt genau in der Verschmelzung dieser beiden Wahrnehmungszyklen. Wörter spezifizieren ihr Referenzobjekt so gut wie die Artikulationsbewegungen des Sprechers.

Der Tatbestand, daß Wörter Laute sind und daher weniger an ihre wirklichen Quellen gebunden, wie das andere Zeichen wären, macht es wahrscheinlich leichter, sie in diese zweifachen Schemata einzuverleiben. Ein Kind kann sie an ihrem wirklichen Ursprung im Gesicht der Mutter lokalisieren, wenn es will, genau wie wir auf den Standort des Lautsprechers im Kino achten können, aber es fällt ihm ebenso leicht, sie als dem Objekt ihrer Aufmerksamkeit zugehörig zu behandeln. Ein visuelles Signal wie eine Bewegung in der Zeichensprache, hat wohl diesen Vorteil nicht. Das Kind würde natürlicherweise dazu neigen, es als etwas anzusehen, was seine Mutter tut, und nicht als etwas, was mit dem bezeichneten Objekt zusammenhängt. Gewiß ist es Menschen (und Schimpansen) möglich, verschiedene Arten von Zeichensprache zu lernen, aber sie müssen *gelehrt* werden. Die Kontingenzen müssen absichtlich herbeigeführt werden, zumindest zu Beginn. (Zum Beispiel macht die Mutter eines tauben Kindes sorgfältig das Zeichen für „Apfel“ während ihre Hand den Apfel berührt.) Ich glaube nicht, daß sich Sprache spontan bei Organismen entwickelt hätte, die nicht hören können.

Fragen wir uns nun, wie Namen von Dingen Vorstellungsbilder hervorrufen können, wenn diese Dinge gar nicht da sind. Das Wahrnehmen eines Hundes (oder irgend eines anderen Objektes) braucht Zeit; es enthält schematische Antizipation und Informationsaufnahme. Das bedeutet, daß der Name des Hundes nicht nur zu einer augenblicklichen Sinnesempfindung assoziiert, sondern in ein Schema eingebettet wird. Er wird ein Teil von dem, zu dem das Kind immer dann bereit ist, wenn irgendeine Information über den Hund verfügbar geworden ist. Umgekehrt beginnt es den Anblick des Hundes zu antizipieren und aktiv aufzusuchen, wenn es dessen Namen hört. Später wird der Prozeß der Herauslösung beginnen: das Wort *Hund* wird auch dann eine visuelle Bereitschaft erstellen, wenn das Kind weiß, daß der Hund nirgends in der Nähe und nicht wirklich zu erwarten ist. So wird es möglich, mit Namen von Dingen ihre Vorstellungsbilder hervorzurufen, und das hat unabsehbare Folgen.

Natürlich sprechen die Menschen normalerweise nicht in isolierten Wörtern; fast niemand tut dies, außer wenn er mit Kleinkindern spricht. Wir sprechen in Sätzen, deren Bedeutung sowohl von ihrer grammatikalischen Organisation wie auch von den Wörtern abhängt, die sie enthalten. Isolierte Wörter haben eigentlich überhaupt keine Bedeutung, außer wenn ein wahrnehmbarer Kontext die Rolle ausfüllt, die normalerweise der Satz spielt. Es gibt viele konkurrierende linguistische Darstellungen der Satzstruktur. Ich kann hier keinen Überblick über sie bieten, doch es ist bemerkenswert, daß einige der neuen Darstellungen grammatikalische Beschreibungen geben, die nach der Struktur der natürlichen Ereignisse gebildet sind: sie schließen Agens, Aktion, Lokation und ähnliche theoretische Kategorien ein.[14] Man vermutet, daß es dadurch für Kinder relativ leicht ist, Sätze zu verstehen, zu „sehen, was sie bedeuten". Da man mit Kleinkindern meist über Ereignisse in ihrer unmittelbaren Umgebung spricht, können sie den Satz hören und zudem konkret das sehen, worauf er sich bezieht, und die beiden Schemata können miteinander verbunden werden. Wir verstehen es noch nicht genau, aber so irgendwie kommen Kinder dazu, Sätze so gut wie einzelne Wörter zu verstehen.

Es braucht Zeit, bis Sätze ausgesprochen und gehört sind. Der Wahrnehmungszyklus, der den Hörer mit den Artikulationsbewegungen des Sprechers verbindet, dauert oft mehrere Sekunden, und Antizipationen, die sich am Anfang bilden, werden vielleicht bis zum Ende nicht befriedigt. Ich vermute, daß es eine grundlegende Funktion der grammatischen Struktur ist, dem Hörer zu helfen, seine Zeit einzuteilen, so daß er Antizipationen in größeren Einheiten als in jenen der Artikulationsbewegungen planen kann. Die Anwesenheit der Ereignisse selbst, auf die sich die Sprache bezieht, kann dazu natürlich auch dienen, aber Erwachsene sprechen nicht immer über eben vorhandene Objekte. Ohne Grammatik wären wohl längere Äußerungen über entfernte Objekte überhaupt nicht verständlich. Geschickte Redner (und Schreiber) sind sich dessen bewußt und bilden die Struktur ihrer Sätze so, daß ihnen ihre Zuhörer (oder Leser) auf der Spur bleiben können.

Der Ursprung der Introspektion

Wenn Vorstellungsbilder Wahrnehmungsantizipationen sind, ist eine Beschreibung eines Vorstellungsbildes die Beschreibung dessen, was einer zu sehen bereit ist. Um wirklich verstehen zu können, wie das möglich sein könnte, sollten wir damit beginnen, ein anscheinend einfacheres Problem zu verstehen: wie beschreibt man etwas, das man wirklich sieht? Unglücklicherweise wissen wir beim jetzigen Stand der linguistischen Theorie noch nicht einmal das. Obschon in den letzten Jahren wesentliche Fortschritte erzielt worden sind, ist das Problem nicht genügend geklärt, um hier eine genaue Behandlung zu erlauben. Die vorliegende Spekulation wird folglich nicht weit über die Einwort-Beschreibungen oder Namen hinausgehen, die schon behandelt worden sind. Wie kommt ein Kind dazu, Dinge zu benennen?

Wir haben schon gesehen, daß das Produzieren von Lauten in mancher Hinsicht dem Wahrnehmen analog ist. Beide Aktivitäten enthalten Tätigkeiten, die Information verfügbar machen sollen. Wenn ein Hund im Zimmer ist, kann das Kind visuelle Information über ihn verfügbar machen, indem es seinen Kopf und seine Augen bewegt; es kann akustische Information darüber hervorbringen (das Wort *Hund*), indem es seine Artikulatoren bewegt. Natürlich muß es zuerst herausfinden, wie man das macht. Wie im Fall der Sprachwahrnehmung ist unklar, wieviel angeborene Ausrüstung diese Entdeckung verlangt. In erster Linie verlangt sie, daß Artikulatoren vorhanden sind, und wahrscheinlich ist auch eine besondere Nervenvorrichtung nötig, die sie kontrolliert.

Wie es auch immer beginnt, jedes normale Kind entdeckt schließlich, daß es selbst Sprechlaute machen und Wörter sagen kann. Es beginnt sofort damit, das im Kontext zu tun, dem die Wörter angemessen sind, das heißt in Anwesenheit der Objekte, die sie bezeichnen. Weil die beiden Schemata schon verbunden sind, mag für das Kind das Aussprechen von „Hund“ etwas sein wie die anderen Erkundungsbewegungen, die es ausführt, um neue Eigenschaften des Hundes ins Gesichtsfeld zu bringen. Gewiß, die beiden Kontingenzen sind eigentlich recht verschieden. Die optische Information, die es durchs Schauen erhält, hängt intrinsisch von den wirklichen Merkmalen des Hundes ab; sie spezifiziert diese Merkmale durch die Gesetze der Optik. Die akustische Information, die es durchs Sprechen erhält, ist schwächer mit ihrem Referenzobjekt verbunden; sie spezifiziert den Hund nur durch linguistische Konvention. Das Kind ahnt so etwas wahrscheinlich von Anfang an, seitdem es weiß, daß verbale Laute Ereignisse wie Objekte spezifizieren. Es muß jedoch ein Stadium in der Entwicklung geben, in dem das Benennen von Dingen tief im Prozeß, sie wirklich wahrzunehmen, eingebettet ist. Das Schema des Objekts umfaßt Subschemata für die Aussprache wie auch Subschemata für die visuelle Erkundung, und es regt beide Aktivitäten gleichzeitig an.

Dasselbe Prinzip kann auch für andersartige frühe Verwendung von Wörtern angewandt werden. Kinder sagen nicht nur Sachen wie „Hund". Sie verwenden Ein-Wort-Äußerungen für viele andere Zwecke als für das Benennen (naming): betrachten wir zum Beispiel (im Englischen) „hi" und „no". Solche Wörter können in Schemata eingebettet sein, die eher dazu dienen, *Ereignisse* wahrzunehmen als Objekte. Das Kind sagt beispielsweise „hi", wenn es jemanden ins Zimmer treten sieht, als Teil der entsprechenden Wahrnehmungstätigkeiten. Andere Ausdrücke sind in Schemata eingebettet, die anscheinend eher zur Handlung als zur Wahrnehmung dienen. Es sagt „no", wenn es etwas zurückweist, sträubt sich dabei und wendet sich ab. In jedem Fall tritt das Wort zunächst als integrierender Bestandteil einer breiteren, zyklischen Aktivität auf. Erst später wird es aus dieser Aktivität herausgelöst und in den Dienst anderer Schemata gestellt.

Wenn das Benennen eines Objektes in das Schema eingebettet ist, mit dem dieses Objekt wahrgenommen wird, muß es auch mit dem Prozeß des *Vorstellens* dieses Objektes verbunden sein. Vorstellungsbilder sind Wahrnehmungsantizipationen, Schemata, die unabhängig vom Wahrnehmungszyklus aktiv sind, dem sie normalerweise angehören würden. Wenn so ein Schema Pläne für das Sprechen wie Pläne für das Schauen einschließt, kann das Vorstellungsbild von Sprache begleitet sein. So kommt ein kleines Kind, das ein Vorstellungsbild eines Hundes bildet – vielleicht, weil es ihn bellen hört –, leicht dazu, dabei „Hund" zu sagen. Obschon es das noch nicht weiß, beschreibt es dabei sein Vorstellungsbild. Das heißt, es spricht über etwas, das es sich nur vorstellt, in einer Art, wie wenn es das wirklich sehen würde. Später wird es im Zusammenhang mit seinen Vorstellungen kompliziertere Dinge sagen, und Psychologen werden ihm die Fähigkeit zur Introspektion zuschreiben.

Eine Ein-Wort-Beschreibung ist natürlich nicht viel. Kinder lernen bald, in Sätzen zu sprechen. Ihre „mittlere Äußerungslänge", wie man so sagt, bleibt nicht ewig bei einem Wort. Weil wir wirklich nicht wissen, wie Sätze zusammengesetzt werden, um sich auf Ereignisse zu beziehen, kann ich auch nicht sagen, wie sie Antizipationen von Ereignissen beschreiben. Es ist indessen klar, daß Sätze eigene, ausgedehnte Antizipationen enthalten.

„Pläne für das Sprachverhalten", wie sie MILLER, GALANTER & PRIBRAM vor einiger Zeit nannten[15], sind lang und komplex. Wie die Pläne für das Sehen sind sie selten von vornherein spezifisch. Wir „wissen, was wir sagen wollen", bevor wir es sagen, aber nur recht allgemein, so wie wir wissen, was wir sehen werden, bevor wir es sehen. Wenn wir es gut wissen, können wir von Fall zu Fall leichte Veränderungen vornehmen, ohne die Gesamtstruktur zu stören, so wie wir in kognitive Landkarten neue Information einbeziehen können. Aus diesem Grund sind auch Sätze wirksame Gedächtnismethoden.

Zuerst kann das Kind nur über Dinge sprechen, die es wirklich wahrnimmt und tut, oder die es für die unmittelbare Zukunft antizipiert. Wahrnehmungsschemata sind fest in der verfügbaren Information verankert, und dasselbe gilt für Wörter. Später in der Entwicklung lernt es, den Wahrnehmungszyklus zu unterbrechen, seine Antizipationen von der Reizinformation zu lösen, die sie ursprünglich anregte und bestätigte, und sie zu anderen Zwecken in andere Schemata einzureihen. Es erwirbt die Fähigkeit der Erwachsenen, Dinge wahrnehmungsmäßig zu antizipieren, ohne sie überhaupt wirklich zu erwarten, d. h. sich etwas vorzustellen, von dem es weiß, daß es nicht wirklich geschehen wird. Es überrascht nicht, daß es diese quasi-antizipierten Ereignisse auch beschreiben kann; es ist ja schon darin geübt, solche zu beschreiben, die es wirklich erwartet. Die Beschreibung und die Vorstellung entwickeln sich zusammen. Weil beide in der Zeit erstreckt sind, kann man nicht bestimmen, welche zuerst beginnt, wie das einige Psychologen versucht haben.[16] Keine von beiden beginnt zu einem einzelnen, bestimmbaren Zeitpunkt, und keine von beiden ist auf irgendeine einfache Weise die Ursache der andern.

Diese Fähigkeit, über vorgestellte Ereignisse zu sprechen, ist der Ursprung der „Absetzung" („displacement"), die HOCKETT als eine der entscheidenden Eigenschaften der Sprache beschrieben hat.[17] Es kann beim Sprechen nicht vorkommen, bevor es bei der Wahrnehmung vorgekommen ist, das heißt, wir können über entfernte Ereignisse nicht reden, bevor wir sie uns vorstellen können. Andererseits ist nicht einzusehen, warum es viel später geschehen sollte. Wenn es Kindern erst dann gelingt, ihre Vorstellungen vom Kontext zu lösen und zu manipulieren, wenn sie sprechen gelernt haben, können Vorstellung und introspektive Beschreibung gut zur selben Zeit in der Entwicklung erscheinen. Es ist gar nicht leicht, sie voneinander zu lösen, auch wenn man es versucht. Kinder sind bekanntlich schlechte Lügner; die Fähigkeit, das eine zu denken und das andere zu sagen, entwickelt sich erst spät.

Unter Psychologen und für viele andere Erwachsene hat das Wort *Introspektion* einen mysteriösen Beigeschmack. Wir scheinen etwas zu beschreiben, das eher in uns ist als in unserer Umgebung, etwas, das nur das geistige und nicht das körperliche Auge betrachten kann. Kinder haben diese Probleme nicht. Auch wenn sie fließend Beschreibungen über Dinge abgeben, die sie nicht sehen können, meinen sie nicht, daß sie etwas in sich selbst beschreiben. Sehen wir uns die Unterhaltung mit einem Fünfjährigen aus einer neueren Untersuchung kognitiver Landkarten bei Kindern an:

E: Denk dir, deine Mama ruft in der Küche unten nach dir, und du bist oben in deinem Zimmer. Kannst du mir sagen, wie du von deinem Zimmer in die Küche kommst?

S: Ja, da mußt du die Tür öffnen und die Treppe hinuntergehen.

E: Ah, ist die Treppe gleich bei deinem Zimmer? Oder mußt du durch andere Zimmer gehen, bevor du zur Treppe kommst?

S: Nein, wir müssen durch zwei Vorratskammern gehen.

E: Zwei Vorratskammern, gut, und dann gehst du die Treppe hinunter, hm? Was tust du, wenn du unten an der Treppe bist?

S: Dann kann ich so herum gehen oder so herum.

E: Wenn du dort durchgehst, wohin kommst du dann?

S: Da geht's zum Badezimmer oder zu Mamas Zimmer oder zur Werkstatt.

E: Ah, wie gehst du dann zur Küche, wenn du unten an der Treppe bist?

S: Ah, ja, da gehst du einfach so herum.

E: So herum? Und mußt du dann durch ein anderes Zimmer durch, bevor du zu der Küche kommst? Ist die Küche gleich da?

S: Du mußt einfach so herum gehen und einfach geradeaus, dann siehst du den Herd und die Spüle.[18]

Dieses Kind hat eine gut entwickelte kognitive Landkarte seines Hauses und kann genau antizipieren, was es von verschiedenen Standorten aus sehen würde. In der Befragung produziert es diese Antizipationen in einer objektiven und wirklichkeitsgetreuen Weise und begleitet sie mit der geeigneten Sprache. Es wäre indessen deplaziert, zu sagen, es „beschreibe" dem Experimentator „seine kognitive Landkarte"; es hätte so eine introspektiv formulierte Instruktion überhaupt nicht verstanden. Es sprach von einem Haus, nicht von einem geistigen Zustand. Fünfjährige haben die dualistische Metaphysik noch nicht aufgenommen, nach der Vorstellungsbilder geisterhafte innere Entitäten sind, die man selbst ansehen kann. In dieser Hinsicht sind sie wohl gescheiter als wir. Was für uns wie eine Beschreibung von Vorstellungsbildern und kognitiven Landkarten wirkt, ist in Wirklichkeit – das heißt gemäß der Logik und der Entwicklung – die Beschreibung von potentiell wahrnehmbaren Objekten, von dem, was man sehen würde, wenn so-und-so ein Ding vorhanden wäre. Introspektion ist eine Art Vorbereitung auf Extraspektion.

Anmerkungen

[1] Diese Tatsache hat man oft zeigen können; siehe LIBERMAN, COOPER, SHANKWEILER & STUDDERT-KENNEDY (1967). Sie wurde kürzlich von COLE & SCOTT (1974 a, b) in Frage gestellt, doch ihre Beweise machen die hier vertretene Position nicht ungültig.

[2] Ich meine nicht, daß jedes Phonem genau einer Position der Artikulatoren entspricht. Einige werden durch mehrere unterschiedliche Positionen gebildet (/g/ wird z. B. im englischen /gi/ und /gu/ verschieden artikuliert); in solchen Fällen könnten (und tun das auch oft) diese verschiedenen Positionen in anderen Sprachen als verschiedene Phoneme gelten. Zudem sind die Bewegungen der Artikulatoren, die ein bestimmtes Phonem herstellen, in verschiedenem Kontext nicht genau gleich, sie verändern sich entsprechend dem vorangehenden und dem folgenden Phonem. Diese Koartikulationseffekte entsprechen der möglichen Veränderung von Details bei anderen, offensichtlicheren Bewegungen. (Ein freundliches Winken mit der Hand führt man anders aus, wenn man die Hand eben aus der Tasche nimmt, als wenn man sich eben am Ohr gekratzt hat.) Schwierige Definitionsprobleme bleiben bei all diesen Fällen. Diese Gedanken wollen bloß zeigen, daß sie am besten in Begriffen der Artikulationsbewegungen angegangen werden können, wo sie sich im Prinzip nicht anders stellen als die allgemeinen Probleme bei der Wahrnehmung von Ereignissen.

[3] LIBERMAN (1957).

[4] NEISSER (1967).

[5] Diese Hypothese formulierten ursprünglich LIBERMAN u. a. (1967), jetzt wird sie weitherum akzeptiert. Ein Beweisstück, das häufig zu ihrer Unterstützung angeführt wird, ist, daß eine bestimmte Region in der dominanten Hirnhälfte, das *Sprachzentrum,* entscheidend am Sprechen und Hören beteiligt ist. Die Zerstörung dieser Region führt zu Aphasie; die Trennung der beiden Hemisphären verunmöglicht dem Menschen, über visuelle Information zu sprechen, die der nichtdominanten gezeigt wurde; Sprache, die dem gegenüberliegenden Ohr dargeboten wird (das bevorzugte Verbindungen zu der dominanten Hälfte hat), hat verschiedene Vorzüge gegenüber der Sprache, die man dem anderen Ohr darbietet, usw. Diese Beobachtungen zeigen, daß das Sprachzentrum wirklich auf Sprache spezialisiert ist. Sie beweisen allerdings nicht, daß das, was es tut, fundamental verschieden ist von dem, was anderswo im Gehirn geschieht.

[6] SUMBY & POLLACK (1954).

[7] ALCORN (1945).

[8] Ein bestimmtes Maß an Fehlern mag in solchen Fällen wirklich unvermeidbar sein: verschiedene Experimente haben gezeigt, daß die wahrgenommene Richtung von Tonquellen in einem dunklen Raum von sichtbaren Lichtpunkten angezogen wird. Siehe auch neuere Arbeiten von THURLOW & JACK (1973; JACK & TURLOW, 1973) über das Bauchreden, die zeigen, daß der Effekt entscheidend vom zeitlichen Zusammenhang zwischen den visuellen und den akustischen Mustern abhängt.

[9] Untersuchungen des „Phonem-Erkennens" bei Kleinkindern lassen vermuten, daß die für die Sprache entscheidenden Schemata sehr früh vorhanden sind und wahrscheinlich eine genetische Grundlage haben (EIMAS, SIQUELAND, JUSCZYK & VIGORITO, 1971). Ein Kleinkind, das an einem Saughütchen gesaugt hat, um den gesprochenen Laut einer bestimmten Silbe zu produzieren (die Kontingenz wird

elektronisch hergestellt), wird allmählich damit aufhören, d. h. es wird sich „daran gewöhnen". Der Beweis für das Phonem-Erkennen ist seine erneute Reaktionsbereitschaft, wenn ein Phonem in der Silbe verändert wird; dieses Nicht-Gewohntsein ist weniger deutlich, wenn die Silbe so verändert wird, daß keine Phonemgrenzen überschritten werden. Ganz neue Studien haben nun ähnliche Beweise für das Phonem-Erkennen auch bei Tieren gefunden (KUHL & MILLER, 1975; WATERS & WILSON, 1976). Das ist nicht überraschend, wenn Phoneme wahrnehmbare artikulatorische Ereignisse sind. Alle Tiere müssen Schemata für das Wahrnehmen von Ereignissen haben, vor allem für die charakteristischen Bewegungen anderer Tiere. (Dieser Punkt wird in Kapitel 9 weiter behandelt.) Die Schemata, die in der Sprachwahrnehmung gebraucht werden, entwickeln sich wohl aus grundlegenden anderen heraus, die schon dazu da sind, Information aufzunehmen und damit ein Ereignis vom anderen zu unterscheiden.

[10] MacNAMARA (1972) hat unter anderen diesen Punkt kürzlich betont, und in NELSONS (1974) Theorie des Spracherwerbs ist er zentral.

[11] BRUNER (1975) bringt dazu Beweise.

[12] Das Wort *Name* ist nicht recht geeignet, aber es scheint kein besseres zu geben. FODOR, BEVER & GARRETT (1974) betonen, das gewöhnliche Substantive wie „Hund" *nicht* Namen sind: sie haben Bedeutung, wogegen Namen nur bestimmte Objekte bezeichnen. Man könnte fragen, was *Hund* bedeutet, aber zu fragen, was *Fido* bedeutet, hat keinen Sinn.

[13] Zum Beispiel Wygotski; er weist darauf hin, wie man Kinder verwirren kann, wenn man andeutet, daß Dinge andere Namen haben könnten, als sie wirklich haben. „Auf die Frage, ob man die Namen zweier Dinge vertauschen könne, ob man beispielsweise die Kuh „Tinte" und die Tinte „Kuh" nennen könnte, wird das Kind antworten, das sei ganz unmöglich, „weil man Tinte für das Schreiben braucht und die Kuh Milch gibt". Das Vertauschen des Namens bedeutet das Vertauschen bestimmter Eigenschaften, so unlösbar ist ihre Verbindung für das Begreifen des Kindes." (1962, S. 129).

[14] Als Einführung in diese Grammatiken und ihre mögliche Verwendung siehe MacNAMARA (1972), BROWN (1973) und BRUNER(1975). Ein neuerer Artikel von LURIA (1975) betont, wie wichtig es sei, den Spracherwerb in Begriffen anderer grundlegender Prozesse einschließlich Wahrnehmen und Handeln zu erklären; seine Sichtweise ist der hier vorliegenden sehr verwandt.

[15] MILLER, GALANTER & PRIBRAM (1960).

[16] Siehe zum Beispiel PAIVIO (1971, S. 441–444).

[17] HOCKETT (1960).

[18] PICK (1972), S. 1–2.

Kapitel 9
Einige Folgen der Kognition

Oft fragt man sich in Diskussionen, ob ein Fortschritt der Psychologie nicht eine Gefahr für die persönliche Freiheit bedeute. Wenn Psychologie eine Wissenschaft ist, muß es ihr Ziel sein, allgemeine Prinzipien des menschlichen Wesens zu verstehen. Wird sie dann, mit diesen Prinzipien bewaffnet, nicht dazu fähig sein, ihre Untersuchungsobjekte zu beeinflussen? Viele glauben ernsthaft an diese Möglichkeit, und nicht alle sehen sie mit Schrekken. B. F. SKINNER zum Beispiel hat wiederholt darauf hingewiesen, daß geeignete Methoden der Verhaltensforschung (behavior control) bereits vorhanden wären und die künftige Lage der Menschheit verbessern könnten, wenn wir nicht zu furchtsam wären, sie in die Praxis umzusetzen.[1] Mir scheint allerdings, daß sowohl Hoffnungen wie Befürchtungen bezüglich der Fremdsteuerung des Verhaltens fehl am Platz sind. Die Tatsache der Kognition bedeutet, daß die psychologische Manipulation des Verhaltens zum Scheitern verurteilt ist; unter normalen kulturellen Bedingungen kann sie nicht zu systematisch vorhersagbaren Ergebnissen führen.

Das soll nicht heißen, daß Verhalten nicht vorhergesagt oder manipuliert werden kann. Jeden Tag befassen wir uns mit einem guten Stück Vorhersage und meist auch mit ein bißchen Manipulation. Ohne das könnte die Gesellschaft kaum existieren. Jedermann sind auch Fälle bekannt, in denen eine Person eine andere oder viele andere in ihrem eigenen Interesse manipuliert hat. Der Umstand, daß Manipulation manchmal gelingt, beweist aber nicht, daß sie häufiger gelingen würde, wenn die Manipulierenden mehr von Psychologie wüßten; dem Ausmaß der Fremdsteuerung des Verhaltens könnten in ihrem Wesen begründete Grenzen gesetzt sein. Diese Möglichkeit verdient, genauer geprüft zu werden.

Wir entscheiden, wohin wir schauen und was wir tun

Bevor wir entscheiden, ob das Verhalten mit psychologischen Mitteln beeinflußt werden kann, müssen wir uns überlegen, wie es gewöhnlich gesteuert wird, d. h. wovon es abhängt. Allzuoft wurden Versuche, diese Frage zu beantworten, zu sehr vereinfacht. Üblicherweise gründen sie auf der Annahme, daß es dazu nur zwei Möglichkeiten gebe: entweder bestimme das Individuum selbst, was es sehen und tun wolle (es sei *frei*), oder dann bestimme das seine Umwelt (es sei *determiniert*). Was die Steuerung der Wahrnehmungstätigkeit betrifft, sind gegenwärtig unter kognitiven Psychologen zwei Lösungen verbreitet: Die erste, in Kapitel 5 behandelt, macht eine scharfe Unterscheidung zwischen Wahrnehmung und Aufmerksamkeit. Die eigentliche Wahrnehmung, so denkt man sich, wird durch ankommende Reize determiniert, während ein Mechanismus der selektiven Aufmerksamkeit unter der Kontrolle des Individuums selbst bleibe. Wir haben schon gesehen, daß diese Ansicht nicht stimmen kann; die Selektivität ist eine Sache des Prozesses der Informationsaufnahme selbst und kann nicht irgendeiner besonderen Vorrichtung zugewiesen werden. Die zweite, die hier behandelt werden soll, kommt von J. S. BRUNER.[2] Er schreibt die Steuerung dem Wahrnehmenden zu, von dem er sagt, er gehe umso weiter „über die gegebene Information hinaus“ („beyond the information given“) je mehr er verfeinerte Wahrnehmungsfertigkeiten erwerbe. Dieser Ansicht gemäß ist das Hauptanliegen der kognitiven Entwicklung, den Erwachsenen freier zu machen, als es das Kind ist: er sei weniger „reizgebunden“ und mehr „innengeleitet“. In ihrer Untersuchung der Augenbewegungen beispielsweise schlagen MACKWORTH & BRUNER folgendes vor: „Die visuelle Suche muß sich aus einem Zustand, in dem der Blick durch die Art des Reizes und dessen Merkmale determiniert wird, zu einem Zustand entwikkeln, in dem sie, in den Worten von YARBUS, ein Instrument des Denkens ist.“[3] Im gleichen Geist sagt Eleanor J. GIBSON, daß Aufmerksamkeit „vom Gefesselt-Werden dazu übergeht, zu erkunden“, und zitiert den Kommentar von William JAMES: „(das) reflexartige und passive Wesen der Aufmerksamkeit (des Kindes), das . . . den Anschein erweckt, als gehöre das Kind weniger sich selbst als jedem Objekt, das gerade seine Beachtung auf sich zieht, ist das erste, was der Lehrer überwinden muß.“[4]

Die Ansicht, daß Erwachsene freier und weniger durch ihre Umgebung bestimmt sind als Kinder, besser dazu fähig, über die gegebene Information hinauszugehen, weist auf etwas Wichtiges in bezug auf Reife und Freiheit hin. In der üblichen Formulierung kann es allerdings nicht stimmen. Kinder sind spontan, unberechenbar und frei von Konventionen; wie können sie dann reizgebunden sein? In derselben Arbeit, aus der das obige Zitat stammt, fanden MACKWORTH & BRUNER heraus, daß die Augenbewegungsmuster ihrer erwachsenen Versuchspersonen konventioneller waren (d. h. untereinander ähnlicher beim selben Bild) als die der Kinder! Es ist daher sonderbar, sie als weniger determiniert zu bezeichnen.

Diese Paradoxie taucht in allen Bereichen der Wahrnehmung und des Verhaltens auf. Um sie zu verstehen, sollten wir ein anderes, nicht aus der Entwicklung stammendes Beispiel für die Beziehung zwischen der Wahrnehmung und der Umwelt betrachten: das Schachspiel. Ein Kennzeichen eines guten Schachspielers ist sein Geschick, die relevante Information vom Brett aufzunehmen. Das zeigt sich nicht nur in seinem Spielerfolg, sondern auch in vielen indirekten Messungen. Ein Meister kann beispielsweise die Stellung aller Figuren auf dem Brett angeben, wenn er fünf Sekunden darauf geschaut hat; kein Amateurspieler kann das annähernd gleich gut. Der Meister kommt zum Erfolg, weil er bestimmte Aspekte der Position wahrnehmen kann, die dem schlechteren Spieler entgehen; strukturelle Merkmale, die, hat man sie einmal gesehen, den Ort der einzelnen Figuren zwingend bestimmen. Die Erfahrung hat ihn mit sehr vielen Schemata für wiederkehrende Figurkonstellationen ausgestattet; CHASE & SIMON[5] schätzen, daß ein erfahrener Spieler ein Vokabular von schematischen Konstellationen haben kann, das etwa so groß ist wie das sprachliche Vokabular der meisten Menschen.

Die Information, die der Meister vom Brett aufnimmt, bestimmt nicht nur, wohin er seine Figuren bewegen wird, sondern auch, wohin er seine Augen bewegt. Beobachtungen zeigen, daß die Augenbewegungen eines guten Schachspielers eng auf die Konstellation auf dem Brett bezogen sind; er schaut auf entscheidende Figuren und entscheidende Felder.[6] Er *sieht* buchstäblich die Positionen anders – angemessener und verständiger – als ein Neuling oder ein Nichtspieler. Natürlich sieht auch ein Nichtspieler eine Menge; die Schachfiguren sind aus geschnitztem Elfenbein, der Springer gleicht einem Pferd, die Figuren sind (vielleicht) in einer gewissen geometrischen Regelmäßigkeit angeordnet. Ein kleines Kind sähe noch weniger: daß die Figuren in seinen Mund passen vielleicht, oder daß es sie durcheinanderwerfen könnte. Ein neugeborenes Kind könnte wohl nur sehen, daß es „etwas" vor sicht hat. Gewiß, darin irrt es nicht: es *hat* etwas vor sich. Im Unterschied zwischen diesen Wahrnehmenden geht es nicht um Wahrheit oder Irrtum, sondern darum, mehr oder weniger zu beachten. Die Information, die zum richtigen Zug führt, ist in dem Licht, das dem Baby zugänglich ist, ebenso enthalten, wie in dem des Meisters, aber nur der Meister ist dazu ausgerüstet, sie aufzunehmen.

Obschon die optische Anordnung die möglichen Züge und ihre Konsequenzen ebenso spezifiziert wie die physikalischen Eigenschaften der Figuren, sind die Prinzipien ganz verschieden, die den beiden Arten von Spezifikation zugrundeliegen. Wie in Kapitel 4 dargestellt, enthält das Licht die Information über die Anordnung in der Umgebung einfach kraft der Gesetze der Optik. Seine Angaben über mögliche Züge aber ergeben sich durch die Regeln des Schachspiels, die im wesentlichen eine soziale Konvention sind. Diese Unterscheidung ist analog der früher behandelten bei den Sprachlauten. „Hund“ bezieht sich durch linguistische Konvention auf Hunde, während es die Artikulationsbewegungen des Sprechers aus unumgänglichen, akustischen Gründen spezifiziert. Wahrnehmende gehen nicht über die gegebene Information hinaus, aber Kulturen gehen über die elementaren Kontingenzen der Natur hinaus, um zusätzliche Information verfügbar zu machen. Die Regeln des Schachspiels determinieren die Wahrnehmung des Meisters nicht, sie ermöglichen sie, indem sie ihm etwas zum Wahrnehmen geben.

Gemäß einer solchen Interpretation ist der Schachspieler weder total frei, nach seiner Wahl irgendwohin zu schauen und sich irgendwohin zu bewegen, noch völlig seiner Umgebung ausgeliefert. Die Steuerung von Augenbewegungen und von jedem Anpassungsverhalten kann nur als Interaktion verstanden werden. Das Schema leitet die Augenbewegungen, die Information aufnehmen, die das Schema verändert, das weitere Bewegungen leitet. Jede einzelne Bewegung wird durch die ganze Geschichte des Zyklus, in dem sie stattfindet, „verursacht“. Ihre unmittelbare Ursache freilich ist das Schema selbst: ein momentaner Zustand des Nervensystems des Wahrnehmenden. Das stimmt genauso für den reflexartigen Blick des Kleinkindes zu einem plötzlichen Laut hin, wie für den nachdenklichen Blick des Schachmeisters zur Königin seines Gegners. Doch da der Zustand jedes Schemas zum Teil durch die früher aufgenommene Reizinformation bestimmt ist, werden beide Augenbewegungen zumindest teilweise von der jeweiligen Situation gelenkt (d. h. sind ihr angepaßt).

Dasselbe Prinzip gilt für die Entwicklung jeder geübten Wahrnehmung. Wahrnehmungszyklen unterscheiden sich in der Art und im Umfang der Information, die sie leitet. Naive Wahrnehmende sind auf relativ oberflächliche Merkmale ihrer Umgebung eingestellt, geübte auf feinere. Der Erwachsene ist mehr zukunftsbezogen und effizienter zielgeleitet als das Kind, aber nicht unabhängiger von der Welt um ihn herum. Beim Wahrnehmen geht es darum, Information aufzunehmen, nicht darum, über sie hinaus zu gehen.

Zu entscheiden, wohin wir schauen, ist nicht dasselbe wie zu entscheiden, was wir tun. Wenn wir uns für eine *Handlung* entscheiden und nicht für die andere, schließt das umfassende Schema gewöhnlich eine Antizipation unserer eigenen künftigen Situation ein; wie eine kognitive Landkarte enthält es das Ich. Wir erwarten, daß wir erfreut werden oder belohnt oder zumindest einigermaßen befriedigt, wenn wir uns für A entscheiden; von B erwarten wir vielleicht wenig Gutes. Wahrnehmungsentscheidungen scheinen weniger gewichtig als diese und werden gewöhnlich ohne große Berücksichtigung solcher Ergebnisse getroffen. Trotz dieses Unterschiedes haben aber Wahrnehmungs- und Handlungsentscheidungen denselben existentiellen Status. Keine Entscheidung ist je frei von der Information, auf der sie beruht. Dennoch wird diese Information durch den Entscheidenden selbst ausgewählt. Andererseits ist kein Entscheid je direkt von der Umgebung bestimmt. Dennoch vermittelt die Umgebung die Information, die der Entscheidende verwenden wird.

Die Grenzen der Vorhersage und der Fremdsteuerung

Aus den vorangehenden Gedanken ist zu schließen, daß die Vorhersage und die Fremdsteuerung des Verhaltens nicht in erster Linie eine psychologische Angelegenheit sind. Was müßten wir wissen, um vorhersagen zu können, wie der Schachmeister seine Figuren oder seine Augen bewegt? Seine Züge gründen auf Information, die er vom Brett aufgenommen hat, daher können sie nur von jemandem vorhergesagt werden, der zu derselben Information Zugang hat. In anderen Worten müßte der, der vorherzusagen versucht, die Positionen mindestens so gut verstehen, wie der Meister, er müßte selbst Schachmeister sein! Wenn ich gegen einen Schachmeister spiele, wird er immer gewinnen, weil er eben mein Verhalten vorhersagen und steuern kann, während ich das Umgekehrte nicht tun kann. Um diese Situation zu ändern, muß ich meine Kenntnis im Schach verbessern, nicht in der Psychologie.

Es gilt zu beachten, daß der Schachmeister mein Verhalten nicht durch irgendeine psychologische Methode steuert.[7] Er macht einfach Züge, die den Regeln entsprechen und die bewirken, daß sich meine Umgebung ändert und mit ihr die Möglichkeiten, die sie anbietet. Tatsächlich wird das Verhalten fast immer so gesteuert. Die Welt zu verändern ist ein sehr wirkungsvoller Weg dazu, das Verhalten zu verändern; das Individuum zu verändern und die Welt so zu belassen wie sie ist, ist ein Unternehmen von zweifelhaftem Wert. Und keine Veränderung kann determinierende oder vorhersagbare Folgen haben, bevor der relevante Sektor der Welt gut verstanden wird.

Schach ist eine eher esoterische Fertigkeit, aber das Gesagte gilt allgemein. Weil Wahrnehmen und Handeln in ständiger Abhängigkeit von der Umgebung stattfinden, kann man sie ohne Verständnis dieser Umgebung selbst nicht verstehen. Das heißt, daß der Psychologe niemanden vorhersagen oder steuern kann, der über die Situation mehr weiß als er oder der Information aufnimmt, die er außer Acht gelassen hat. Doch die menschliche Umwelt ist in hohem Grade kompliziert, und ungeheuer viel Disziplinen von der Politologie bis zur Verkehrswissenschaft bemühen sich, sie zu verstehen. Nur wenige von diesen Disziplinen können bis heute große Erfolge vorweisen. Doch es geht mir hier nicht darum, sie zu kritisieren. Es geht mir darum, der Disziplin, die sich selbst „Verhaltenswissenschaft" nennt, ein bißchen Bescheidenheit nahezulegen. Die Vorhersage und die Steuerung des Verhaltens in der wirklichen Welt verlangt genaue Kenntnis dieser Welt in einem Ausmaß, wie wir sie gewöhnlich nicht haben, und sie fällt sicher aus dem Bereich psychologischer Zuständigkeit heraus.

Diese Analyse zeigt nicht nur, daß eine absolute Fremdsteuerung ohne völliges Verständnis von der Umgebung außer Frage steht, sie weist auch auf die Bedingungen hin, unter denen ein gewisses Ausmaß an Steuerung möglich ist. In straff kontrollierten Umgebungen – Kriegsgefangenenlagern, Institutionen des Strafvollzugs, psychiatrischen Kliniken und ähnlichen – gelingt es einigermaßen, das Verhalten der Insassen zu steuern. (Auch in diesen Situationen findet eine eindrückliche und ermutigende Anzahl von Menschen Wege, ihre Individualität aufrecht zu erhalten.) Die verschiedenen, allgemein gefürchteten (oder erwünschten) Beeinflussungsmethoden von der Gehirnwäsche bis zur Verhaltensänderung, waren hauptsächlich in solchen Umgebungen erfolgreich. Ihre Erfolge sollten aber nicht als Beweis einer bestimmten psychologischen Theorie gelten, sie zeigen nur, daß sich Menschen in Situationen, die nur wenig Alternativen bieten, angepaßt verhalten können. Noch wesentlicher ist, daß es nur wenig Anzeichen dafür gibt, daß irgendeine Manipulation, unter solchen Umständen vorgenommen, voraussagbare Konsequenzen für die Zeit nach der Entlassung dieser Person hat. Die Internierung kann selbstverständlich gewaltige und andauernde Folgen haben, aber das bestimmte Verhalten, das daraus folgen wird, kann nicht vorhergesehen werden.

Es gibt eine weitere Konsequenz aus dieser Analyse. Die Manipulation des Verhaltens verlangt nicht nur eine relativ geschlossene Umgebung, sondern auch eine, die der Beeinflussende mindestens so gut versteht wie der Beeinflußte, wenn nicht besser. Das ist einer der anfänglichen Vorteile, die Eltern gegenüber ihren Kindern haben; ihr Einfluß wird schwächer (ob das nun gut ist oder nicht), sobald das Kind in neue Umgebungen eintritt, über die sie nicht viel wissen. Allgemeiner gesagt: alles, was eine Person lernt, macht sie weniger empfindlich gegenüber Fremdsteuerung. Menschen mit großem Wissen sind notwendigerweise schwieriger zu manipulieren als die, denen es fehlt, und der Grund dafür ist derselbe wie beim geübten Schachspieler, der schwieriger zu schlagen ist als der Stümper. Die Wahrheit macht uns frei. Wirkliche Bildung ist nicht hauptsächlich eine Technik zur Manipulation von Studenten, wie manche vermutet haben, sondern gerade das Gegenteil. Das ist nicht deshalb so, weil Unterricht Menschen rebellisch machen würde, sondern weil er sie dazu befähigt, mehr Handlungsmöglichkeiten zu sehen.

Bis dahin haben meine Argumente für die Unmöglichkeit der Fremdsteuerung des Verhaltens nur Wahrnehmung und Handlung berücksichtigt. Ich habe weder Vorstellung, noch Abstraktion, noch Sprache erwähnt. Da diesen Leistungen aber die Herauslösung der kognitiven Prozesse aus der unmittelbaren Situation des Individuums zugrundeliegt, sind sie notwendigerweise noch schwieriger vorherzusagen und zu beeinflussen. Vorstellungsbilder sind Bereitschaften für Information, die die Umgebung nicht wirklich bietet, und Sprache beginnt als unvollständige Wahrnehmungstätigkeit. Jeder Versuch, solche herausgelöste Aktivitäten zu manipulieren, scheint von Anfang an zum Scheitern verurteilt zu sein. Das mag in gewissen Fällen unwichtig sein, da ein Möchtegern-Manipulator damit zufrieden wäre, zu bestimmen, was die Menschen tun, und ignorieren würde, was sie denken und sagen. Wir wissen aber, daß auf lange Sicht Vorstellungen und Ideen machtvolle und unerwartete Handlungskonsequenzen haben können.

Bevor wir dieses Thema verlassen, mag es von Nutzen sein, nochmals zu wiederholen, daß wirkliche Manipulation ständig ohne Zutun der psychologischen Theorie geschieht. Eine der wirksamsten Manipulationstechniken folgt sogar aus diesem Gedankengang. Da Verhalten auf Information gründet, kann es durch falsche Information beeinflußt werden. Lügen ist kaum eine Entdeckung von Psychologen; es wirkt aber oft. Die einzige Verteidigung dagegen ist, den Zugang zu Informationsquellen zu behalten, über die der Lügner nicht verfügt. Die Verbindung zwischen der Entscheidungsfreiheit und dem Zugang zu gültiger Information ist grundlegend; das eine kann es sinnvollerweise nicht geben ohne das andere. Das stellt in der heutigen Gesellschaft eine besonders akute Gefahr dar, in der verschiedene Mittelsleute und Medien unseren Zugang zu wichtigen Fakten kontrollieren. Die vermutete Freiheitsbedrohung durch unheilvoll manipulierende Psychologen ist eine Illusion, doch die Gefahr, systematisch falsch informiert zu werden, ist sehr real.

Soziale Vorhersage

Der bisherige Gedankengang läßt vermuten, daß niemand – nicht einmal ein mit einer guten Theorie ausgerüsteter Psychologe – sicher sein kann, was eine andere Person in einer Situation tun wird, die er nicht völlig verstanden hat. Doch auch wenn die Situation klar ist, bleibt eine andere Schwierigkeit bestehen. Da sich Wahrnehmen und Verhalten gegenseitig beeinflussen, hängt ihr Verlauf sowohl von der Umgebung wie auch vom

Individuum ab; einer, der vorhersagen will, müßte das eine wie das andere verstehen. Das heißt, man muß die Schemata und die Absichten eines anderen kennen, um zu wissen, was er tun wird. Das ist unvermeidlich schwierig, da diese Schemata unsichtbar in seinem Kopf verborgen sind. Welche Information könnte uns helfen, ihr Wesen zu erkunden?

Jede Behandlung dieses Problems muß mit der Tatsache beginnen, daß wir wirklich gegenseitig das Verhalten des anderen in vielen Begegnungen des alltäglichen Lebens konsistent und erfolgreich vorhersagen. Wir können die Reaktion der anderen auf physikalische Objekte wie Stühle und Türen und Telephonapparate antizipieren; wir nehmen ruhig an, daß sie mit den kulturellen Normen, wie jenen, daß man rechts fährt und Kleider trägt, übereinstimmen; wir sehen ihnen an, daß sie glücklich oder ärgerlich oder angstvoll sind, und sagen genau vorher, welches emotionale Verhalten auftreten wird. Diese Vorhersagen können nur in mehr oder weniger vertrauten Situationen mit einer gewissen Sicherheit gemacht werden, aber deswegen sind sie nicht weniger interessant.

Auf den ersten Blick scheint die Darstellung von Kognition in diesem Buch die Sache nur noch mysteriöser zu machen. Schemata werden durch Erfahrung entwickelt; die Erfahrungen des einen sind anders als die des anderen; wir müssen daher untereinander alle sehr verschieden sein. Da die Wahrnehmungsgeschichte jeder einzelnen Person einzigartig ist, sollten wir alle einzigartige kognitive Strukturen haben, und der Unterschied zwischen uns kann sich nur vergrößern, wenn wir älter und selbständiger werden. Tatsächlich waren wir ja nicht einmal am Anfang gleich; wer nicht gerade ein eineiiger Zwilling ist, kommt verschieden von allen anderen, die je gelebt haben, auf die Welt. Wenn man auch nicht viel darüber weiß, *wie* genetische Unterschiede das Verhalten beeinflussen (trotz all der politisch gewichteten Abhandlungen über dieses Thema), ist es doch klar, *daß* sie das Verhalten beeinflussen. Kleinkinder sind verschieden aktiv, bewegungs- und reaktionsfreudig von Geburt an; es ist mehr als wahrscheinlich, daß sie auch mit verschiedenen Wahrnehmungsschemata beginnen.

Das stimmt durchaus und stellt der genauen Vorhersage der Wahrnehmung und des Verhaltens ein weiteres Hindernis in den Weg, das nicht zu unterschätzen ist. Und doch geht das zu weit. Wir alle sehen das Schachbrett, auch wenn wir die Kombination übersehen, die uns matt setzt; wir alle nehmen die gleichen groben Merkmale der Umgebung wahr, auch wenn wir ihre Chancen verschieden beurteilen. Solche Übereinstimmung bedeutet, daß die Welten, in denen wir gelebt haben, doch nicht so verschieden waren, und daß unsere anfänglichen Schemata uns alle dazu befähigten, ein paar gleiche Dinge zu beachten.

Jedermann lebt in einer Welt mit Objekten: Gegenständen mit Oberflächen, die gewöhnlich undurchsichtig sind, einer Berührung widerstehen, starr sind, häufig, aber nicht immer, bewegt werden können, verschiedene Farben haben und so weiter. Information über solche Eigenschaften ist jedem Organismus zugänglich, der Schemata hat, sie aufzunehmen. Da diese Information für die Anpassung von großer Bedeutung ist – ein Überleben ist ohne sie kaum möglich, zumindest nicht für Menschen und große Tiere –, erstaunt es nicht, daß wir solche Schemata haben. Wir alle sehen das Schachbrett, weil (a) Information verfügbar ist, die seine physikalischen Eigenschaften spezifiziert, (b) wir unser Leben mit Schemata beginnen, die zumindest grob auf Eigenschaften dieser Art abgestimmt sind, (c) unsere große Erfahrung mit Objekten (wenn nicht mit Schachbrettern) unsere Schemata soweit entwickelt hat, daß sie solche Information rasch und genau aufnehmen können.

Die Erfahrung, die wir teilen, betrifft nicht nur die physikalische Umwelt. Sofern wir in einer einheitlichen Kultur leben, haben wir auch eine Reihe mehr oder weniger übereinstimmender sozialer Erfahrungen gemacht. Wir erwarten, daß Autofahrer rechts fahren (keinen Unsinn reden und in der Nacht schlafen und drei Mahlzeiten pro Tag einnehmen, wenn sie können), weil wir bis dahin oft gesehen haben, daß man das so macht. Wir entwickeln Antizipationen des üblichen Verhaltens auf dieselbe Weise, wie wir Antizipationen anderer Ereignisse entwickeln, und wir nehmen sie auf dieselbe zyklische Weise wahr. Diese kulturell begründeten Schemata vermitteln unsere Wahrnehmung des Verhaltens anderer Menschen und liegen auch diesem Verhalten selbst zugrunde. Sie widerspiegeln gerade das Maß an Vorhersagbarkeit, das die Kultur benötigt und schafft: nicht genug, um jedermanns Schicksal vorauszusagen, doch genug, um im Alltag zurechtzukommen.

Gefühl und physiognomische Wahrnehmung

Eine andere Art der Personenwahrnehmung soll noch behandelt werden. Wir sehen andere Menschen nicht nur als austauschbare Mitglieder der Gesellschaft, sondern als Individuen mit wechselnden Emotionen und Gefühlen. Sie nähern sich uns mit feindlicher oder freundlicher Absicht, sie sehen erschreckt, fröhlich oder verärgert aus. Wie schon oben erwähnt, werden solche physiognomischen Züge leichter wahrgenommen, als die physikalischen Bewegungen, die sie sichtbar machen. Ich kann buchstäblich sehen, wie der andere sich fühlt.*

* Das hat Heinz WERNER als „physiognomische Wahrnehmung" bezeichnet (Anm. d. Hrsg.).

Man hat eine Anzahl besonderer Hypothesen formuliert, um derartige Wahrnehmung zu erklären, aber keine ist sehr überzeugend. Sehen wir zuerst Bewegungen, Gesten und den Ausdruck selbst und schließen dann aufgrund früherer Gelegenheiten, bei denen wir ähnliches gesehen hatten, auf ihre Bedeutung? Bestimmt nicht. Der Prozeß läuft zu schnell und automatisch ab, erscheint zu früh in der Kindheit und ist zu unabhängig von der Urteilsfähigkeit und der Fähigkeit des Schlußfolgerns. Läßt der Anblick eines bewegten Menschen durch eine mysteriöse Empathie dieselben Gefühle in uns entstehen – Gefühle, die wir dann schlauerweise dem wahrgenommenen Menschen zuschreiben und nicht uns? Diese Betrachtungsweise schafft mehr Probleme, als sie löst. Man benötigt dabei noch immer eine Wahrnehmungstheorie, die erklärt, wie wir zunächst die nötige Information erhalten, und sie muß durch eine Vorstellung davon ergänzt werden, wie wir unsere inneren Gefühle entdecken und warum wir sie einem anderen zuschreiben. Außerdem leuchtet sie nicht ein: wir können bestimmt Feindseligkeit feststellen, ohne feindselig zu sein, oder Leidenschaft, ohne leidenschaftlich zu werden. Die Empathietheorie hat dieselbe logische Form wie die motorische Theorie der Sprachwahrnehmung, und sie leidet im wesentlichen unter denselben Mängeln.

Am einfachsten ist dieses Problem anzugehen, wenn man annimmt, daß sich physiognomische Wahrnehmung nicht von anderen Arten der Wahrnehmung unterscheidet. Sie benötigt ein vorbereitendes Schema, das dazu bereit ist, Information aufzunehmen und Erkundungen zu leiten, die weitere Information aufnehmen. Wie beim gewöhnlichen Wahrnehmen spezifiziert diese Information etwas, was wirklich existiert. Im Falle der physiognomischen Wahrnehmung ist das „etwas" das Gefühl oder das Empfinden der anderen Person. Wie kann so ein Zustand wahrnehmbar sein? Ich glaube, das ist so, weil er selbst zumindest teilweise Antizipation ist. Ärger ist der innere Aspekt einer antizipierten Aggression, im selben Sinn wie ein Vorstellungsbild der innere Aspekt eines Wahrnehmungsschemas ist. In gewissem Sinn ist es eine Intention. Sie kann von den Umständen, in denen die Aggression wirklich geschehen würde, losgelöst werden, so wie das Vorstellungsbild aus dem Wahrnehmungszyklus herausgelöst werden kann. In beiden Fällen erfordert dieses Herauslösen aber ein gehöriges Maß an kognitiver Reife.

Diese Erklärung enthält mehr als eine Hypothese[8] über das Wesen von Gefühlen. Sie trifft auch zwei weitere Annahmen. Erstens müssen Menschen wirklich Information vermitteln, die ihre Intentionen anzeigt; zweitens muß der Wahrnehmende Schemata haben, um diese Information aufzunehmen. Keine dieser Annahmen ist besonders gewagt. Ethologen sind in jedem Winkel des Tierreichs auf antizipatorisches Signalverhalten und geeignete Antwortbereitschaften gestoßen. Fische zeigen ihre Paarungs- oder Kampfbereitschaft an, indem sie ihre Farbe oder Stellung oder Aktivität ändern; ihre Artgenossen reagieren entsprechend. Auch Säugetiere nehmen gewisse standardisierte Stellungen ein, wenn sie kampfbereit sind, und andere, wenn sie sich ergeben wollen. Ihre Körperhaltung teilt ihren Gefährten sichtbar mit, was sie tun werden, und die Mitteilung wird aufgenommen. Weder die Verhaltenssignale noch die Reaktionen sind so hoch stereotypisiert, wie man oft angenommen hat, aber es gibt keinen Zweifel an ihrer Wichtigkeit.

Ich nehme also an, daß wir alle Schemata für physiognomische Wahrnehmung haben. Solche Schemata könnten nicht aus dem Nichts entstehen, und man kann sich kaum vorstellen, wie sie sich aus nicht-sozialen Erfahrungen entwickeln könnten. Es scheint wahrscheinlich, daß ihr Ursprung angeboren ist. Wie die Tiere sind wir von Geburt an irgendwie bereit dazu, die Ausdruckssignale der anderen Mitglieder unserer eigenen Gattung aufzunehmen. Den Babys ist es angeboren, daß sie Lächeln oder einen finsteren Blick, beschwichtigende oder barsche Töne wahrnehmen als Zeichen dafür, was bedeutsame Andere als nächstes tun werden.[9] Selbstverständlich heißt das nicht, daß unser Gefühlsleben aus automatischen Reaktionen auf auslösende Reize besteht, oder daß Fortschritte in der Genetik die Psychologie überflüssig machen werden.[10] Die Schemata für Handlungen und für physiognomische Wahrnehmung machen genauso eine Entwicklung durch wie alle anderen kognitiven Strukturen; sie sind in der Tat teilweise abhängig von sozialer Erfahrung. Empfindungen sind nicht besser voraussagbar als Vorstellungsbilder oder Handlungen.

Mir scheint, daß die Entwicklung der physiognomischen Wahrnehmung individueller sein muß als die Entwicklung der Objekt- oder Ereigniswahrnehmung. Ein barscher Ton in der Stimme der Eltern mag in A's Familie die eine Intention ausgedrückt haben, in B's Familie aber eine völlig andere. Unsere Erfahrungen mit anderen Personen sind sehr viel unterschiedlicher als die Erfahrungen mit unbelebten Dingen. Als Folge davon gibt es große Unterschiede in der physiognomischen Wahrnehmung; zwei Personen, die beide derselben dritten Person zugeschaut haben, können darüber, was diese gemeint oder gefühlt hat, völlig verschiedener Meinung sein.

Identität und Kommunikation

Wir nehmen nicht nur andere Personen wahr, sondern auch uns selbst. Was unsere physikalischen Eigenschaften und unsere Bewegungen betrifft, stellt das keine besonderen theoretischen Probleme. Wie in Kapitel 6 erwähnt, hat jeder bewegliche Organismus Zugang zu einer großen Menge Information, die seine eigene Position und Bewegung spezifiziert. Die Fließmuster im visuellen Feld allein genügen, um anzugeben, wie er sich in der Umgebung bewegt, und der eine oder andere Teil seines Körpers ist fast ständig in seinem Gesichtsfeld. Kein anderes Objekt kann je mit dem Selbst verwechselt werden, und kein anderes Ereignis bietet je dieselbe Information, wie eines, das man selbst ausgelöst hat. Einige Psychologen haben angenommen, daß kleine Kinder darin etwa irren und (zum Beispiel) ihre Mutter nicht von sich selbst unterscheiden können. Ich glaube, diese Hypothese muß falsch sein; der Unterschied ist offensichtlich.

Obschon das physische Ich von Anfang an wahrnehmbar ist, erfreut sich das persönliche Ich nicht dieses Vorteils. Ein Kleinkind kann sehen, *wo* es ist (in Bezug auf nahegelegene Objekte), es kann aber nicht sehen, *wer* es ist oder *was* es ist. Wenn es sich bewegt, kann es sehen, wohin es geht, nicht aber, was es zu tun im Sinn hat. Wenn die Annahme der angeborenen physiognomischen Schemata richtig ist, nimmt es wahrscheinlich wahr, daß seine Eltern, Brüder und Schwestern, Personen sind, die Intentionen und Gefühle haben, lange bevor es entdeckt, daß auch es eine solche ist. Ihre Gesichter sind sichtbar, seines nicht. Es kann sich erst seine eigenen Handlungen in der unmittelbaren Zukunft vorstellen, die Fähigkeit, Vorstellungsbilder aus ihrem Kontext herauszulösen, reift nur langsam. Wer ist es?

Es scheint wahrscheinlich, daß das Lernen über sich selbst eine lange Zeit braucht. Wie viele Psychologen vorgeschlagen haben, hängt Selbsterkenntnis wohl von der Kenntnis anderer ab; Selbstwahrnehmung bedarf der Schemata, die die physiognomische Wahrnehmung zuerst entwickelt. Ein Kind kommt schließlich dazu, seine eigenen Handlungen zu antizipieren und sich selbst für eine besondere Art von Person zu halten, aber nur mit Hilfe der sozial entwickelten Begriffe davon, was eine Person sein könnte. Wenn ständige Zyklen von Antizipation und Bestätigung langsam den Begriff seiner Existenz aufbauen, beginnt es buchstäblich, in seinen Augen jemand zu werden.

Es muß eine Menge lernen. Es muß seinen Weg in der mitmenschlichen und in der geographischen Welt finden, die Konsequenzen der sozialen und der wahrnehmungsmäßigen Erkundungen antizipieren lernen. Die zwei Arten der Erkundung haben vieles gemeinsam. Die geographische Umgebung bietet dem erkundenden Auge eine reiche Struktur an Information, und der Wahrnehmende stimmt sich auf sie ein, indem er in der Zeit Wahrnehmungsaktivität ausführt. Bewegung in dieser Umgebung erfordert Informationsaufnahme, wenn sie erfolgreich sein soll, aber sie verschafft demjenigen, der sich bewegt, auch mehr Information, als er je erhalten könnte, wenn er sich stillehalten würde. Insbesondere spezifiziert sie seine eigenen Bewegungen und Eigenschaften ebenso wie die seiner Umwelt. Indem er sie meistert, erwirbt er eine komplexe und bewegliche kognitive Struktur, die er für viele andere Zwecke gebrauchen kann.

Die soziale Umwelt ist in gewissem Sinne noch reicher. In ihr sind Möglichkeiten entfaltet, die die natürliche Welt eröffnet und die im Verlauf der Kulturgeschichte und der Geschichte der Familie und der sozialen Gruppe entwickelt worden sind. Als relativ passiver Beobachter kann man vieles davon entdecken, aber es gibt noch viel mehr, das man nur durch eigenes Handeln entdecken kann. Und soziale Handlungen, ebenso wie einfache Ortsveränderungen, informieren uns über uns selbst wie über die Welt, in der wir leben. Auch sie schaffen viele kognitive Strukturen, die viele andere Verwendungen finden.

Vieles von dem, was wir über die Gesellschaft, andere Menschen und uns selbst wissen müssen, können wir nur aus zweiter Hand lernen. Als soziale Wesen sind wir zur Information über all das, was wir nicht direkt beobachten können, auf das angewiesen, was andere sagen (oder schreiben): entfernte Ereignisse, überdauernde persönliche Dispositionen oder vermutete kognitive Strukturen. Solche Information ist für viele Zwecke geeignet, aber sie ist nie vollständig, so wirksam und so geschickt sie auch immer geboten werden mag. Die menschliche Kommunikation bietet unvergleichliche Möglichkeiten für das Verstehen, aber auch für Irrtümer, Mißverständnisse und Täuschungen. Unsere Abhängigkeit von ihr bedeutet, daß wir andere und uns selbst – oder auch Themen wie die kognitive Psychologie – nie gänzlich verstehen und sie oft einfach falsch sehen. Anderseits tendiert der Wahrnehmungszyklus zur Selbstkorrektur, und es ist immer mehr Information verfügbar, als man verwendet. Das Ergebnis einer jeden einzelnen Begegnung zwischen Kognition und Wirklichkeit ist nicht vorhersagbar, doch auf die Dauer bringen uns solche Begegnungen der Wahrheit näher.

Anmerkungen

[1] Skinners neueste Erörterung dieser Ansicht ist in *Beyond Freedom and Dignity* (1971, deutsch: Jenseits von Freiheit und Würde), doch dasselbe hat er schon früher mehrmals gesagt. Als nützliche Sammlung von Gegenargumenten zu diesem Thema siehe Bever & Terrace (1973).

[2] Bruner (1957, 1973).

[3] Mackworth & Bruner (1970, S. 166).

[4] E. J. Gibson (1969, S. 456).

[5] Chase & Simon (1973); Simon & Chase (1973).

[6] Simon & Barenfeld (1969).

[7] Schachspieler spielen manchmal „psychologisch", das heißt, sie beachten auch das Temperament oder die Spielgewohnheiten des Gegners und nicht nur die Positionen auf dem Brett. Aber diese Strategie ist nur am Rand nützlich; sie wird dem Stümper nicht helfen, einen Experten zu schlagen, und in einer schwachen Position kann man nicht darauf vertrauen.

[8] Diese Hypothese ist nicht besonders originell. Es ist aber zu beachten, daß sie sich von der JAMES-LANGEschen Theorie der Gefühle unterscheidet. Nicht weil wir davonrennen, fürchten wir uns, wie diese Theorie nahelegt; tatsächlich kann das Davonrennen die Furcht *vermindern*, so wie wirkliche Aggression Ärger zumindest vorübergehend vermindert oder zum Verschwinden bringt. Die Gefühle, die ich hier behandle (und mit denen ich natürlich nicht die mögliche Breite menschlicher Gefühle abzudecken meine), sind eher mit der Antizipation von Verhalten verbunden als mit seiner Ausführung.

[9] Bestimmte pathologische Fälle, besonders kindlicher Autismus, sind vielleicht auf ein angeborenes Ungenügen dieser Schemata zurückzuführen.

[10] Die übertriebenen Behauptungen gewisser Biologen, so etwa E. O. WILSON (1975), haben in dieser Frage neuerdings in einem unglücklichen Ausmaß Verwirrung gestiftet. Die Tatsache, daß die menschlichen kognitiven Strukturen eine genetische Grundlage haben, macht das Verhalten nicht vorhersagbar, noch kann sie letzte moralische Richtlinien ableiten helfen. Verhalten ist wie Wahrnehmen eine kontinuierliche Interaktion mit der sozialen und natürlichen Umgebung. Sie kann nur unter Berücksichtigung dieser Umwelt verstanden werden, deren historisch entwickelte Eigenschaften weit außerhalb des Bereichs von Soziobiologie wie auch Verhaltenswissenschaft liegen. Weder die Biologie noch irgendeine andere Wissenschaft wird uns der Verantwortung entheben, unsere eigenen Entscheidungen zu treffen.

Literaturverzeichnis

ACREDOLO, L. P., PICK, H. L., and OLSEN, M. G. (1975) Environmental differentiation and familiarity as determinants of children's memory for spatial location. Developmental Psychology II: 495–501.

AIKEN, E. G. (1971) Linguistic and imaginal mnemonics in paired-associate recall. Psychonomic Science 24: 91–93.

ALCORN, S. (1945) Development of the Tadoma method for the deaf-blind. Journal of Exceptional Children 11: 117–119.

ALLPORT, D. A., ANTONITIS, B., and REYNOLDS, P. (1972) On the division of attention: a disproof of the single channel hypothesis. Quarterly Journal of Experimental Psychology 24: 225–235.

ANDERSON, J. R., and BOWER, G. H. (1973) Human associative memory. New York: V. H. WINSTON.

ANTROBUS, John S., ANTROBUS, Judith S., and SINGER, J. L. (1964) Eye-movements accompanying daydreaming, visual imagery, and thought suppression. Journal of Abnormal and Social Psychology 69: 244–252.

ATKINSON, R. C. (1975) Mnemotechnics in second-language learning. American Psychologist 30: 821–828.

ATWOOD, G. (1971) An experimental study of visual imagination and memory. Cognitive Psychology 2: 239–289.

BALL, F., WOOD, C., and SMITH, E. E. (1975) When are semantic targets detected faster than acoustic ones? Perception and Psychophysics 17: 1–8.

BARTLETT, F. C. (1932) Remembering. Cambridge, England: Cambridge University Press.

BELLER, H. K. (1971) Priming: Effects of advance information on matching. Journal of Experimental Psychology 87: 176–182.

BEVER, T. G. and TERRACE, H. S., eds. (1973) Human behavior: Prediction and control in modern society. Andover, Massachusetts: Warner Modular Publications.

BIEDERMAN, I. (1972) Perceiving real-world scenes. Science 177: 77–80.

BIEDERMAN, I., GLASS, A. L., and STACY, E. W. (1973) Searching for objects in real-world scenes. Journal of Experimental Psychology 97: 22–27.

BOBROW, D. G., and NORMAN, D. A. (1975) Some principles of memory schemata. In Representation and Understanding. (D. G. BOBROW and A. M. COLLINS, eds.) New York: Academic Press.

BOBROW, S. A., and BOWER, G. H. (1969) Comprehension and recall of sentences. Journal of Experimental Psychology 80: 455–461.

BOULDING, K. E. (1961) The image. Ann Arbor: University of Michigan Press.

BOWER, G. H. (1970) Analysis of a mnemonic device. American Scientist 496–510.
BOWER, G. H. (1972) Mental imagery and Associative learning. In Cognition in learning and memory. (L. GREGG, ed.) New York: Wiley.
BOWER, T. G. R. (1966) The visual world of infants. Scientific American 215 (12): 80–92.
BOWER, T. G. R. (1967) The development of object-permanence: Some studies of existence constancy. Perception and Psychophysics 2: 411–418.
BOWER, T. G. R. (1971) The object in the world of the infant. Scientific American 225 (4): 30–38.
BOWER, T. G. R. (1974) Development in infancy. San Francisco: W. H. FREEMAN.
BOWER, T. G. R., BROUGHTON, J. M., and MOORE, M. K. (1970a) Demonstration of intention in the reaching behavior of neonate humans. Nature 228: 679–681.
BOWER, T. G. R., BROUGHTON, J. M., and MOORE, M. K. (1970b) The coordination of visual and tactual input in infants. Perception and Psychophysics 8: 51–53.
BOWERS, K. S. (1976) Hypnotic dissociation and the dichotic listening paradigm. (Unpublished manuscript, Waterloo University.)
BRAND, J. (1971) Classification without identification in visual search. Quarterly Journal of Experimental Psychology 23: 178–186.
BRANSFORD, J. D., BARCLAY, J. R., and FRANKS, J. J. (1972) Sentence Memory – a constructive versus interpretive approach. Cognitive Psychology 3: 193–209.
BRANSFORD, J. D., and FRANKS, J. J. (1971) The abstraction of linguistic ideas. Cognitive Psychology 2: 331–350.
BRANSFORD, J. D., and JOHNSON, M. K. (1973) Consideration of some problems of comprehension. In Visual information processing. (W. G. CHASE, ed.) New York: Academic Press.
BROADBENT, D. E. (1958) Perception and communication. New York: Pergamon Press.
BROADBENT, D. E. (1966) The well-ordered mind. American Educational Research Journal 3: 281–295.
BRONFENBRENNER, U. (1974) Developmental research, public policy, and the ecology of childhood. Child Development 45: 1–5.
BROOKS, L. R. (1967) The suppression of visualization in reading. Quarterly Journal of Experimental Psychology 19: 288–299.
BROOKS, L. R. (1968) Spatial and verbal components of the act of recall. Canadian Journal of Psychology 22: 349–368.
BROWN, A. L. (1975) The development of memory: knowing, knowing about knowing, and knowing how to know. In Advances in child development and behavior 10. (H. L. REESE, ed.) New York: Academic Press.
BROWN, R. (1973) A first language: the early stages. Cambridge, Mass.: Harvard University Press.
BRUNER, J. S. (1951) Personality dynamics and the process of perceiving. In Perception – an approach to personality. (R. R. BLAKE and G. V. RAMSEY, eds.) New York: Ronald Press.
BRUNER, J. S. (1957) Going beyond the information given. In J. S. BRUNER et al., Contemporary approaches to cognition: the Colorado symposium. Cambridge, Mass.: Harvard University Press.
BRUNER, J. S. (1973) Beyond the information given: studies in the psychology of knowing. New York: W. W. Norton.
BRUNER, J. S. (1975) The ontogenesis of speech acts. Journal of Child Language 2: 1–19.

BRUNSWIK, E. (1956) Perception and the representative design of psychological experiments. Berkeley: University of California Press.

BRYDEN, M. P. (1972) Perceptual strategies, attention, and memory. University of Waterloo research reports in psychology No. 43.

BYRNE, B. (1974) Item concreteness vs. spatial organization as predictors of visual imagery. Memory and Cognition 2: 53–59.

CAMPBELL, F. W., and ROBSON, J. G. (1968) Application of Fourier analysis to the visibility of gratings. Journal of Physiology (London) 197: 551–556.

CHASE, W. G., ed. (1973) Visual information processing. New York: Academic Press.

CHASE, W. G., and SIMON, H. A. (1973) The mind's eye in chess. In Visual information processing. (W. G. CHASE, ed.) New York: Academic Press.

CHERRY, E. C. (1953) Some experiments on the recognition of speech, with one and with two ears. Journal of the Acoustical Society of America 25: 975–979.

CHERRY, E. C., and TAYLOR, W. K. (1954) Some further experiments on the recognition of speech with one and two ears. Journal of the Acoustical Society of America 26: 554–559.

COHEN, G. (1970) Search times for combination of visual, phonemic, and semantic targets in reading prose. Perception and Psychophysics 8: 370–372.

COLE, M., GAY, J., GLICK, J. A., and SHARP, D. W. (1971) The cultural context of learning and thinking. New York: Basic Books.

COLE, R. A., and SCOTT, B. (1974a) Toward a theory of speech perception. Psychological Review 81: 348–374.

COLE, R. A., and SCOTT, B. (1974b) The phantom in the phoneme: invariant cues for stop consonants. Perception and Psychophysics 15: 101–107.

COLLYER, S. C., JONIDES, J., and BEVAN, W., (1972) Images as memory aids: is bizarreness helpful? American Journal of Psychology 85: 31–38.

COLTHEART, M. (1972) Visual information-processing. In New horizons in psychology 2. (P. C. DODWELL, ed.) Harmondsworth, England: Penguin.

COOPER, L. A. (1975) Mental transformations of random twodimensional shapes. Cognitive Psychology 7: 20–43.

COOPER, L. A. (1976) Demonstration of a mental analog of an external rotation. Perception and Psychophysics 19: 296–302.

COOPER, L. A., and PODGORNY, P. (1975) Mental transformations and visual comparison processes: effects of complexity and similarity. Journal of Experimental Psychology: Human Perception and Performance.

COOPER, L. A., and SHEPARD, R. N. (1973) Chronometric studies of the rotation of mental images. In Visual Information Processing. (W. G. CHASE, Ed.) New York: Academic Press.

CORTEEN, R. S., and DUNN, D. (1974) Shock-associated words in a non-attended message: A test for momentary awareness. Journal of Experimental Psychology 102: 1134–1144.

CORTEEN, R. S., and WOOD, B. (1972) Autonomic responses to shock-associated words in an unattended channel. Journal of Exp. Psych. 94: 308–313.

CRAIK, F. I. M., and LOCKHART, R. S. (1972) Levels of processing: a framework for memory research. Journal of Verbal Learning and Verbal Behavior 11: 671–684.

CRAIK, F. I. M., and TULVING, E. (1975) Depth of processing and the retention of words in episodic memory. Journal of Experimental Psychology: General, 104: 268–294.

DESCARTES, R. (1638) La dioptrique. Leiden.
DEUTSCH, J. A., and DEUTSCH, D. (1963) Attention: Some theoretical considerations. Psychological Review 70: 80–90.
DEUTSCH, J. A., DEUTSCH, D., and LINDSAY, P. H. (1967) Comments on „Selective attention: Perception or response?" Quarterly Journal of Experimental Psychology 19: 362–363.
DIRKS, J., and NEISSER, U. (1977) Memory for objects in real scenes: the development of recognition and recall. Journal of Child Psychology 23: 315–328.
DOOB, L. W. (1964) Eidetic images among the Ibo. Ethnology 3: 357–363.
DOOB, L. W. (1965) Exploring eidetic imagery among the Kamba of central Kenya. Journal of Social Psychology 67: 3–22.
DOOB, L. W. (1966) Eidetic imagery: a cross-cultural will-o'-the-wisp? Journal of Psychology 63: 13–34.
DOOB, L. W. (1970) Correlates of eidetic imagery in Africa. Journal of Psychology 76: 223–230.
DOOLING, D. J., and LACHMAN, R. (1971) Effects to comprehension on retention of prose. Journal of Experimental Psychology 88: 216–222.
DOWNEY, J. E., and ANDERSON, J. E. (1915) Automatic writing. American Journal of Psychology 26: 161–195.
DOWNS, R. M., and STEA, D., eds. (1973) Image and environment. Chicago: Aldine Press.
DREYFUS, H. L. (1972) What computers can't do. New York: Harper & Row.
DYER, F. N. (1973) The Stroop phenomenon and its use in the study of perceptual, cognitive, and response processes. Memory and Cognition 1: 106–120.

EIMAS, P. D., SIQUELAND, E. P., JUSCZYK, P; and VIGORITO, J. (1971) Speech perception in infants. Science 171: 303–306.
ERDELYI, M. H. (1974) A new look at the new look: Perceptual defense and vigilance. Psychological Review 81: 1–25.
ERMAN, L. D. (1975) Overview of the HEARSAY speech understanding research. Computer Science Research Review 1974–75. Pittsburgh: Carnegie-Mellon University.

FELDMAN, M. (1968) Eidetic imagery in Ghana: a cross-cultural will-o'-the-wisp? Journal of Psychology 69: 259–269.
FLAVELL, J. H. (1970) Developmental studies of mediated memory. In Advances in child development and behavior 5. (H. W. REESE and L. P. LIPSITT, eds.) New York: Academic Press.
FODOR, J. A., BEVER, T. G., and GARRETT, M. F. (1974) The psychology of language. New York: McGraw-Hill.
FREUD, S. (1900) The Interpretation of Dreams. Reprinted in Basic writings of Sigmund Freud. (A. A. BRILL, ed.) New York: Modern Library, 1938.
FREUD, S. (1905) Three contributions to the theory of sex. In Basic Writings of Sigmund Freud. (A. A. BRILL, ed.) New York: Modern Library, 1938.
FURST, B. (1948) Stop forgetting. Garden City, N. Y.: Garden City Books.

GARCIA, J., ERVIN, F. R., and KOELLING, R. A. (1966) Learning with prolonged delay of reinforcement. Psychonomic Science 5: 121–122.
GARNER, W. R. (1974) The processing of information and structure. Potomac, Md.: Lawrence Erlbaum Associates.

GIBSON, E. J. (1969) Principles of perceptual learning and development. New York: Appleton-Century-Crofts.
GIBSON, E. J. (1977) How perception really develops: a view from outside the network. In Basic processes in reading: perception and comprehension. (D. LaBERGE and S. J. SAMUELS, eds.) Hillsdale, N. J.: Lawrence Erlbaum.
GIBSON, E. J. and LEVIN, H. (1975) The psychology of reading. Cambridge, Mass.: MIT Press.
GIBSON, J. J. (1950) The perception of the visual world. Boston: Houghton Mifflin.
GIBSON, J. J. (1961) Ecological Optics. Vision Research I: 253–262.
GIBSON, J. J. (1962) Observations on active touch. Psychological Review 69: 477–491.
GIBSON, J. J. (1966) The senses considered as perceptual systems. Boston: Houghton Mifflin.
GIBSON, J. J. (1976) An ecological approach to visual perception. Manuscript in preparation (Cornell University).
GIBSON, J. J., and GIBSON, E. J. (1955) Perceptual learning: differentiation or enrichment? Psychological Review 62: 32–41.
GLADWIN, T. (1970) East is a big bird. Cambridge, Mass.: Harvard University Press.
GLUCKSBERG, S., and COWEN, G. N. (1970) Memory for nonattended auditory material. Cognitive Psychology 1: 149–156.
GOFFMAN, E. (1974) Frame analysis. Cambridge, Mass.: Harvard University Press.
GORDON, F. R. and YONAS, A. (1976) Sensitivity to binocular depth information in infants. Journal of Experimental Child Psychology 22: 413–422.
GRAY, C. R., and GUMMERMAN, K. (1975) The enigmatic eidetic image: a critical examination of methods, data, and theories. Psychological Bulletin 82: 383–407.
GREENWALD, A. G. (1970) A double stimulation test of ideomotor theory with implications for selective attention. Journal of Experimental Psychology 84: 392–398.
GREGORY, R. L. (1970) The intelligent eye. New York McGraw-Hill.
GREGORY, R. L. (1973) The confounded eye. In Illusion in nature and art. (R. L. GREGORY and E. H. GOMBRICH, eds.) London: Duckworth.
GUMMERMAN, K., and GRAY, C. R. (1971) Recall of visually-presented material: an unwonted case and a bibliography for eidetic imagery. Psychonomic Monograph Supplements 4 (10, Whole No. 58).
GUNDERSON, K. (1971) Mentality and machines. Garden City, N. Y.: Doubleday Anchor.
GUZMAN, A. (1968) Computer recognition of threedimensional objects in a visual scene. Cambridge, Mass.: MIT Project MAC, MAC-TR-59.

HABER, R. N. (1966) The nature of the effect of set on perception. Psychological Review 73: 335–350.
HABER, R. N., and Haber, R. B. (1964) Eidetic imagery: I. Frequency. Perceptual and motor skills 19: 131–138.
HAGEN, J. W. (1967) The effect of distraction on selective attention. Child Development 38: 685–694.
HALLE, M., and STEVENS, K. S. (1964) Speech recognition: a model and a program for research. In The structure of language: readings in the psychology of language. (J. A. FODER and J. J. KATZ, eds.) Englewood Cliffs, N. J.: Prentice-Hall.
HARRIS, C. S. (1965) Perceptual adaptation to inverted, reversed, and displaced vision. Psychological Review 72: 419–444.

HARRIS, P. L. (1975) Development of search and object permanence during infancy. Psychological Bulletin 82: 332–344.

HAWKINS, R. P. (1973) Learning of peripheral content in films: a developmental study. Child Development 44: 214–217.

HERNANDEZ-PEON, R. H., SCHERRER, H., and JOUVET, M. (1956) Modification of electrical activity in the cochlear nucleus during attention in unanesthetized cats. Science 123: 331–332.

HILLYARD, S. A., and PICTON, T. W. (In press) Event-related brain potentials and selective information processing in man. In The cerebral evoked potential in man. (J. DESMEDT, ed.) Oxford, England: Oxford University-Press.

HOCHBERG, J. (1970) Attention, organization, and consciousness. In Attention: contemporary theory and analysis. (D. J. MOSTOVSKY, ed.) New York: Appleton-Century-Crofts.

HOCHBERG, J. (1975) Motion pictures, eye movements, and mental maps: perceptition as purposive behavior. Address presented at the American Psychological Association, Chicago.

HOCHBERG, J., and GELLMAN, L. (1976) The effect to landmark features on „mental rotation" times. Unpublished manuscript (Columbia University).

HOCKETT, C. D. (1960) The origin of speech. Scientific American 203(9): 88–96.

HOROWITZ, M. J. (1970) Image formation and cognition. New York: Appleton-Century-Crofts.

HUTTENLOCHER, J. (1974) The origins of language comprehension. In Theories in cognitive psychology: the Loyola symposium. (R. L. SOLSO, ed.) Potomac, Md.: Lawrence Erlbaum Associates.

INGLING, N. W. (1972) Categorization: a mechanism for rapid information processing. Journal of Experimental Psychology 94: 239–243.

JACK, C. E., and THURLOW, W. R. (1973) Effects of degree of visual association and angle of displacement on the „ventriloquism effect." Perceptual and Motor Skills 37: 967–979.

JANSSEN, W. H. (1976) Selective interference in paired associate and free recall learning: messing up the image. Acta Psychologica 40: 35–48.

JENKINS, J. J. (1974) Remember that old theory of memory? Well, forget it! American Psychologist 29: 785–795.

JENSEN, A. R., and ROHWER, W. D. (1966) The Stroop colorword test: a review. Acta Psychologica 25: 36–93.

JOHANSSON, G. (1973) Visual perception of biological motion and a model for its analysis. Perception and psychophysics 14: 201–211.

JOHNSTON, I. R., WHITE, G. R., and CUMMING, R. W. (1973) The role of optical expansion patterns in locomotor control. American Journal of Psychology 86: 311–324.

JOHNSTON, J. C., and MCCLELLAND, J. L. (1974) Perception of letters in words: seek not and ye shall find. Science 184: 1192–1193.

JONIDES, J., and GLEITMAN, H. (1972) A conceptual category effect in visual search: O as letter or as digit. Perception and Psychophysics 12: 457–460.

JONIDES, J., KAHN, R., and ROZIN, P. (1975) Imagery instructions improve memory in blind subjects. Bulletin of the Psychonomic Society 5: 424–426.

JUST, M. A., and CARPENTER, P. A. (1976) Eye fixations and cognitive processes. Cognitive Psychology 8: 441–480.

KAGAN, J. (1971) Change and continuity in infancy. New York: Wiley.
KAHNEMAN, D. (1968) Method, findings, and theory in studies of visual masking. Psychological Bulletin 70: 404–425.
KAHNEMAN, D. (1973) Attention and effort. Englewood Cliffs, N. J.: Prentice-Hall.
KAPLAN, G. (1969) Kinetic disruption of optical texture: the perception of depth at an edge. Perception and Psychophysics 6: 193–198.
KLAPP, S. T., and LEE, P. (1974) Time of occurrence cues for „unattended" auditory material. Journal of Experimental Psychology 102: 176–177.
KLATZKY, R. (1975) Human memory. San Francisco: W. H. Freeman.
KOLERS, P. A. (1968) Some psychological aspects of pattern recognition. In Recognizing patterns. (P. A. KOLERS, and M. EDEN, Eds.) Cambridge, Mass.: MIT Press.
KOLERS, P. A. (1969) Voluntary attention switching between foresight and hindsight. Quarterly Progress Reports: Research Laboratory of Electronics, M.I.T. No. 92: 381–385.
KOLERS, P. A. (1972) Aspects of motion perception. New York: Pergamon Press.
KOSSLYN, S. M. (1975) Information representation in visual images. Cognitive Psychology 7: 341–370.
KOSSLYN, S. M., PICK, H. L., and FARIELLO, G. R. (1974) Cognitive maps in children and men. Child Development 45: 707–716.
KOULACK, D. (1972) Rapid eye movements and visual imagery during sleep. Psychological Bulletin 78: 155–158.
KREUTZER, M. A., LEONARD, C., and FLAVELL, J. H. (1975) An interview study of children's knowledge about memory. Monographs of the Society for Research in Child Development Serial No. 159.
KUHL, P. K. and MILLER, J. D. (1975) Speech perception by the chinchilla: voiced-voiceless distinction in alveolar plosive consonants. Science 190: 69–72.

LACKNER, J. R., and GARRETT, M. F. (1972) Resolving ambiguity: effects of biasing context in the unattended ear. Cognition I: 359–372.
LEASK, J., HABER, R. N., and HABER, R. B. (1969) Eidetic imagery in children: II. Longitudinal and experimental results. Psychonomic Monograph Supplements 3 (whole No. 35).
LEE, D. N., and ARONSON, E. (1974) Visual proprioceptive control of standing in human infants. Perception and Psychophysics 15: 529–532.
LEFTON, L. A. (1973) Metacontrast: a review. Perception and Psychophysics 13: 161–171.
LEWIS, J. L. (1970) Semantic processing of unattended messages using dichotic listening. Journal of Experimental Psychology 85: 225–228.
LIBERMAN, A. M. (1957) Some results of research on speech perception. Journal of the Acoustical Society of America 24: 590–594.
LIBERMAN, A. M., COOPER, F. S., SHANKWEILER, D. P., and STUDDERT-KENNEDY, M. (1967) Perception of the speech code. Psychological Review 74: 431–461.
LINDSAY, P. N., and NORMAN, D. A. (1972) Human information processing. New York: Academic Press.
LISHMAN, J. R., and LEE, D. N. (1973) The autonomy of visual kinaesthesis. Perception 2: 287–294.
LITTMAN, D., and BECKLEN, R. (1976) Selective looking with minimal eye movements. Perception and Psychophysics 20: 77–79.
LOFTUS, E. F. (1975) Leading questions and the eyewitness report. Cognitive Psychology 7: 560–572.

LOFTUS, E. F., and PALMER, J. C. (1974) Reconstruction of automobile destruction: An example of the interaction between language and memory. Journal of Verbal Learning and Verbal Behavior 11: 585–589.

LORAYNE, H., & LUCAS, J. (1974) The memory book. New York: Ballantine Books.

LURIA, A. R. (1968) The mind of a mnemonist. New York: Basic Books.

LURIA, A. R. (1975) Scientific perspectives and philosophical dead ends in modern linguistics. Cognition 3: 377–385.

LYKKEN, D. T. (1974) Psychology and the Lie Detector Industry. American Psychologist 29: 725–739.

LYNCH, K. (1960) The image of the city. Cambridge, Mass.: MIT Press.

LYNCH, K. (1972) What time is this place? Cambridge, Mass.: MIT Press.

MAAS, J. B., and JOHANSSON, G. (1972) Motion perception: two-dimensional motion perception. (Film and film guide.) Boston: Houghton Mifflin.

MACCOBY, E. E., and HAGEN, J. W. (1965) Effects of distraction upon central vs. incidental recall. Journal of Experimental Child Psychology, 2: 280–289.

MACKAY, D. G. (1973) Aspects of the theorie of comprehension, memory, and attention. Quarterly Journal of Experimental Psychology 25: 22–40.

MACKWORTH, N. H., and BRUNER, J. S. (1970) How adults and children search and recognize pictures. Human Development 13 (3): 149–177.

MACNAMARA, J. (1972) Cognitive basis of language learning in infants. Psychological Review 79: 1–13.

MANDEL, I., and BRIDGER, W. H. (1973) Is there classical conditioning without cognitive expectancy? Psychophysiology 10: 87–90.

MANDLER, J. M., and PARKER, R. E. (1976) Memory for descriptive and spatial information in complex pictures. Journal of Experimental Psychology: Human Learning and Memory 2: 38–48.

MANDLER, J. M., and STEIN, N. L. (1974) Recall and recognition of pictures by children as a function of organization and distractor similarity. Journal of Experimental Psychology 102: 657–669.

MASSARO, D. W. (1975) Experimental psychology and information processing. Chicago: Rand McNally.

MENZEL, E. W. (1973) Chimpanzee spatial memory organization. Science 182: 943–945.

METZLER, J., and SHEPARD, R. N. (1974) Transformational studies of the internal representation of three-dimensional objects. In Theories of cognitive psychology: the Loyola symposium. (R. L. SOLSO, ed.), Potomac, Md.: Lawrence Erlbaum Associates.

MILLER, G. A., GALANTER, E., and PRIBRAM, K. H. (1960) Plans and the structure of behavior. New York: Holt, Rinehart & Winston. (Deutsch: Strategien des Handelns. Pläne und Strukturen des Verhaltens. Stuttgart: Klett-Cotta, 1974.)

MILLER, G. A., HEISE, G. A., and LICHTEN, W. (1951) The intelligibility of speech as a function of the context of the test material. Journal of Experimental Psychology 41: 329–335.

MINSKY, M. (1975) A framework for representing knowledge. In The Psychology of Computer Vision. (P. H. WINSTON, ed.) New York: McGraw-Hill.

MORAY, N. (1959) Attention in dichotic listening: affective cues and the influence of instructions. Quarterly Journal of Experimental Psychology, 11: 56–60.

MORAY, N. (1970) Attention: selective processes in vision and hearing. New York: Academic Press.

MORTON, J. (1969) Interaction of information in word recognition. Psychological Review 76: 165–178.

NAKAYAMA, K. and LOOMIS, J. M. (1974) Optical velocity patterns, velocity-sensitive neurons, and space perception: a hypthesis. Perception 3: 63–80.

NAPPE, G. N., and WOLLEN, K. A. (1973) Effects of instructions to form common and bizarre mental images on retention. Journal of Experimental Psychology 100: 6–8.

NEISSER, U. (1963) The imitation of man by machine. Science 139: 193–197.

NEISSER, U. (1967) Cognitive psychology. New York: Appleton-Century-Crofts. (Deutsch: Kognitive Psychologie. Stuttgart: Klett-Cotta, 1974.)

NEISSER, U. (1972) Changing conceptions of imagery. In The function and nature of imagery. (P. N. SHEEHAN, ed.) New York: Academic Press.

NEISSER, U. (1974) Practiced card-sorting for multiple targets. Memory and cognition 2: 781–785.

NEISSER, U. (1975) Self-knowledge and psychological knowledge. Teaching psychology from the cognitive point of view. The educational psychologist 11: 158–170.

NEISSER, U. (1976) General, academic, and artificial intelligence. In The nature of intelligence. (L. B. RESNICK, ed.). Hillsdale, N. J.: Lawrence Erlbaum Associates.

NEISSER, U. (1976) Gibson's ecological optics: Consequences of a different stimulus description. Journal of the Theory of Social Behavior.

NEISSER, U., and BECKLEN, R. (1975) Selective looking: attending to visually-specified events. Cognitive Psychology 7: 480–494.

NEISSER, U., and HUPCEY, J. (1975) A Sherlockian experiment. Cognition 3: 307–311.

NEISSER, U., and KERR, N. (1973) Spatial and mnemonic properties of visual images. Cognitive Psychology 5: 138–150.

NEISSER, U., NOVICK, R., and LAZAR, R. (1963) Searching for ten targets simultaneously. Perceptual and Motor Skills 17: 955–961.

NELSON, K. (1974) Concept, word, and sentence: interrelations in acquisition and development. Psychological Review 81: 267–285.

NEWELL, A. (1973) You can't play 20 questions with nature and win: projective comments on the papers of this symposium. In Visual information processing. (W. G. CHASE, ed.) New York: Academic Press.

NEWELL, A., SHAW, J. C., and SIMON, H. A. (1958) Elements of a theory of human problem solving. Psychological Review 65: 151–166.

NEWELL, A., and SIMON, H. A. (1972) Human problem solving. Englewood Cliffs, N. J.: Prentice-Hall.

NEWTSON, D. (1976) Foundations of Attribution: the perception of ongoing behavior. In New Directions in attribution research. (J. HARVEY, N. ICKES, and R. KIDD, eds.) Potomac, Md.: Lawrence Erlbaum Associates.

ORNE, M. T. (1962) On the social psychology of the psychological experiment: With particular reference to demand characteristics and their implications. American Psychologist 17: 776–783.

PAIVIO, A. (1971) Imagery and verbal processes. New York: Holt, Rhinehart, & Winston.

PARIS, S. G., and CARTER, A. Y. (1973) Semantic and constructive aspects of sentence memory in children. Developmental Psychology 9: 109–113.

PERKY, C. W. (1910) An experimental study of imagination. American Journal of Psychology 21: 422–452.

PIAGET, J. (1952) The origins of intelligence in children. New York: International Universities Press. (Deutsch: Das Erwachen der Intelligenz beim Kinde. Stuttgart: Klett-Cotta, 1975. Bd. 1 der Ges. Werke.)

PIAGET, J. (1954) The construction of reality in the child. New York: Basic Books. (Deutsch: Der Aufbau der Wirklichkeit beim Kinde. Stuttgart: Klett-Cotta, 1975. Bd. 2 der Ges. Werke.)

PICK, H. L. (1972) Mapping children – mapping space. Paper presented at the American Psychological Association, Honolulu.

PICTON, T. A., HILLYARD, S. A., GALAMBOS, R., and SCHIFF, M. (1971) Human auditory attention: a central or peripheral process? Science 171: 351–353.

PILLSBURY, W. B. (1897) A study in apperception. American Journal of Psychology 8: 315–393.

POSNER, M. I. (1973a) Coordination of internal codes. In Visual information processing. (W. G. CHASE, ed.) New York: Academic Press.

POSNER, M. I. (1973b) Cognition: an introduction. Glenview, Illinois: Scott, Foresman.

POSNER, M. I., BOIES, S. J., EICHELMAN, W. H., and TAYLOR, R. L. (1969) Retention of visual and name codes of single letters. Journal of Experimental Psychology Monographs 79, No. 3: Part 2, 1–16.

POSNER, M. I., and MITCHELL, R. F. (1967) Chronometric analysis of classification. Psychological Review 74: 392–409.

POSNER, M., and SNYDER, C. R. R. (1975) Attention and cognitive control. In Information procressing and cognition: the Loyola symposium (R. SOLSO, ed.) Potomac, Md.: Lawrence Erlbaum Associates.

POTTER, M. C. (1975) Meaning in visual search. Science 187: 965–966.

PRICE-WILLIAMS, D. R., GORDON, W., and RAMIREZ, W. (1969) Skill and conversation: A study of pottery-making children. Developmental Psychology 1: 769.

PRITCHATT, D. (1968) An investigation in some of the underlying associative verbal processes of the Stroop color-word-task. Quarterly Journal of Experimental Psychology 20: 351–359.

PYLYSHYN, Z. W. (1973) What the mind's eye tells the mind's brain: A critique of mental imagery. Psychological Bulletin 80: 1–24.

REED, S. K. (1973) Psychological process in pattern recognition New York: Academic Press.

RICHARDSON, A. (1969) Mental imagery. New York: Springer.

ROCK, I., and HARRIS, C. S. (1967) Vision and touch. Scientific American 216 (5): 96–104.

ROSCH, E. (1973) Natural categories. Cognitive Psychology 4: 328–350.

ROSCH, E. (1975a) Cognitive representations of semantic categories. Journal of Experimental Psychology: General 104: 192–233.

ROSCH, E. (1975b) Universals and cultural specifics in human categorization. In Cross-cultural perspectives on learning. (R. BRISLIN, S. BOCHNER, and W. LONNER, eds.) New York: Sage/Halsted.

ROSENTHAL, R. (1966) Experimenter effects in behavioral research. New York: Appleton-Century-Crofts.

ROSS, J., and LAWRENCE, K. A. (1968) Some observations on memory artifice. Psychonomic Science 13: 107–108.

RUMELHART, D. E. (1975) Notes on a schema for stories. In Representation and understanding (D. G. BOBROW and A. M. COLLINS, eds.) New York: Academic Press.
RUMELHART, D. E. (1977) Understanding and summarizing brief stories. In Basic processes in reading: perception and comprehension. (D. LaBERGE and J. SAMUELS, eds.). Hillsdale, N. J.: Lawrence Erlbaum Associates.
RUMELHART, D. E. and ORTONY, A. (1977) The representation of knowledge in memory. In Schooling and the acquisition of knowledge. (R. C. ANDERSON, R. J. SPIRO, and W. E. MONTAGUE, eds.) Hillsdale, N. J.: Lawrence Erlbaum Associates.

SACHS, J. S. (1967) Recognition memory for syntactic and semantic aspects of connected discourse. Perception and Psychophysics 2: 437–442.
SACHS, J. S. (1974) Memory in reading and listening to discourse. Memory and Cognition 2: 95–100.
SAKITT, B. (1975) Locus of short-term visual storage. Science 190: 1318–1319.
SALTHOUSE, T. (1974) Using selective interference to investigate spatial memory representation. Memory and Cognition 2: 749–757.
SALTHOUSE, T. (1975) Simultaneous processing of verbal and spatial information. Memory and Cognition 3: 221–225.
SCARBOROUGH, D. L. (1972) Memory for brief visual displays of symbols. Cognitive Psychology. 1972, 3: 408–429.
SCHACHTEL, E. G. (1947) On memory and childhood amnesia. Psychiatry 10: 1–26.
SCRIBNER, S. (1974) Developmental aspects of categorized recall in a West African society. Cognitive Psychology 6: 475–494.
SCRIBNER, S., and COLE, M. (1973) Cognitive consequences of formal and informal education. Science 182: 553–559.
SEGAL, S. J. (1971a) Processing of the stimulus in imagery and perception. In Imagery: current cognitive approaches. (S. J. SEGAL, ed.) New York: Academic Press.
SEGAL, S. J. ed. (1971b) Imagery: Current Cognitive Approaches. New York: Academic Press.
SEGAL, S. J. (1972) Assimilation of a stimulus in the construction of an image: the Perky effect revisited. In The function and nature of imagery. (P. W. SHEEHAN, ed.) New York: Academic Press.
SEGAL, S. J., and FUSELLA, V. (1970) Influence of imaged pictures and sounds on detection of visual and auditory signals. Journal of Experimental Psychology 83: 458–464.
SEKULER, R. (1974) Spatial vision. Annual Review of Psychology 25: 195–232.
SELFRIDGE, O. G. (1959) Pandemonium: a paradigm for learning. In The mechanisation of thought processes. London: H. M. Stationery Office.
SELIGMAN, M. E. P., and HAGER, J. L., eds. (1972) Biological boundaries of learning. New York: Appleton-Century-Crofts.
SHAFFER, L. H. (1975) Multiple attention in continuous verbal tasks. In Attention and performance V. (P. M. A. RABBITT and S. DORNIC, eds.) New York: Academic Press.
SHANNON, C. E. (1948) A mathematical theory of communication. Bell System Technical Journal 27: 379–423, 623–656.
SHEEHAN, P. W., ed. (1972) The function and nature of imagery. New York: Academic Press.

SHEEHAN, P. W., and NEISSER, U. (1969) Some variables affecting the vividness of imagery in recall. British Journal of Psychology 60: 71–80.
SHEPARD, R. N., and METZLER, J. (1971) Mental rotation of three-dimensional objects. Science 171: 701–703.
SHERIF, M. (1935) A study of some social factors in perception. Archives of Psychology No. 187.
SHIFFRIN, R. M. (1976) Capacity limitations in information processing, attention, and memory. In Handbook of learning and cognitive processes: volume 4, attention and memory. (W. K. ESTES, ed.) Hillsdale, N. J.: Lawrence Erlbaum Associates.
SHIFFRIN, R. M., and GARDNER, G. T. (1972) Visual processing capacity and attentional control. Journal of Experimental Psychology 93: 72–82.
SHIFFRIN, R. M; and GRANTHAM, D. W. (1974) Can attention be allocated to sensory modalites? Perception and Psychophysics 15: 460–474.
SHIFFRIN, R. M., PISONI, D. B., and CASTANEDA-MENDEZ, K. (1974) Is attention shared between the ears? Cognitive Psychology 6: 190–215.
SIEGEL, A. W., and STEVENSON, H. W. (1966) Incidental learning: A developmental study. Child Development 37: 811–817.
SIEGEL, A. W., and WHITE, S. H. (1975) The development of spatial representation of large-scale environments. In Advances in child development and behavior 10. (H. W. REESE, ed.) New York: Academic Press.
SIMON, H. A., and BARENFELD, M. (1969) Information processing analysis of perceptual processes in problem solving. Psychological Review 76: 473–483.
SIMON, H. A., and CHASE, W. G. (1973) Skill in chess. American Scientist 61: 394–403.
SKINNER, B. F. (1971) Beyoond freedom and dignity. New York: Knopf. (Deutsch: Jenseits von Freiheit und Würde. Reinbek: Rowohlt, 1973.)
SOLOMONS, L; and STEIN, G. (1896) Normal motor automatism. Psychological Review 3: 492–512.
SPELKE, E. (1976) Infants' intermodal perception of events. Cognitive Psychology 8: 553–560.
SPELKE, E., HIRST, W., and NEISSER, U. (1976) Skills of divided attention. Cognition 4: 215–230.
SPERLING, G. (1960) The information available in brief visual presentations. Psychological Monographs 74: No. 11.
STERNBERG, S. (1966) High-speed scanning in human memory. Science 153: 652–654.
STERNBERG, S. (1975) Memory scanning: New findings and current controversis. Quarterly Journal of Experimental Psychology 27: 1–32.
STROMEYER, C. F. III (1970) Eidetikers. Psychology Today (Nov.), 76–80.
STROMEYER, C. F. III, and PSOTKA, J. (1970) The detailed texture of eidetic images. Nature 225: 346–349.
STROOP, J. R. (1935) Studies of interference in serial verbal reaction. Journal of Experimental Psychology 18: 643–662.
SUMBY, W. H., and POLLACK, I. (1954) Visual contribution to speech intelligibility in noise. Journal of the Acoustical Society of America 26: 212–215.

THURLOW, W. R., and JACK, C. E. (1973) Certain determinants of the „ventriloquism effect.“ Perceptual and Motor Skills 36: 1171–1184.
TOLMAN, E. C. (1948) Cognitive maps in rats and men. Psychological Review 55: 189–208.

TREISMAN, A. M. (1960) Contextual cues in selective listening. Quarterly Journal of Experimental Psychology 12: 242–248.

TREISMAN, A. M. (1964a) Monitoring and storage of irrelevant messages in selective attention. Journal of Verbal Learning and Verbal Behavior 3: 449–459.

TREISMAN, A. M. (1964b) Selective attention in man. British Medical Bulletin 20: 12–16.

TREISMAN, A. M. (1969) Strategies and models of selective attention. Psychological Review 76: 282–299.

TREISMAN, A. M., and GEFFEN, G. (1967) Selective attention: Perception or response? Quarterly Journal of Experimental Psychology 19: 1–17, 365–367.

TREISMAN, A. M., and RILEY, J. G. R. (1969) Is selective attention selective perception or selective response? A further test. Journal of Experimental Psychology 79: 27–34.

TREISMAN, A. M., SQUIRE, R., and GREEN, J. (1974) Semantic processes in selective listening? A replication. Memory and Cognition 2: 641–646.

TULVING, E., and THOMSON, D. M. (1973) Encoding specificity and retrieval processes in episodic memory. Psychological Review 80: 352–373.

TURNBULL, C. M. (1961) The forest people: a study of the Pygmies of the Congo. New York: Simon & Schuster.

TURVEY, M. T. (1973) On peripheral and central processes in vision: Inference from an information-processing analysis of masking with patterned stimuli. Psychological Review 80: 1–52.

UNDERWOOD, G. (1974) Moray vs. the rest: the effects of extended shadowing practice. Quarterly Journal of Experimental Psychology 26: 368–372.

WALLACH, H., and O'CONNELL, D. N. (1953) The kinetic depth effect. Journal of Experimental Psychology 45: 205–207.

WALTZ, D. (1975) Understanding line drawings of scenes with shadows. In The Psychology of Computer Vision. (P. H. WINSTON, ed.) New York: McGraw-Hill.

WARDLAW, K. A., and KROLL, N. E. A. (1976) Autonomic responses to shock-associated words in a non-attended message: a failure to replicate. Journal of Experimental Psychology: Human Perception and Performance 2: 357–360.

WATERS, R. S., and WILSON, W. A., Jr. (1976) Speech perception in rhesus monkeys; the voicing distinction between synthesized labial and velar stoß consonants. Perception and psychophysics 19: 285–289.

WARREN, R. (1976) The perception of egomotion. Journal of experimental psychology: human perception and performance 2: 448–456.

WEISSTEIN, N., and HARRIS, C. S. (1974) Visual detection of line segments: an object-superiority effect. Science 186: 752–755.

WERTHEIMER, M. (1961) Psychomotor coordination of auditory and visual space at birth. Science 134: 1962.

WHEELER, D. D. (1970) Processes in word recognition. Cognitive Psychology 1: 59–85.

WILSON, E. O. (1975) Sociobiology. Cambridge, Mass.: Harvard University Press.

WINOGRAD, T. (1972) Understanding natural language. Cognitive Psychology 3: 1–191.

WINSTON, P. H., ed. (1975) The psychology of computer vision. New York: McGraw-Hill.

WOLFF, P. H., and WHITE, B. L. (1965) Visual pursuit and attention in young infants. Journal of the American Academy of Child Psychiatry 4: 473–484.

WOLLEN, K. A., WEBER, A., and LOWRY, D. H. (1972) Bizarreness versus interaction of mental images as determinants of learning. Cognitive Psychology 3: 518–523.
WOODWORTH, R. S. (1938) Experimental psychology. New York: Holt.
WORDEN, F. G. (1966) Attention and auditory electrophysiology. In Progress in physiological psychology, volume 1. (E. STELLAR and J. M. SPRAGUE, eds.) New York: Academic Press.
WRIGHT, J. M. von, ANDERSON, K., and STENMAN, U. (1975) Generalization of conditioned GSRs in dichotic listening. In Attention and performance V. (P. M. A. RABBITT and S. DORNIC, eds.) New York: Academic Press.
WYGOTSKI, L. S. (1962) Thought and Language. Cambridge, Mass.: MIT Press.

YATES, F. A. (1966) The art of memory. London: Routledge & Kegan Paul.
YONAS, A., and PITTENGER, J. (1973) Searching for many targets: an analysis of speed & accuracy. Perception and Psychophysics 13: 513–516.

Personenverzeichnis

Sachverzeichnis